农民合作经济组织促进农业
分工和专业化发展研究

杨 丹 著

西南大学应用经济学学科建设经费、
西部非公经济发展与扶贫反哺协同创新中心建设经费资助。

科学出版社

北 京

内 容 简 介

本书从理论和实证角度出发,研究家庭生产方式背景下农民合作经济组织促进农业分工演进和农业专业化发展的内在机理。研究发现,家庭生产方式限制了农业分工深化与专业化发展,农民合作经济组织既能保证家庭生产方式对农业生产的长期激励,又能够降低单个农户的交易成本,提高单个农户的抗风险能力,使单个农户能够获得更多农业分工和专业化发展的好处;并通过改善农户对分工与交易费用之间的权衡、专业化与家庭安全之间的权衡、农户家庭兼业化和农民职业化之间的权衡,提高农户获取分工经济和专业化经济的意愿和能力,从而促进农业分工演进和农业专业化发展。最后,本书提出了推动农民合作经济组织发育以促进农业分工演进和农业专业化发展的政策建议。

本书既可为从事农业经济学研究的学者提供研究参考,也可为各级政府决策部门提供决策依据。

图书在版编目 (CIP) 数据

农民合作经济组织促进农业分工和专业化发展研究 / 杨丹著. —北京:科学出版社,2015. 6
　ISBN 978—7—03—044623—7

　Ⅰ. ①农… Ⅱ. ①杨… Ⅲ. ①农业合作组织—作用—农业生产—分工—研究—中国②农业合作组织—作用—农业生产专业化—研究—中国
Ⅳ. ①F32

中国版本图书馆 CIP 数据核字 (2015) 第 124659 号

责任编辑:杨　岭　冯　铂/责任校对:韩雨舟
责任印制:余少力/封面设计:墨创文化

科 学 出 版 社出版

北京东黄城根北街 16 号
邮政编码:100717
http://www.sciencep.com

四川煤田地质制图印刷厂印刷
科学出版社发行　各地新华书店经销

*

2015 年 6 月第　一　版　　开本:787×1092　1/16
2015 年 6 月第一次印刷　　印张:13.75
字数:250 000

定价:68.00 元
(如有印装质量问题,我社负责调换)

序一

杨丹副教授作为教育部高级访问学者，于 2013 年 9 月来到浙江大学中国农村发展研究院，通过与我合作完成了为期一年的访问研究，她独著的《农民合作经济组织促进农业分工和专业化发展研究》一书即将出版，请我作序，我欣然同意！

世界合作运动从罗虚代尔先锋社开始，经历了漫长而悠久的历史过程，并逐渐显示出其顽强的生命力。而目前正处于转型时期的中国，在工业化和城镇化的推动下，大量农村居民迁移到城市，造成农业生产经营主体的缺失，成为现代农业发展面临的又一大挑战。而农民合作经济组织作为新型农业经营主体的一种重要形式，在农业生产经营中发挥着重要作用。从另一个角度来看，农业经济的持续健康发展离不开内生动力的支持，推动农业分工演进和农业专业化发展必然具有促进农业经济发展的战略意义。探讨农民合作经济组织与农业分工和专业化之间的关系也就成为了农业经济发展领域的一个重要研究课题。但目前学术界关于这个主题的理论和实证研究非常匮乏。如何改变这种研究现状，更加系统深入地剖析农民合作经济组织推动农业分工演进，以及促进农业专业化发展的作用机理，就是该书的写作初衷，也是该书的主要贡献。我认为，该书的主要特色体现在以下几个方面：

一是从一个比较新的视角切入，研究了农民合作经济组织和农业分工演进以及农业专业化发展之间的关系，在充分考虑中国现有的小规模经营和土地细碎条件下，把农民合作经济组织产生与农业分工演进和农业专业化发展纳入到一个统一的理论框架中，形成了具有特色的研究体系。在这个研究框架和体系下，本书从农业分工和专业化的角度探讨了农民合作经济组织产生的必要性，并剖析了农民合作经济组织对农业分工演进的推动作用，以及对农业专业化发展的促进机理。

二是采用了超边际理论模型和制度经济学理论方法进行理论分析，同时又结合多种实证方法进行验证。本书基于超边际理论模型分析得出了分工和专业化视角下农民合作经济组织产生的条件，并采用制度经济学的理论方法分析了农户在分工与交易费用、专业化与家庭安全家庭兼业化和农民职业化之间的权衡行为，以及不同分工组织方式之间的优势比较；并在此基础上采用中国的大样本微观调查数据建立实证模型以及典型案例剖析的方法进一步进行验证。超边际分析方法在现有的农业经济学研究中并不多见，该书无疑对该理论和方法的应用推进做出了又一重要贡献。

三是提出了一系列具有创新性的观点。该书提出中国现有的家庭生产方式限制了农业分工与专业化发展。农业分工是农业专业化的必要非充分条件，从农业分工实现到农业专业化形成是一个渐进的过程，而从农业分工演进到农业专业化发展是质的飞跃。家庭生产方式下单个农户难以通过市场、企业、订单等方式参与农业分工并从事农业专业化生产。分工和专业化视角下农民合作经济组织产生的条件是农民合作经济组织对农业分工的协调效率高于市场交易效率，并能使参与农业分工的农户获得更高的效用水平。分工和专业化视角下农民合作经济组织产生的必要性在于：农民合作经济组织既能够保证家庭生产方式对农业生产的长期激励，又能够降低单个农户的交易成本、提高单个农户的抗风险能力，使单个农户能够获得更多农业分工和专业化发展的好处。农民合作经济组织通过改善农户对分工与交易费用的权衡、专业化与家庭安全的权衡、农户家庭兼业化和农民职业化之间的权衡，提高农户获取分工经济和专业化经济的意愿和能力，促进农业分工演进和农业专业化的发展。这些观点具有明显的创新性，并符合农业经济学的基本原理，不仅具有一定的理论价值，而且具有重要的现实意义。

需要指出的是，该书在超边际理论和交易成本理论分析框架中分析农民合作经济组织和农业分工和专业化之间的关系，是一项探索性和原创性的研究，难免显得有些粗糙，还有待于进一步完善，书中提出的有些理论假设和观点，也需要有更多的经验验证。但该书的创新价值和重要意义无疑是值得肯定的。

浙江大学中国农村发展研究院关注农民合作经济组织相关问题的研究，欢迎大批志同道合的学者聚集在一起共同探讨和交流、并不断潜心钻研。该书是杨丹学者在其博士论文的基础上修改完成的。从博士阶段开始，她就开始关注农民合作经济组织的相关问题，在研究院一年的访问经历更让她对该研究主题有了更深入的思考和更透彻的理解，并坚定了她对这一研究问题作持续研究的信念。我希望她能继续攀登学术高峰，取得更大的成绩。

谨此为序。

浙江大学中国农村发展研究院院长　黄祖辉　教授

2015 年 1 月 1 日　于浙大启真楼

序二

古典经济学理论指出分工是国民财富增长的源泉，而农业劳动生产力的增进总也赶不上制造业劳动生产力增进的主要原因就是农业不能采用完全的分工制度。因此，探寻农业分工演进和农业专业化发展的有效途径，对促进农业经济的增长和农业现代化发展具有重要的理论和现实意义。而中国的家庭生产经营方式带来的农业经营规模超小化和土地细碎化，以及转型时期工业化和城镇化的不断推进带来的农村劳动力的流失，成为中国现代农业发展面临的新挑战。而农民合作经济组织作为中国现有的重要农业经营主体，能够扮演促进农业分工演进和农业专业化发展的重要角色。纵观中国的合作运动历史，的确是一个漫长而曲折的过程，而2007年《农民专业合作社法》的正式实施，使中国的农民合作经济组织发展进入全新的阶段。探讨农民合作经济组织与农业分工和专业化之间的关系也就成为农业经济发展领域一个重要的研究课题。这也成为了该书的写作初衷。

国内对于农民合作经济组织的研究日益丰富，但鲜见基于农业分工演进和农业专业化发展视角进行的研究。该书基于杨小凯创立的超边际经济学，从分工和交易成本的角度对农民合作经济组织的产生进行了理论分析，得出当农民合作经济组织对农业分工的协调效率高于市场交易效率时，农民合作经济组织就会成为农户参与农业分工的必然选择；而在该条件下，农户专业化生产某种农产品的收益越大，或者专业化从事交易服务的提供所需的学习成本越低、专业化收益越高，农户越愿意选择通过农民合作经济组织参与农产品分工；而当交易服务的交易效率提高到一定程度时，交易服务就从农产品生产中分离出来，并能够进一步提高参与农业分工的农户所能获得的效用水平。我认为该书是从农业领域拓展超边际经济学研究的一个有益尝试。

国内大部分研究并未清晰界定农业分工和农业专业化这两个既有区别又有联系的概念，该书不仅清晰界定了二者的概念和内涵，还深入论述了农业分工和农业专业化之间的关系。作者认为农业分工具体表现为农产品种类分工以及农业生产环节分工，农业专业化也包括农产品种类专业化和农业生产环节专业化；并进一步指出农业分工是农业专业化实现的必要非充分条件，从农业分工到农业专业化实现是一个渐进的、不断积累知识和熟能生巧的过程，而从农业分工演进到农业专业化发展是质的飞跃。我认为从这个角度上该书完善了农业分工和专业化的概念框架，为农业分工和专业化的深入研究奠定了基础。

该书创新性地提出农民合作经济组织对农业分工演进和农业专业化发展的促进作用体现在于农民合作经济组织有助于三个有效权衡的观点：一是农民合作经济组织能够帮助单个农户在农业分工和交易成本之间进行有效权衡；二是农民合作经济组织能够帮助单个农户在农业专业化和家庭安全之间进行有效权衡；三是农民合作经济组织有助于农户兼业化和农民职业化之间的有效权衡。这些观点充分考虑了中国现有的小规模经营和土地细碎背景，而且符合农业经济学的基本原理，并从农民合作经济组织发展的角度提出了促进农业分工演进和农业专业化发展的思路，不仅具有相当的理论价值，又有重要的现实意义。

该书从理论和实证角度出发，不仅把超边际经济学很好地应用到农业经济领域，还结合了制度经济学、农户经济理论、合作组织理论等多种理论方法，并通过对抽样调查数据建立计量模型，以及典型案例分析进行实证验证，提出了可行的政策建议，是一部很有价值的学术作品。该书作者曾经是我的博士研究生，也是一位非常优秀的青年学者，该书就是她在其博士论文基础上修改完成的。她在攻读博士学位期间对学术研究的孜孜以求以及刻苦钻研的精神令我印象深刻，她的学术成绩也打动了评委，其博士论文先后被评为校级和省级优秀博士论文。博士毕业后杨丹在国家社科基金的资助下继续对农民合作经济组织领域的相关问题展开了深入的研究，她对学术研究的执着和坚持让我倍感欣慰，我期待她在学术道路上继续探索，勇攀高峰，不断取得更多更好的学术成就。

谨此为序。

西南大学经济管理学院　李容　教授

2015 年 1 月 1 日　于西南大学

前　言

　　家庭联产承包责任制的实行极大地调动了农民的生产积极性，推动了中国农业生产力的提高，但随着市场经济的发展和国际竞争的加剧，这种制度安排的局限性开始逐渐显现：分散农户的小生产与大市场的矛盾日益尖锐，农产品市场波动日趋频繁，农户面临的风险不断增加，而抵御风险的能力并未得到有效提高。随着农村劳动力的大量转移，农户家庭内部实现了劳动力在农业和非农产业之间的分工，农村劳动力在非农产业内的分工和专业化得到发展，但农业领域内分工和专业化水平并未得到相应提高，这不仅阻碍了农业与非农产业之间的分工协作，更使农业难以通过迂回生产获得工业报酬递增的好处。家庭生产方式下，单个农户参与农业分工和进行农业专业化生产将面临难以承受的高额交易费用和巨大的专业化风险。在这种背景下，以农户互惠合作为基本原则，以节约农户交易成本、降低专业化风险、提高农户风险规避能力为功能特征的农民合作经济组织逐渐兴起，成为兼顾农业生产经营长期激励和促进农业分工与专业化发展的有效途径。但在农民合作经济组织蓬勃发展的态势背后，仍然存在很多很严重的问题，而且与发达国家相比，其对农业分工和专业化发展的推动也非常有限，这成为本书研究的现实背景和出发点。

　　与此同时，学术界对农业分工与专业化的研究存在明显不足。文献大多致力于对农业分工与专业化的作用及其影响因素的分析，但缺乏对农业分工和专业化形成与发展的过程与机理的研究。虽然国内有些文献提出农民合作经济组织是促进农业分工演进和农业专业化发展有效途径的观点，但也是主要致力于对农民合作经济组织发育的影响因素、功能和作用以及组织内部治理结构等方面的研究，对土地细碎化、生产规模超小化背景下如何以保持家庭生产方式为前提，有效组织农户参与农业分工，并促进农业专业化发展的研究则寥寥无几。本书认为这一问题既是包括中国在内许多发展中国家面临的一个严峻政策挑战，也是发展经济学和农业经济学关于改造传统农业的重要研究领域，更是分工与专业化研究领域需要回答的重要问题。

　　基于以上现实背景和学术背景，本书旨在立足现有研究成果，应用交易费用经济学、农户经济学、合作经济理论以及新兴古典经济学等分析工具，采用逻辑思辨分析、理论模型分析、实证模型分析和典型案例分析相结合的研究方法，对中国农民合作经济组织促进农业分工和专业化发展的作用机理进行更合理、更深入的解释，探寻家庭生产方式背景下中国农民合作经济组织发育以及农业分工演进和农业专业化发展的未来方向。

本书的研究内容主要包括以下几个方面：

一是家庭生产方式对农业分工演进和农业专业化发展的限制。通过比较农业和工业产业特征的异同，分析农业领域自然再生产和经济再生产相交织的特征对农业分工和专业化发展的限制作用。并在此基础上通过分析农业领域特有的家庭生产经营方式如何使单个分散的农户具有弱质性特征，而难以承担农业分工产生的高额交易费用、考核费用、协调费用，也难以承担农业专业化所带来的巨大专业化风险，来分析家庭生产方式对农业分工演进和农业专业化发展的限制作用。

二是家庭生产方式下农民合作经济组织产生的必要性。通过解释农民合作经济组织产生的现实逻辑，利用新兴古典经济学的超边际模型验证交易效率对农民合作经济组织产生的决定性影响，分析探讨农民合作经济组织帮助农户在分工和交易费用、专业化和家庭安全之间进行有效权衡、并改善农户家庭兼业化和农民职业化之间的权衡，以及在此基础上比较农民合作经济组织与市场方式、订单方式、企业方式等其他分工组织方式的优劣，来探讨家庭生产方式下农民合作经济组织产生的必然性。

三是我国农民合作经济组织的发展变迁，以及现阶段我国农民合作经济组织呈现出的不同形式和特点。通过对我国农民合作经济组织发展历程的分析，探讨现阶段更适合推进农业分工演进和专业化发展的农民合作经济组织产生的历史背景，剖析现阶段农民合作经济组织的类型以及与农业分工和专业化相关的特点。从改革开放前政府主导的强制性制度变迁，到改革开放后农民自发的诱致性制度变迁，现阶段的农民合作经济组织表现出更强的生命力。现阶段的农民合作经济组织虽然在一定程度上促进了农业分工演进和农业专业化发展。但仍存在一些问题和困难。

四是家庭生产方式下农民合作经济组织对农业分工的协调和促进。农业分工能够给参与分工的农户带来分工收益，但同时也必然产生交易需求和交易费用，因此农户需要在分工和交易费用之间进行权衡，而农业的产业特点以及家庭生产方式在一定程度上限制了农业分工演进，本书通过分析农民合作经济组织如何突破家庭生产方式的限制，帮助农户在农业分工和交易费用之间进行有效权衡，来探讨农民合作经济组织协调和促进农业分工的基本原理。

五是家庭生产方式下农民合作经济组织对农业专业化发展的促进作用。农业专业化能够给从事专业化生产的农户带来专业化经济收益，但同时带来的专业化风险也会威胁农户的家庭安全，因此农户需要在农业专业化和家庭安全之间进行权衡，而农业的产业特点以及家庭生产方式也在一定程度上限制了农业专业化发展，本书通过分析农民合作经济组织如何突破家庭生产方式的限制，帮助农户在农业专业化和家庭安全之间进行有效权衡，以及改善农户家庭兼业化和农民职业化之间的权衡，来探讨农民合作经济组织促进农业专业化发展的作用原理。

本书从农业分工演进和农业专业化发展的视角出发，研究农民合作经济组织产生的必然性，以及农民合作经济组织对农业分工演进和农业专业化发展的促进作用，为农民合作经济组织的研究打开了更广阔的研究视野。而且通过研究提出农业分工是农业专业化的必要非充分条件，从农业分工到农业专业化发展是一个渐进的过程。农民合作经济组织能够帮助农户在分工和交易费用、专业化和家庭安全之间进行更好的权衡，并改善农户家庭兼业化和农民职业化之间的权衡，从而促进农业分工演进和农业专业化发展等一系列新观点。不仅充实了农业分工和农业专业化的概念内涵，丰富了农民合作经济组织研究的内容，拓展和完善了农业分工和专业化以及农民合作经济组织研究的理论框架，也为小规模经营和土地细碎条件下传统农业的改造和农民组织化程度的提高提供了理论支持和经验借鉴。

本书是基于作者的博士论文修改而成的，该博士论文的完成得益于导师李容教授的悉心指导，以及西南大学戴思锐教授提出的建设性的意见和建议。同时也要感谢超边际模型的创始人杨小凯教授的关门弟子庞春教授对本研究中超边际模型的指导。还要感谢重庆市农村合作经济经营管理总站李廷友站长为本研究的数据调查所提供的支持和帮助。感谢被调查区县农委的领导、合作社负责人和农户的支持与配合。感谢西南政法大学黄胜忠教授提供的重庆市农民专业合作社的数据资料。还要感谢我的师弟、师妹和学生，以及参与数据调研的本科生，有了他们的支持和配合，我才得以获取大量真实可靠的微观数据。此外，还要感谢复旦大学章元教授，他亦师亦友，让我真正学会如何开始做规范的学术研究，也让我体会到了学术研究的快乐。感谢我在美国访学时的合作导师 Paulo Guimaraes 教授和 Douglas P. Woodword 教授对我的悉心指导。感谢北京大学的赵耀辉教授、加拿大温尼伯格大学的董晓媛教授对我的教诲、关心和帮助，她们创办的中国女经济学者项目让我感受到温暖，鼓励我以更大的热情和积极性继续在学术研究的道路上前行。感谢浙江大学中国农村发展研究院的黄祖辉教授、徐旭初教授和那群可爱的博士们，他们让我坚定了继续做农民合作经济组织相关研究的信念。最后，还要感谢西南大学中央高校基本科研业务费重点项目"农产品供应链视角下的农民专业合作社绩效优化研究"（SWU1409124）、"成员异质性视角下农村股份合作社治理机制及其绩效影响研究"（SWU1509120），以及中央高校基本科研业务费创新团队项目（SWU1509101）对本研究的资助，感谢西南大学中国西部非公有制经济研究中心为本书的出版提供的资金支持。

最后，我要感谢我的家人。感谢父母赐予我生命，并给我创造了良好的成长环境，他们始终是我最坚强的后盾和最温暖的港湾。感谢丈夫对我的支持和疼爱，他也参与了我的研究讨论和数据调研，给了我很多思路灵感和帮助。

此外，在本书的写作过程中，本人参考了大量的文献资料，鉴于篇幅的限制，未能逐一列出，望作者见谅，在此向他们表示诚挚的谢意。

杨　丹

2015 年 1 月 1 日于西南大学

目　录

第1章 导 论

1.1 研究问题的提出

1.1.1 研究背景

众多发达国家的实践证明，农业现代化实现离不开农业专业化发展，这些发达国家实现农业现代化的过程，同时也是农业专业化发展的过程。列宁在《农业中的资本主义》一文中指出农业专业化是"资本主义社会中农业进步的基本因素之一"；美国农业经济学家约翰逊和海塞威也高度评价农业专业化是美国农业生产增长的重要因素；苏联经济学家安德列耶娃(1979)也指出"美国之所以能够在资本主义农业生产中占据领先地位，在很大程度上是由于它的农业实现了专业化"。

农业经济改革，一直被公认为是中国最成功的经济转轨(Perkins，1994)。1978年以来，中国一直在坚定不移地推动农村改革，并提出了农业专业化发展的思路，但由于农业自然再生产和经济再生产相交织的特性所导致的农业分工有限性，在一定程度上限制了农业专业化的发展。正如斯密(Smith，1776)所说："农业劳动生产力的增进总也赶不上制造业的劳动生产力的增进的主要原因就是农业不能采用完全的分工制度"。随着中国家庭联产承包责任制的建立和农村劳动力的大量转移，农户内部实现了劳动力在农业和非农产业之间的分工，农村劳动力在非农产业内的分工和专业化发展有了长足的进展，但在农业领域内的分工和专业化水平并未得到相应的提高。也就是说，农村劳动力的大量转移并未有效促进农业分工演进和农业专业化的发展。而在中国特有的二元经济结构下，农业与非农产业之间的分工协作也受到阻碍，农业难以通过迂回生产获得工业报酬递增的好处。同时，随着市场经济的发展和国际竞争的加剧，家庭联产承包责任制的局限性逐渐显现出来。家庭生产方式背景下，分散的农户小生产与大市场的矛盾日益尖锐，以至于农业产业化的推进也未能有效解决这个问题。随着工业化和城镇化的快速推进，在农地细碎化和土地生产经营规模超小的农户经营体制下，农业微观生产单位的过于分散和生产规模的过于细碎化，导致农产品市场波动也日趋频繁[①]，农户面临的风险增加，而农户抵御风险的能力没有明显提高。以农地细碎化、生产规模超小化为基本特征的农户家庭经营不仅增加了交易成本，而且使单个农户难以承担巨大的市场风险，限制了农业专业化的发展。在这种制度环境下，农民产生了社会化服务的制度需求，农业社会化服务体系的制度供给开始形成。从1980年中国出现第一个农村专业技术协会开始，一种崭新的农业经营组织形式在中国大地悄然兴起，并以各种不同的形式蓬勃发展起来。而2007年7月1日，《农民专业合作社法》的正式实施更成为农民专业合作社发展的重要契机，以提高农业生产效率、节约农户交易成本、扩大农产品市场范围为特征的农民合作经济组织逐渐兴起，成为促进农业分工和专业化发展的一条重要的有效途径。但目前的实际情况是，农民合作经济组织虽然呈现蓬勃发展的态势，但仍然存在许多严重的问题，如效率低（Porter，Scully，1987）、代理成本高（Vitaliano，1983）、融资困难（Hendrikse，Veerman，2001）等[②]，而且与发达国家相比，其对农业分工和专业化发展的推动也非常有限。

现有研究对分工与专业化的研究明显不足，尤其是对农业分工和专业化过程与机理研究存在一定的缺失。大多数文献主要致力于对农业分工与专业化的作用及其影响因素方面的研究，而对土地细碎化背景下如何在保持家庭生产方式的前提下组织农户参与农业分工和促进农业专业化问题的研究寥寥无几。这既是包括中国在内的许多发展中国家面临的一个严峻的政策问题，同时也是发展经济学和农业经济学关于改造传统农业的重要研究领域，更是分工与专业化研究领域需要回答的重要问题。虽然有些文献提出农民合作经济组织是促进农业分工演进和农业专业化发展的有效途径，但缺乏对农民合作经济组织促进农业分工和农业专业化的作用机理的系统深入研究。这些文献主要致力于对农民合作经济组织产生、发展的影响因素，农民合作经济组织的功能和作用，以及组织内部治理结构等方面的研究，而对于农民合作经济组织如何通过农民之间的互惠合作提高农业分工水平以促进农业专业化发展的方式和途径还比较欠缺。

基于以上现实背景和学术背景，本书旨在立足现有研究成果，应用交易费用经济学、农户经济学、合作经济理论以及新兴古典经济学等分析工具，采用逻辑思辨分析、理论模型分析、实证模型分析和典型案例分析相结合的研究方法，对中国农民合作经济组织促进农业分工和专业化发展的作用机理进行更合理、更深入的解释，探寻中国农民合作经济组织发展以及农业分工和专业化发展的未来方向。

---

① 斯密曾指出分工受市场稳定性的限制，如风浪、劫掠等意外风险，各国本币制度和汇兑规定的不同等都可能影响市场稳定性，妨碍分工的深化。

② Borgen(2003)将合作社的问题归纳为两类：一类是与投资相关的激励问题，包括公共产权问题（搭便车问题）、视野问题和投资组合问题；另一类是与决策相关的激励问题，包括控制问题、跟从问题和影响成本问题。

1.1.2 问题提出

古典经济学提出分工和专业化是经济增长源泉的理论论断。工业和服务业领域高度的分工和专业化带来其经济的高速发展这一事实也对其进行了充分的实践验证。而农业作为国民经济的基础性行业，其分工和专业化程度却远远低于工业和服务业。我们不禁要问，农业自身的特殊性怎样限制了农业分工和农业专业化的发展？这些特殊性中哪些属性起着决定性作用？我们可以通过何种方式或渠道来有效降低这些特殊属性对农业分工和专业化发展的限制？或者我们可以通过何种方式对现有的农业分工程度和农业专业化发展水平进行有效推进？在中国现实的经济社会发展中，我们还可以观察到，在农村劳动力大量向城市转移的背景下，农户内部实现了劳动力在农业和非农产业之间的分工，但农业的专业化程度并未得到相应的提高，这是不是可以进一步说明：从分工到专业化的形成是一个渐进的过程，分工只是专业化形成的必要非充分条件？因而从分工到专业化的这个渐进形成的过程中，还有哪些条件起到了至关重要的作用？而中国这么多年的农业产业化对农业专业化经济的推进非常有限，我们不禁又产生疑问：在中国的现实条件下如何实现农业专业化？

科斯的交易成本理论解释了企业的产生，指出交易成本的节约和经营管理成本的增加之间的权衡确定了企业的边界。工业和服务业领域正是完成了从市场到企业这种分工组织形式的跳跃达到了高度的分工和专业化水平。因而农业领域也需要通过提高组织化程度，以实现农业分工和专业化的发展。但农业自然再生产和经济再生产相交织的特点决定了农业经营组织不可能像工业企业那样具有严密的科层组织体系。而改革开放前农户高度组织化形式(人民公社)失败的背景下农民组织化新的出路又在何方？因此我们需要解释清楚以下问题：为什么需要农民合作经济组织来协调农业分工？换言之，直接通过市场或采用订单方式与利用农民合作经济组织的方式协调农业分工和推进农业专业化发展有何不同？采用市场或订单方式或农民合作经济组织协调农业分工与推动农业专业化发展的条件有哪些？或者说在什么条件下农户直接利用市场交换参与分工，在什么条件下农户可以通过订单方式参与分工，在什么条件下通过农民合作经济组织参与分工？从分工的角度看农民合作经济组织的出现与企业的出现有什么不同？家庭生产方式背景下农民合作经济组织应该具有哪些类型和特点？农民合作经济组织如何促进农户参与农业分工从而推动农业分工演进？农民合作经济组织又是如何推动农业专业化发展的？

因此，本书研究的科学问题是：①分工和专业化视角下农民合作经济组织产生的必要性；②农民合作经济组织促进农业分工和专业化发展的基本原理。

1.1.3 研究目的

对于农民合作经济组织的研究可以涉及农民合作经济组织产生的原因、农民合作经济组织的功能和特征、农民合作经济组织的内部治理等方面。而对于农业分工和专业化的研究也可以涉及影响农业分工和专业化发展的因素、农业分工和专业化发展对农村经济发展的影响和作用等方面。而本书把主要精力集中在农民合作经济组织促进农业分工和专业化发展的作用原理上。

因此，本书的研究目的在于揭示家庭生产方式下农业分工和农业专业化的局限性，农民合作经济组织优于其他分工组织方式而成为协调农业分工的最优组织方式的必然性，农民合作经济组织促进农业分工的作用原理，农民合作经济组织促进农业专业化发展的作用原理，并在此基础上提出提升农民合作经济组织促进农业分工演进和农业专业化发展能力的政策建议，为农业分工演进和农业专业化发展、农民合作经济组织发育提供有力的理论和实践依据。

1.1.4 研究意义

本研究着眼于中国家庭生产方式背景下农民合作经济组织促进农业分工和专业化发展的作用原理的分析和探讨，具有重要的理论和实践意义。

本研究的理论意义在于：

(1)有利于拓展和完善农民合作经济组织研究的理论框架。在研究内容上，从促进农业分工和专业化的角度揭示农民合作经济组织产生的必要性，并解释在家庭生产方式下，农民合作经济组织如何帮助农户更好地在分工和交易费用、专业化生产和家庭安全之间进行合理权衡，丰富农民合作经济组织研究的内容。在研究方法上，基于新兴古典经济学的超边际分析方法构建理论模型，并利用抽样调查和典型调查相结合的方式进行实证分析，研究不同的分工组织形式的特点及其选择，并深入探讨农民合作经济组织促进农业分工和专业化发展的作用机理。这一更加丰富和完善的农民合作经济组织研究的理论框架将有助于解释现行农民合作经济组织发展中的诸多问题，为小规模经营和土地细碎条件下传统农业的改造和农民组织化程度的提高提供理论支持和经验借鉴。

(2)有利于丰富和完善农业分工和农业专业化理论。从斯密提出劳动分工理论以来，分工和专业化理论经历了一系列的发展变迁，并得以不断成熟和完善。但专门针对农业领域的分工和专业化理论的研究，尤其是以家庭生产方式为背景的农业分工和专业化研究还不多见，亟待充实和完善。本研究有助于揭示家庭生产方式背景下农业分工演进和农业专业化发展的有效途径，探讨农民合作经济组织促进农业分工演进和农业专业化发展的作用机理；有助于深刻理解市场或农民合作经济组织各自在协调农业分工和推动农业专业化发展过程中所承担的不同作用，丰富农业分工和农业专业化发展理论。

本研究的现实意义在于：

(1)有利于在保持现有农业生产经营体制不变的条件下，选择合适的农业生产经营组织方式。在现有家庭生产经营方式下，小农户自给自足的倾向性和农业社会化大生产的矛盾诱使农民合作经济组织的产生。本研究有助于厘清农民合作经济组织产生的条件和作用机理，探寻以促进农业分工和专业化发展为目的的农民合作经济组织发展的合理途径和有效的推进方式，为农业现代化发展提供有力保障和支持。

（2）有利于探寻合适的农业分工和专业化发展的模式和途径，提高农户收入水平，促进农业、农村经济发展。农业分工和专业化发展能够提高农业生产效率，满足社会化大生产要求。但由于我国农户生产的规模小，加上一些体制性因素的影响，农户的非专业化生产仍然是主要的生产方式，农业专业化发展水平也不高，严重阻碍了我国现代农业的发展。本研究提出以提高农民组织化程度为目标的农业合作经济组织是促进农业分工演进和农业专业化发展的有效方式和途径，通过遵循农业生产的生命特性，节约市场成本和交易成本来促进农业专业化发展，并实现农业经济增长，对提高农户收入水平、促进农业农村发展具有重要的现实意义。

1.2 基本概念界定

1.2.1 农民合作经济组织

农民合作经济组织在国外并没有一个直接相对应的概念，常见的称谓主要有：Agricultural Cooperatives、Cooperative Associations、Farmers Cooperatives、Rural Cooperatives、Rural Producers Organization、Producers Association、Farmers Organization等。也就是我们经常提及的农业合作社、农业生产者协会、农民组织等。为了对农民合作经济组织进行科学定义，有必要先对已有的相关概念进行归纳总结。

1. 农民

《说文解字》中提到"农者，耕也、种也"。艾利思（Ellis，1988）把农民定义为"主要利用家庭成员的劳动从事生产并以此为经济来源的居民户，其特点是部分参与不成熟的投入要素和产出市场"。徐旭初（2005）认为"农民"（farmer）是指主要从事农业生产、经营的人或户[①]。一般来说，可以从三种角度来对农民进行定义，即从职业角度把农民定义为直接从事农业生产的劳动者；从区位角度把农民定义为居住在农村的人口；从社会身份的角度把农民定义为具有农业户口的人口。

本书定义的"农民"是指从事农业生产经营以及和农业生产经营紧密相关的活动的人或户。

2. 合作

《大不列颠百科全书》将"合作"（cooperation）解释为"联合行动或共同努力"。

---

① 本书研究中常用农户作为对象进行描述，是因为农民通常是以户为单位进行生产经营决策的，因而此处借用农民的概念为从事农业生产经营以及和农业生产经营紧密相关活动的农户。

《现代汉语词典》(1985)定义"合作"为"人们为了一定的目的联合行动或共同完成某项任务"。《辞源》定义"合作"为"两个或两个人以上共同创造"。

本书定义的"合作"是指农民们为了共同的目标和利益而进行自愿联合的行为。

3. 合作社

《大不列颠百科全书》将合作社(cooperatives)解释为"成员能够使用其服务并获取其合作利益的共同拥有的企业或组织"。合作社作为一种理念,是从1844年12月24日"罗虚代尔公平先锋社"的诞生开始的。埃文斯和斯多克迪克(Evens,Stokdyk,1937)认为农业合作社是一种企业组织,通常由农业生产者成立、拥有和控制,为成员或股东的共同利益服务,扣除允许用于运营、存续和其他经过认可的用于发展和必要积累之后,在成本基础上运作。费周和埃斯沃斯(Fetrow,Elsworth,1947)定义合作社是为了共同利益而组建起来共同劳动的组织,他们认为经济合作社是一种企业形式,由具有共同需要的成员民主所有和控制,在非赢利的基础上为自己服务,并根据参与比例获得利益。萨维奇和沃金(Savage,Volkin,1965)把合作社定义为以非营利为基础,为自身提供所需服务,具有共同所有权利益的人们组成的自愿契约组织。帕科(Packle,1970)定义合作社为由力图实现自我经济服务的人们组成的民主联合体,通过一个旨在消除中间商利润和提供基于所有权控制的实质平等的计划。格罗斯科普夫(Grosskopf,1995)认为合作社可以被定义为以团结互助为原则,以促进和保证各成员的利益为目标,联结个人与商业企业的团体。国际合作社联盟(ICA,1995)对其定义为:自愿联合起来的人们,通过联合所有与民主控制的企业来满足他们共同的经济、社会、文化的需求与抱负的自治联合体,他们按企业资本公平出资,公正地分担风险、分享利益,并主动参与企业民主管理。2007年颁布施行的《中华人民共和国农民专业合作社法》中指出,农民专业合作社是在农村家庭承包经营基础上,同类农产品的生产经营者或者同类农业生产经营服务的提供者、利用者,自愿联合、民主管理的互助性经济组织。

4. 组织

《大不列颠百科全书》将"组织"(organization)定义为"(作为商业行为或政党的)行政的或功能性的结构"。巴纳德(Barnard,1968)认为"组织"是将两个或多于两个人的力量加以有意识协调的系统。西蒙(Simon,1958)认为,"组织"是为了实行共同的目标而协作的人群活动系统。卡斯特和罗森茨韦克(Kast,Rosenzweig,1972)对"组织"的定义是:一个属于更广泛环境的分系统,并包括怀有目的并为目标奋斗的人们;一个技术分系统,即人们使用的知识、技术、装备和设施;一个结构分系统,即人们在一起进行整体活动;一个社会心理分系统,即处于社会关系中的人们;一个管理分系统,即负责协调各分系统,并计划与控制全面的活动。

5. 农民合作经济组织

根据以上相关概念的归纳与总结,界定本书所研究的农民合作经济组织(Farmer

Cooperative Economic Organization)是指基于合作社理论建立的,通过一系列契约关系联结起来的农民组织。具体定义为:以家庭承包经营为基础、以农民为主体、以农业生产经营为手段、以追求经济利益为目标、以自愿联合、民主管理为基础的互助合作性经济组织。在我国目前的现实情况下,农民专业合作社和农民专业协会就是本书上述定义的具体体现。农民合作经济组织通常有横向联结、纵向联结、混合联结等方式。横向联结方式是指从事相同或相近的农业生产经营活动的农民之间相互合作形成农民合作经济组织。纵向联结方式是指以农业生产经营的全过程为纽带,把各个环节联合起来形成农民合作经济组织,即生产、销售、加工、流通等环节被集中到一个组织中,交易被内部化,组织管理者对各环节进行监督、控制。混合联结方式是指既包括横向联结也包括纵向联结的方式,既包括从事相同或相近农业生产经营活动的农民之间的相互合作,也包括不同环节的相互合作。

1.2.2　农业分工和农业专业化

《新帕尔格雷夫经济学大辞典》把分工定义为工序的划分,即某一项工作分成几个部分,每一个部分由不同的人来完成。亚当·斯密(Smith,1776)首先提出劳动分工(division of labor)的概念,即人们社会经济活动的划分以及独立化和专门化,是人们在经济活动过程中有关技术上的一种联合方式。他认为分工包括水平分工和垂直分工两类。而哈耶克(1991)提出知识分工的概念,他在分析了现实中每个人都不可能拥有不同领域的完全知识时指出,"这里显然存在一个知识分工的问题,它与劳动分工问题非常相似,起码具同等的重要性"。知识分工是指社会总体知识体系是分散存在于每个个体之中的,每个人掌握的知识是不一样的,每个人掌握的知识都只是知识体系中的一部分。马克思进一步提出了企业内分工和社会分工的划分。斯蒂格勒(Stigler,1951)认为,一个企业的经济活动包含许多职能,分工或专业化过程就是企业的职能不断地分离出去,由其他专业化的企业专门承担这些职能的过程。盛洪(1992)把分工定义为生产中不同职能或操作的分离。而生产中职能或操作的分离至少包括两个方面:一是在社会范围内的职能分离,即社会分工;二是在单个行业或部门内部的职能分化,即部门分工。杨小凯(2003)进一步用生产所有产品的所有人的专业化水平和模式来定义分工水平,即如果每个人在每种活动上分配同样的工作时间份额,则分工水平达到最小值 0,即自给自足;若每个人专业于生产不同于其他所有人生产的一种产品,则分工水平达到最大值,即完全分工。

本书在以上研究的基础上对农业分工及其相关概念进行如下定义:

农业分工(agricultural labor division)是指农业领域内生产劳动的划分。农业分工是和农业自给自足相对立的概念，具体表现为农产品种类分工以及农业生产环节分工[①]。农产品种类分工是指生产劳动在不同种类的农产品之间的划分，如有的农户专门从事粮食生产，有的农户专门从事蔬菜生产等。而农业生产环节分工是指生产劳动在不同的农业生产环节上的划分，如有的农户专门从事粮食播种环节，有的农户专门从事粮食收割环节等。农业生产环节分工包括农业生产过程各环节的纵向分工和横向分工。纵向分工是从整个农业生产过程各环节的先后顺序上表现为产前、产中、产后各环节的分工，或者是更细化的制种、播种、锄草、施肥、收割等各环节的分工。横向分工则表现为某一特定的农业生产环节上农户之间的横向协作[②]。

　　农业分工水平（agricultural labor division level）是指农业领域内生产劳动划分的细化程度。也可以用农业领域内每个分工主体在每种社会经济活动上分配的劳动份额的差异程度来描述。若其劳动份额分配越平均、差异程度越小，则农业分工水平越低；若其劳动份额分配越不平均、差异程度越大，农业分工水平则越高。以农产品种类分工为例，如果所有农户从事所有种类的农产品生产，并在所有种类的农产品生产上分配相等的劳动份额，则不存在农产品种类分工，属于自给自足状态；如果某农户在某种农产品（如粮食，如果要更进一步细分，如水稻）生产上分配了相对更多的劳动份额，而在其他种类的农产品生产上分配的劳动份额相对较少；同时，其他农户在其他某种农产品（如水果，如果要更进一步细分，如苹果）生产上分配了相对更多的劳动份额，则存在农产品种类分工，而这种农产品种类分工水平随着农户劳动份额分配的差异程度扩大而提高。从农业生产环节分工的角度来看，农业生产环节划分得越细，参与农业分工的主体从事的农业生产环节数越少，农业分工水平越高。也就是说，如果所有农户都从事整个农业生产全过程中所有生产环节的生产经营活动，如制种、播种、锄草、施肥、收割等，则不存在农业生产环节分工；如果部分农户从事农业生产过程中某个（或某几个）生产环节的生产经营活动，如只从事制种和播种这两个生产环节的生产活动，另一部分农户则从事其他相对应的生产环节的生产经营活动，如制种和播种之后的锄草、施肥、收割等生产活动，则存在农业生产环节分工；而这种农业生产环节分工的水平随着农业生产环节划分的细化程度以及参与农业生产环节分工的主体所从事的农业生产环节数量的减少而提高，当整个农业生产过程的生产环节划分到最细，同时每个参与分工的主体只从事一种农业生产环节的生产劳动时，农业分工水平达到最高。

---

　　① 农业分工的表现形式有多种，从分工对象角度来看，表现为农业产业分工、农产品种类分工、农业生产环节分工，从分工主体角度来看，表现为区域间农业分工、区域内农户之间的分工、农户家庭内部分工等，而这些不同形式往往会相互交叉、相互结合。本书鉴于研究篇幅限制，仅以农产品种类分工和农业生产环节分工为切入点进行讨论。在以后的研究中本人将对农业分工的其他表现形式进行系统研究。

　　② 农业生产环节中也涉及一些其他形式的农业分工。如产后分工往往涉及劳动力在农产品加工行业的分工，产前、产中的分工也包括劳动力在信息服务、生产服务等不同产业的分工，当然也涉及农产品种类分工。

农业分工演进(agricultural labor division evolution)是指农业分工水平不断提高、分工层次不断提升的动态过程。农业分工水平不断提高体现在每个分工主体由最初的自给自足状态，即从事整个农业生产全过程中的所有生产环节，逐渐转变为不同的分工主体逐渐把一部分农业生产环节分化出去，而自己所从事的农业生产环节数量逐渐减少的过程。农业分工层次不断提升体现在从农业产业分工到农产品种类分工、再到农业生产环节分工的分工不断细化的过程。而农业分工水平的不断提高和分工层次的不断提升会带来农业专业化水平的提升从而促进农业经济增长，会进一步促进农业分工水平的提高，并形成一个正向反馈过程，也进而形成了农业分工水平不断提高的动态演进。

《牛津经济学词典》把专业化(specialization)定义为某一经济主体"依赖于其他(经济主体)提供自己不生产的东西，集中提供特定类型的商品和服务"。杨格(Young，1928)把专业化的内容概括为个人专业化水平的提高、生产迂回化程度的提高和中间产品种数的增加。盛洪(1992)定义专业化为一个人或组织减少其生产活动中的不同职能的操作的种类；或者说，将生产活动集中于较少的不同的职能操作上。他认为随着历史的发展，专业化形态也在不断地从部门专业化、产品专业化、零部件专业化、工艺专业化向生产服务专业化演进。杨小凯(2003)把一个人用于生产某种产品的劳动时间的份额定义为专业化水平，若一个生产一种特定产品的人的边际(或平均)劳动生产率随着其生产该产品的专业化水平的提供而提高，则这个人在生产中就有专业化经济。还有一些学者对农业专业化也进行了不同的定义，如农业专业化，即农产品专业生产的区位变化(Fisher，Temin，1970；Winsberg，1980；Lyons，1988；Mora，Juan，2004；Pierangeli et al.，2008；Emran，Shilpi，2008)；农户农业生产行为的专业化，如专门从事农业产业的生产经营(Deininger，Olinto，2001)，专门从事特定农产品的生产经营(Danhof，1969；Bogue，1963；Gregson，1993)，专门从事特定的农业生产环节的生产经营(Bachev，2008)等。也有学者专门定义了农业区域专业化，如李旭旦(1984)认为农业区域专业化指在农业生产地域分工的基础上形成的，在不同地区各自着重发展少数突出的部门或作物，其产品的全部或绝大部分都是商品生产，并同其他地区进行大规模的商品交换。中国科学院南京地理与湖泊研究所(1990)认为农业区域专业化并不意味着各地区只发展对其最有利的一个部门或一种产品，"农业的地区专业化不能理解为地区生产的单一化"。

本书在以上研究的基础上对农业专业化及其相关概念进行如下定义：

农业专业化(agricultural specialization)是指参与农业分工的主体专门从事农业领域内某种(或某几种)生产经营活动①，并且从事该生产经营活动的效率比其他非专业生产

① 该社会经济活动的种类数越少则专业化程度越高；但实际情况是由于农业的生态属性和动植物的生命属性导致从事农业专业化生产的农户并不是局限于一种农业生产经营活动，而往往同时从事几种农业生产经营活动。

者更高。农业专业化是和农业多样化相对立的概念。根据本书对农业分工的概念和内涵的界定，本书的农业专业化的内涵包括农产品种类专业化和农业生产环节专业化①。农产品种类专业化是指农户专门从事某种(或某几种)农产品的生产经营活动，并且从事该种农产品生产经营的效率比其他非专业生产者更高。如某农户专门从事水稻这种农产品的生产经营活动，并且该农户的水稻生产效率比那些既从事水稻生产经营又同时从事小麦、棉花、蔬菜、水果等多种农产品生产经营农户的水稻生产效率更高，即该农户实现了水稻生产专业化。农业生产环节专业化是指农户专门从事整个农业生产全过程中的某种(或某几种)农业生产环节的生产活动，并且从事该种农业生产环节的生产活动的效率比其他非专业生产者更高。如某农户专门从事水稻播种这个农业生产环节的生产活动，并且该农户的水稻播种效率比那些既从事水稻播种环节又同时从事水稻的施肥、除草、灌溉、收割等多种水稻生产环节的水稻播种效率更高，即该农户实现了在水稻播种环节的农业专业化。

农业专业化水平(agricultural specialization level)是指参与农业分工的个体专门从事农业领域内某种社会经济活动的水平和能力，以及由此而导致的整体的农业专业化的水平和程度。个体农业专业化水平具体体现在参与农业分工的个体分配在这种专门活动上的劳动份额、对这种专门活动的专门化投入、对这种专门活动的劳动熟练程度、从事这种专门活动的技术能力、从事这种专门活动的产出效率等。而整体农业专业化水平主要体现在整个农业生产的链条长度、整个农业生产的标准、规范、质量、安全程度等。因此本书主要通过农户个人专业化水平来衡量参与农业分工的个体的农业专业化水平，并通过农业生产迂回化程度和农业标准化程度来衡量整体的农业专业化水平。

农业专业化发展(agricultural specialization development)是指农业专业化水平不断提升的动态过程。具体表现为参与农业分工的个体分配在某种农业生产环节上的劳动份额越来越大、对这种专门活动的专门化投入越来越多、对这种农业生产环节的劳动熟练程度越来越高、从事这种农业生产环节的技术能力越来越强、从事这种专门活动的产出效率越来越高；整个农业生产的链条越来越加长、整个农业生产的标准、规范、质量、安全程度越来越高等。这也意味着农户个人专业化水平越来越高、农业生产迂回化程度越来越强、农业生产标准化程度越来越高。

分工和专业化是两个既紧密联系又相互区别的概念。农业分工是农业专业化的必要非充分条件，而农业专业化的发展会促进农业分工的进一步演进。农业分工只是表示将

---

① 农业专业化可以表现为农业产业专业化、农业区域专业化和农户农业生产专业化。农业产业专业化即农户专门从事农业产业的生产经营而不从事非农产业的生产经营。农业区域专业化是指某一特定区域内的农户专门从事某一特定的农业生产活动，包括区域农产品生产专业化和区域农业生产环节专业化。而农户农业生产专业化是指农户专门从事某种特定的农业生产活动，包括农业生产品种专业化和农业生产环节专业化。本书仅从农户农业生产专业化的角度分析农业生产品种专业化和农业生产环节专业化两类。

农业领域内各种生产劳动划分开来，这种划分并不意味着立即能够实现农业专业化；农业专业化是在农业分工的基础上，每个参与农业分工的主体在划分开来的相对独立的生产劳动上分配一定的劳动份额，并不断重复劳动，不断积累知识和经验，不断提升劳动技能，从而在该相对独立的生产劳动上能够获得比从事其他活动的主体更加专业的知识和能力，以及更多的产出效率，并使得整个农业生产变得更加迂回、标准化程度越来越高的过程。农业分工演进是农业领域生产劳动划分更细化的过程，从农业分工到农业专业化并不是瞬间实现的，而是一个渐进的过程，需要各种要素充分配合，共同发挥作用。从农业分工演进到农业专业化发展是质的飞跃。而农业专业化的发展必然使农业分工更加细化，从而提高农业分工水平，进一步促进农业分工演进。

1.2.3 农业分工组织方式

分工组织方式(organizing mode of labor division)是指组织和协调分工的方法和模式。市场方式和企业方式是工业和服务业领域主要的分工组织方式。市场方式是最基本的一种分工组织方式，主要以价格机制进行协调，能够在一定程度上降低交易成本，但会造成市场成本的增加；企业方式是工业和服务业领域中效率较高的分工组织方式，主要以权威命令进行协调，能够有效降低交易成本和市场成本，但会造成企业内部管理成本的增加。此外介于企业与市场之间的中间组织形式也在非农产业的分工组织中发挥重要作用。

农业分工组织方式(organizing mode of agricultural labor division)是指在农业领域内组织和协调分工的方法和模式，主要有市场方式、订单方式、合作方式等。市场方式是指参与农业分工的主体主要通过市场来实现分工的组织与协调。订单方式是指参与农业分工的主体主要通过订单农业的方式来实现分工的组织与协调。合作方式是指参与农业分工的主体主要通过农民合作经济组织来实现分工的组织与协调。本书认为合作方式是农业领域最合适的分工组织方式。

1.3 研究的逻辑思路和主要内容

1.3.1 逻辑思路

本研究主要依据如下的逻辑思路展开：首先，家庭生产方式因其对农业生产的长期激励而成为现阶段最有效的农业生产经营组织形式，但农业的产业特征和家庭生产方式的制度条件在一定程度上限制了农业分工和专业化发展。其次，农户参与农业分工必然会产生交易需求而面临高额的交易费用，而从事农业专业化生产带来的专业化风险也会威胁农户的家庭安全，因此农户需要在分工和交易费用、专业化和家庭安全之间进行权衡，因此农民合作经济组织就有了产生的必要。再次，农产品市场供求变化以及农产品同质性带来的竞争会导致市场不确定性的增加，因此农户仅通过市场协调农业分工会产生高额的交易费用和市场成本；而农业生产的自然再生产和经济再生产相交织的特征决定了农业分工协调不可能在企业内部依靠权威命令完成；订单农业的方式虽然能够在一定程度上降低交易费用，但难以保障单个农户的利益；而农民合作经济组织具有协调农业分工的特殊优势，能够帮助农户在分工和交易费用、专业化和家庭安全之间进行有效权衡，因而农民合作经济组织具有推动农业分工和专业化发展的必然性。然后，分析农民合作经济组织促进农业分工和农业专业化发展的作用原理。家庭生产方式下单个农户参与农业分工难以承担高额的交易费用、考核费用和协调费用，农民合作经济组织通过帮助单个农户节约交易费用、降低考核费用、降低协调成本，使农户获得更多分工净收益，从而推动农业分工演进。家庭生产方式下单个农户从事专业化生产难以承担巨大的专业化风险，农民合作经济组织通过帮助单个农户降低专业化风险、提高农户抗风险能力、促进农户个人专业化水平、农业生产迂回程度、农生产标准化程度等来提高农业专业化发展的能力，使农户获得更多专业化经济净收益，从而推动农业专业化发展。最后，在此理论分析的基础上通过实证分析和案例分析的方法进行进一步验证农民合作经济组织对农业分工和专业化发展的促进作用。通过此研究，旨在丰富农民合作经济组织与农业分工和专业化的理论框架和内容，为探寻提高农民组织化程度、促进农业分工演进和农业专业化发展路径的理性选择提供理论支持和经验验证。

1.3.2 主要研究内容

本书研究的主要内容包括以下几个方面：

（1）家庭生产方式对农业分工与专业化发展的局限。通过比较农业和工业产业特征的异同，分析农业领域自然再生产和经济再生产相交织的特征对农业分工和专业化发展的限制作用；并在此基础上通过分析农业领域特有的家庭生产经营方式如何使单个分散的农户具有弱质性特征，而难以承担农业分工产生的高额交易费用、考核费用、协调费用，也难以承担农业专业化所带来的巨大专业化风险，来分析家庭生产方式对农业分工演进和农业专业化发展的限制作用。

（2）家庭生产方式下农民合作经济组织产生的必要性。通过解释农民合作经济组织产生的现实逻辑，利用新兴古典经济学的超边际模型验证交易效率对农民合作经济组织产生的决定性影响，分析探讨农民合作经济组织帮助农户在农业分工和交易费用、农业专业化和家庭安全之间进行有效权衡、并改善农户家庭兼业化和农民职业化之间的权衡，以及在此基础上比较农民合作经济组织与市场方式、订单方式、企业方式等其他分工组织方式的优劣，来探讨家庭生产方式下农民合作经济组织产生的必然性。

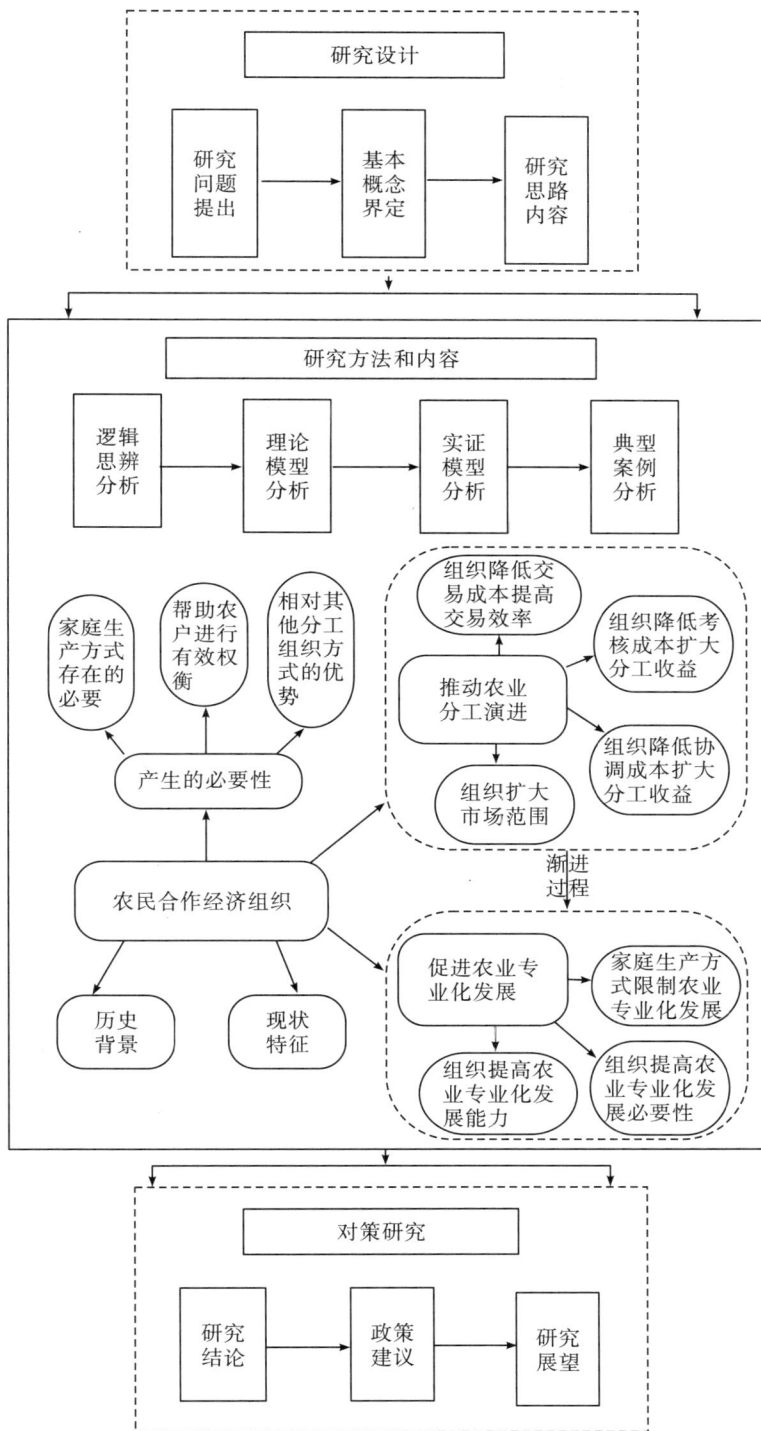

图 1-1 研究思路

Fig. 1-1 Research Thinking

（3）我国农民合作经济组织的发展变迁，以及现阶段我国农民合作经济组织呈现出的不同形式和特点。通过对我国农民合作经济组织发展历程的分析，探讨现阶段更适合推进农业分工演进和专业化发展的农民合作经济组织产生的历史背景，剖析现阶段农民合作经济组织的类型以及与农业分工和专业化相关的特点。从改革开放前政府主导的强制性制度变迁，到改革开放后农民自发的诱致性制度变迁，现阶段的农民合作经济组织表现出更强的生命力；组织虽然在一定程度上促进了农业分工演进和农业专业化发展，但组织发展仍存在一些问题和困难。

（4）家庭生产方式下农民合作经济组织对农业分工的协调和促进。农业分工能够给参与分工的农户带来分工收益，但同时也必然产生交易需求和交易费用，因此农户需要在分工和交易费用之间进行权衡，而农业的产业特点以及家庭生产方式在一定程度上限制了农业分工演进。本书通过分析农民合作经济组织如何突破家庭生产方式的限制，帮助农户在农业分工和交易费用之间进行有效权衡，来探讨农民合作经济组织协调和促进农业分工的基本原理。

（5）家庭生产方式下农民合作经济组织对农业专业化发展的促进作用。农业专业化能够给从事专业化生产的农户带来专业化经济收益，但同时带来的专业化风险也会威胁农户的家庭安全，因此农户需要在农业专业化和家庭安全之间进行权衡，而农业的产业特点以及家庭生产方式也在一定程度上限制了农业专业化发展，本书通过分析农民合作经济组织如何突破家庭生产方式的限制，帮助农户在农业专业化和家庭安全之间进行有效权衡，以及改善农户家庭兼业化和农民职业化之间的权衡，来探讨农民合作经济组织促进农业专业化发展的作用原理。

1.4 研究方法和数据资料来源

1.4.1 研究方法

本书采取逻辑思辨分析、理论模型分析、实证模型分析和典型案例分析相结合的方法研究家庭生产方式背景下农民合作经济组织促进农业分工和专业化发展的作用机理。逻辑思辨分析主要采用契约经济学、信息经济学、交易成本经济学、新制度经济学、合作组织理论等理论探讨家庭生产方式背景下农民合作经济组织产生的条件和必要性，及其对农业分工和专业化发展的意义，农业领域内农民合作经济组织相对于市场、企业、订单等分工组织方式的优越性，农民合作经济组织促进农业分工演进和农业专业化发展的作用机理。理论模型分析主要采用新兴古典经济学的超边际分析方法建立模型，推导农民合作经济组织产生的条件。实证模型分析主要基于抽样调查数据建立计量经济模型，包括线性概率模型中的 Logit、Probit、Tobit、有序 Probit 等回归模型，以及计数模型中的 Poisson 回归模型等，探讨农民合作经济组织产生的影响因素，农民合作经济组织对农业分工演进和农业专业化发展的作用，农民合作经济组织促进农业分工演进和农业专业化发展的方式和途径，农民合作经济组织、农业分工演进和农业专业化发展对农民农业收入的影响等内容。典型案例分析主要选择重庆地区水果生产、粮食生产、家禽养殖业三类专业合作经济组织作为典型代表，深入分析农民合作经济组织促进农业分工和专业化发展的作用机理。

1.4.2 数据资料来源

本书的研究数据来源于笔者 2010 年组织的"农民合作经济组织和农业专业化情况"专项调查。该调查采取了典型调查和抽样调查两种方式进行。

典型调查主要在重庆市各区县选取有代表性的农民合作经济组织，以农民合作经济组织负责人和组织部分成员为主要的被访对象，根据访谈提纲以访谈的方式进行。其中，针对农民合作经济组织负责人主要是进行一对一地深入访谈，而针对组织部分成员主要是根据其所在的农民合作经济组织进行分组座谈。调查组于 2010 年 7 月在重庆市江北区、涪陵区、南川区、璧山县、綦江区 5 个区(县)调查了 8 个典型的农民合作经济组织①，本书最终选取了其中最具有代表性的 3 家农民合作经济组织进行了详尽的案例分析。

抽样调查以调查问卷为基础，采取分层随机抽样方式进行。抽样调查问卷分为农户问卷、组织问卷和村问卷三个部分，农户问卷内容涉及农户基本情况、农户生产经营情况(包括农户参与农业分工、农户专业化生产意愿和行为、农户收入等)、农户加入农民合作经济组织情况等；组织问卷内容包括农民合作经济组织基本情况、农民合作经济组织经营管理情况、农民合作经济组织服务情况等；村问卷内容包括村基本情况(包括生产经营、基础设施等)、村农民合作经济组织发展情况等。调查组于 2010 年 6 月在重庆市进行了预调查以对问卷进行测试。为了降低地区差异对调查结果的影响，在对调查问卷进行修改和完善后，于 2010 年 7 月初到 9 月初在重庆市、云南省、贵州省、四川省、河北省、甘肃省等 6 个省(市)进行了正式的调查。抽样调查采用分层随机抽样的方法，随机抽取这 6 个省(市)中有农民合作经济组织的村，然后在被调查村中随机抽取 1～2 个农民合作经济组织，再在该村中随机抽出 5～10 个参加了该农民合作经济组织的农户和 5～10 个未参加农民合作经济组织的农户。本次调查共发放问卷 650 份，回收有效问卷 465 份，有效回收率达到 71.5%。这 465 份有效问卷包括 25 份村问卷、45 份农民合作经济组织问卷以及 395 份农户问卷。

---

① 这 8 个农民合作经济组织分别是：南川云绿茶叶合作社、南川水丰畜禽合作社、璧山腾飞葡萄合作社、江北干坝花椒合作社、綦江双石蔬菜合作社、綦江永新梨子合作社、涪陵文观大米合作社、涪陵海林生猪合作社。

1.5 框架设计

本书一共包括 9 个部分:

第 1 章:导论。包括研究问题提出、基本概念界定、研究思路和内容、研究方法和数据来源、框架设计、可能的创新之处等内容。

第 2 章:理论基础及文献综述。包括三个方面的内容:一是理论基础,介绍了本研究的相关理论,包括分工和专业化理论、交易费用理论、农户经济理论和合作组织理论等,为本研究提供理论基础和依据;二是文献综述,主要从农业分工的特点及其效应、农业专业化发展的经济效应和环境效应、影响农业专业化发展的因素、农民合作经济组织产生的原因、农民合作经济组织的功能和作用、农民合作经济组织与农业分工和专业化发展的关系等方面进行概括和梳理;三是对以往的研究进行总结和评述,指出现有研究的不足和有待改进的地方,为本书的深入研究提供借鉴依据。

第 3 章:农民合作经济组织的产生逻辑:突破家庭生产方式的局限。运用逻辑思辨分析和新兴古典经济学的超边际理论模型,从农业分工和专业化发展的角度分析家庭生产方式背景下农民合作经济组织产生的必要性。

第 4 章:中国农民合作经济组织的发展和现状分析。通过分析中国农民合作经济组织的历史发展和变迁,以及现阶段中国农民合作经济组织的类型和特征,探讨中国农民合作经济组织发展变化的趋势,研究农民合作经济组织与农业分工和专业化发展之间的联系。

第 5 章:农民合作经济组织推动农业分工演进。研究家庭生产方式背景下农民合作经济组织推动农业分工演进的作用原理,即农民合作经济组织如何帮助农户在分工和交易费用之间进行有效权衡,以及如何通过扩大市场范围、节约交易成本、降低考核成本和协调成本来推动农业分工演进。

第 6 章:农民合作经济组织促进农业专业化发展。研究家庭生产方式背景下农民合作经济组织促进农业专业化发展的作用原理,即农民合作经济组织如何帮助农户在专业化和家庭安全之间进行有效权衡,如何在农户兼业化和农民职业化之间进行有效权衡,以及如何提高农户个人专业化水平、农业生产迂回程度、农生产标准化程度等来促进农业专业化发展。

第 7 章:农民合作经济组织促进农业分工和专业化的实证分析。主要包括三个方面的内容:一是农民合作经济组织对农业分工和专业化的作用分析,主要研究农民合作经济组织对农户参与农业生产环节分工、农户的农业专业化生产意愿和行为等方面的影响;二是农民合作经济组织对农业分工和专业化的作用原理分析,主要研究农民合作经济组织的哪些功能特征能够有效促进农业分工和专业化发展;三是农民合作经济组织与农业分工和专业化的经济效应分析，主要研究农民合作经济组织与农业分工和专业化发展对农户农业收入的影响。

第8章：农民合作经济组织促进农业分工和专业化的案例分析。通过在重庆地区选取分别以水果生产、粮食生产、家禽养殖为主要经营内容的三个农民合作经济组织作为典型代表，采用深入访谈的形式，获取一手资料，分析研究农民合作经济组织促进农业分工和专业化发展的作用原理。

第9章：研究结论和政策建议。对全文的研究结论进行总结，并针对该研究结论提出合理的政策建议，对未来的研究进行展望，指出可供进一步研究的方向。

1.6 可能的创新之处

本书应用交易费用经济学、农户经济学、合作经济理论以及新兴古典经济学等分析工具，采用逻辑思辨分析、理论模型分析、实证模型分析和典型案例分析相结合的研究方法，研究家庭生产方式背景下农民合作经济组织对农业分工和农业专业化发展的促进作用，其可能的创新之处在于：

(1)研究视角的创新。对于农民合作经济组织的现有研究多从制度、模式、治理结构等角度进行分析，而本书从农业分工和专业化发展的视角出发，研究农民合作经济组织产生的必然性，以及农民合作经济组织对农业分工和专业化发展的促进作用，为农民合作经济组织的研究打开更广阔的研究视野。

(2)研究内容的创新。①充实了农业分工和农业专业化的概念框架，分析了家庭生产方式对农业分工和农业专业化的限制作用。②从促进农业分工演进和农业专业化发展的角度揭示农民合作经济组织产生的必要性，拓展和完善了农民合作经济组织研究的理论框架，丰富了农民合作经济组织研究的内容。③阐明了家庭生产方式下农民合作经济组织有效协调农业分工和推动农业分工并促进农业专业化发展的作用机理，为小规模经营和土地细碎条件下传统农业的改造和农民组织化程度的提高提供了理论支持和经验借鉴。

(3)研究观点的创新。通过研究提出农业分工是农业专业化的必要非充分条件，从农业分工到农业专业化发展是一个渐进的过程；农民合作经济组织能够帮助农户在分工和交易费用、专业化和家庭安全之间进行更好地权衡，并改善农户家庭兼业化和农民职业化之间的权衡，从而促进农业分工和专业化发展等一系列新观点。

第 2 章　理论基础及文献综述

农民合作经济组织与农业分工和农业专业化一直是学术界关注的重要问题，国内外许多学者对此进行了大量的理论和实证研究，并取得了丰富的研究成果。本章对这些研究成果进行梳理和评价，旨在借鉴和应用。本章内容分为三个部分：第一部分为理论基础，介绍了本研究的相关理论，包括分工和专业化理论、交易费用理论、农户经济理论和合作组织理论等，为本研究提供理论基础和依据；第二部分为文献综述，主要从农业分工特点及其效应、农业专业化发展的经济效应和环境效应、影响农业专业化发展的因素、农民合作经济组织产生的原因、农民合作经济组织的功能和作用、农民合作经济组织与农业分工和专业化发展关系等方面的研究成果进行概括和梳理；第三部分对以往研究进行总结和评述，指出现有研究的不足和有待改进的地方，为本书的深入研究提供依据。

2.1　理论基础

2.1.1　分工和专业化理论

1. 古典经济学的解释

古典经济学的代表人物亚当·斯密（Smith，1776）首先提出了分工和专业化理论，最早全面地考察了分工对于提高劳动生产率的作用，并详细分析了制造业内部的分工。他认为人类社会组织的一个显著特点就是分工。分工是劳动生产力提高和经济增长的重要源泉，以绝对比较优势为基础的分工和贸易有利于改进包括农业在内的劳动生产力，并增加社会总财富。他认为"劳动生产力上最大的增进，以及运用劳动时所表现的更大的熟练、技巧和判断力，似乎都是分工的结果。"分工可以使劳动者的技巧由于专业化而日益精进，可以节省劳动者在不同工作之间进行转换的时间，可以使操作简单化从而易于改良和发明机器。斯密认为劳动分工并非起源于人类的智慧或远见，而是所有人共有的一种倾向的渐进结果，即互通有无、物物交换、相互交易。而劳动分工受制于市场范围的大小①，只有通过拓宽市场，分工的全部利益才能够得以实现。他认为分工能够通过市场来协调，市场范围的扩大有助于分工的深化和专业化程度的提高，进而又提高了资源的配置效率，促进了经济增长和国民财富的增加。因此斯密坚持主张以"看不见的手"来调节经济，促进经济增长。后来，巴比奇（Babbage，1835）发展了斯密的分工经济理论，认为分工可以节省学习时间，因而能加速知识积累。

杨格（Young，1928）发扬了斯密关于分工和专业化的思想，他用三个概念描述分工：个人专业化水平、间接生产链条的长度以及此链条上每个环节中的产品种类数。其核心思想是劳动分工、报酬递增、经济组织结构演进之间的关系。他把需求和供给看成是分工的两面，而市场容量与分工又是同一钱币的两面，并以生产的迂回程度表示分工的程度，认为高度分工能够产生巨大的市场供给和需求。杨格认为报酬递增取决于劳动分工或者迂回生产方式；而劳动分工和市场规模之间是相互促进、循环演进的。他把斯密"劳动分工受制于市场范围大小"的静态、直线的因果关系发展成为了循环累积的因果关系，即分工累积循环思想，他通过"内涵的市场规模"累积扩大的论述，使劳动分工"动态化"，提出"分工一般地取决于分工"的著名观点。他认为产业的不断分工和专业化是报酬递增得以实现过程中的一个基本组成部分，迂回生产方式作为劳动分工的现代形式，是报酬递增的主要经济形式。

马克思首次区分了企业内部分工和社会分工，并深入讨论了两者之间的关系，他认为企业内部分工和社会分工是相互作用的，"工场手工业的分工要求社会分工已经达到一定的程度"，而"工场手工业的内部分工又会产生反作用，发展并增加社会分工"。他强调分工与协作能够产生一种集体力形式的生产力，"通过协作提高了个人生产力，而且是创造了一种生产力，这种生产力本身必然是集体力"，分工与协作是一个问题的两个方面。马克思还认为"分工不仅是单个企业的生产组织制度，也是整个经济活动的生产组织制度"。

2. 新古典经济学的解释

与斯密认为分工和专业化产生比较优势的观点不同，李嘉图（Ricardo，1891）认为比较优势外生于资源配置过程，通过资源配置产生了分工和专业化。而马歇尔为了避免分工和专业化研究中的角点解问题，建立了求内点解的边际分析方法，使经济学的重心转向了资源配置问题，并发展了"外部经济"概念，以解释斯密定理的两难困境。马歇尔强调的是分工与专业化形成的各部门之间互相依赖、相互促进的关系总和。马歇尔（Marshall，1890）首次把"组织"作为除劳动、资本和土地之外的第四生产要素。他认

---

① 市场范围与人口数量和密度、自然资源、可以得到的资本积累的数额，以及运输难易程度成正相关。斯密的这一论断存在两难的困境：如果市场容量限制了劳动分工，那么典型的产业结构就必定是垄断；如果典型的产业结构是竞争，那么这一定理就毫无意义了。一方面市场范围对分工的影响已为许多研究所证实，另一方面竞争性产业结构是广泛存在的，斯密定理解释不了这种分工演进与竞争性产业结构的相容性。

为分工经济包括熟能生巧、机械替代人工、零配件的标准化、产业集聚、生产销售的规模化、经营管理的职业化。而且他认为股份公司是获得分工经济的有效组织形式。马歇尔用外部经济和内部经济描述了分工协作带来的报酬递增，即分工经济的产生。外部经济是全社会分工协作综合作用的结果，内部经济是企业内分工通过"干中学"发生的收益，二者是紧密相关的。他试图用"外部经济"概念将"报酬递增"现象纳入其理论框架，并解释分工和专业化问题，但并未成功。

斯蒂格勒（Stigler，1951）比较早地将分工和市场结构结合起来，从产业生命周期角度解释了"市场容量决定分工"这一理论。他认为分工专业化程度和市场程度是反方向运动的，分工的发展会导致市场垄断。分工和专业化过程是企业的职能不断地分离出去由其他企业专门承担的过程。他还分析了交易效率对分工和专业化水平、企业规模大小的影响，认为区域化是获得专业化利益的一种方式，区域化程度越高，单个工厂的专业化程度越高，工厂规模也就越小；而企业的专业化程度和企业规模没有必然的联系。

贝克尔和墨菲（Becker，Murphy，1992）在知识、劳动分工、协调成本和产出之间建立了复杂的相互决定的关系，特别强调了劳动分工在整个增长过程中的重要性。他们把分工和经济增长建立在知识积累和协调成本下降的基础上，又把知识积累、协调成本和产出建立在分工的基础上。他们认为分工能够获得专业化经济效果；分工不仅受市场容量的限制，更受到协调分工的成本以及社会知识水平的限制，只有在不存在协调成本或者协调成本相对较低，而市场又相对较小的情况下，分工才会受到市场规模的限制；而在现代经济中，分工和专业化更经常地决定于协调工人的成本，以及一定数量的知识；分工深化导致报酬递增，但同时也增加了经济的协调成本。

3. 新兴古典经济学的解释

以罗森（Rosen）、贝克尔（Becker）、杨小凯（Yang）、博兰（Borland）、黄有光（Ng）和威尔斯（Wills）等为代表的新兴古典经济学采用超边际的分析方法处理了分工和专业化问题中所涉及的角点解问题，并用现代经济学的数学化分析框架分析了劳动分工与经济发展的关系以及市场协调分工的功能，用专业化经济表征生产条件，描述生产率和专业化之间的关系，重点分析了专业化和交易费用的两难冲突，使分工和专业化理论研究达到了新的高度。

新兴古典经济学的分析框架是建立在生产者和消费者完全统一、生产中存在专业化经济、消费者偏好多样化、存在交易费用等四个基本假设基础之上的。新兴古典经济学的超边际分析方法是先找不同专业化水平下的新古典均衡，即角点均衡，再在所有的角点均衡中寻找最优，即完全均衡。新兴古典经济学的每个角点均衡都相当于一个新古典经济学的全部均衡。新古典经济学的全部均衡解释给定的专业化和分工模式下的资源配置问题，即有效的产品相对量；而新兴古典经济学的完全均衡解释经济组织问题，即有效的专业化水平和分工水平。

新兴古典经济学的分工和专业化理论认为，每个人的专业化水平和模式的决策不但影响自身的生产率，还会影响他人的生产率和专业化决策。分工和专业化经济来源于专业化带来的规模经济性、技术和制度创新、知识外溢效应等，不仅包括由分工和专业化生产方式对生产率的提高和生产资源的节约带来的直接经济性，还包括由分工和专业化生产方式产生的创新引致的生产率提高和生产资源节约带来的间接经济性。

4. 新制度经济学的解释

以科斯(Coase)、阿尔钦(Alchian)、德姆塞茨(Demsetz)、威廉姆森(Williamson)、张五常(Cheung)等为主要代表的新制度经济学主要致力于研究企业间如何进行分工，即如何进行有效的资源配置问题；以及在给定分工水平的前提下，分析企业组织的交易成本高低。新制度经济学在新古典经济学的基础上引入了交易成本、资产专用性等约束以及"有限理性"的假设。他们认为分工是一种制度，静态分工决定即市场与企业的边界决定，动态分工演化即制度变迁，规模经济来自于企业内部分工。新制度经济学的代表人物科斯(Coase，1937)注意到斯密提出的"分工受市场容量限制"的理论与现实并不一致："既然专业化的生产者可以通过市场买卖他们生产的专业化产品，为什么还要聚集在一个企业内"，从而提出交易费用概念，并用于解释什么是企业及其边界决定问题。他认为企业与市场存在着替代关系，企业的边界存在于进行专业化分工带来的劳动生产率提高与分工导致的交易费用上升这两种作用力相抵的均衡之处。威廉姆森进一步发展了交易费用概念，认为交易性质及费用大小与治理结构存在匹配关系。他认为随着分工和专业化的发展，交易费用会逐渐增加，当交易费用增加到一定程度时，以一体化企业治理取代市场治理更有效率。阿尔钦和德姆塞茨更侧重于从企业内部分工的剩余分配和劳动激励方面阐述企业存在的合理性。企业产生的根本原因在于分工合作的收益难以在劳动者之间公平分配，为了杜绝道德风险的产生，必须要由企业家对生产和劳动过程进行监督和管理。然而，科斯和威廉姆森主要从分工所产生的市场交易费用和一体化企业内部交易费用的比较来解释一体化和专业化的程度决定，这样就忽略了斯密提出的分工对生产费用的节约作用。诺斯(North，1990)认为，一种制度的选择是生产费用和交易费用共同作用的结果。分工发展在增加市场交易费用的同时，也使生产费用不断下降，只有当生产费用边际下降小于交易费用的边际增加时，专业化才会被一体化所取代。

分工和专业化理论为本书的农业分工和专业化研究提供了坚实的理论基础。古典经济学建立了分工理论，并以制造业分工为例论证了分工是经济增长的源泉、分工程度取决于市场范围、分工取决于分工的动态演进等论断；新古典经济学则因为分工和专业化研究的角点解问题转而用求内点解的方法来研究资源配置问题；而新兴古典经济学因解决了角点解的问题，以全新的分析框架探讨专业化和交易费用的两难冲突，使分工和专业化的理论研究向前迈进了一大步；此后新制度经济学则通过分工和交易成本之间的关系解释了工业领域企业的出现。这些理论充分表明，分工和专业化是经济增长的动力和源泉，而市场范围、交易成本等种种因素限制了分工发展。但农业领域的分工和专业化与工业领域有着明显的区别，而且中国特有的家庭生产方式使农业领域的分工和专业化呈现出更加复杂的特点，因此需要在已有的分工和专业化理论基础上结合农业产业特点以及家庭生产方式特征对农业分工和专业化进行深入研究。

2.1.2　交易费用理论

新制度经济学中，交易费用是最核心的理论，无论是科斯、阿尔钦、德姆塞茨、还是威廉姆森、张五常、巴泽尔、诺斯等等，都无一例外地运用了交易费用理论。

康芒斯(Commons，1934)首先提出交易的概念，即"个人和个人之间对物质的东西的未来所有权的让与和取得"，并把交易分为买卖的交易、管理的交易和限额的交易三类，但他的交易是无成本的。科斯(Coase，1937)首先定义交易成本为使用价格机制的成本。德姆塞茨(Demsetz，1967)认为"交易成本可以定义为所有权权利交换的成本"。阿罗(Arrow，1969)定义交易成本为"利用经济制度的成本"。斯蒂格勒(Stigler，1975)认为"交易成本是人们从无知到无所不知的运输成本。威廉姆森(Williamson，1985)则认为交易成本是指交易行为发生时，为了完成交易所必须搜集信息、谈判交易条件及监督对方履行契约等方面的成本。巴泽尔(Brazel，1989)把权力的转让、获取以及保护所需要的成本称为交易成本。

1. 科斯的交易成本理论

科斯(Coase，1937)认为交易费用是指"通过价格机制组织生产的最明显的成本，即所有发现相对价格的成本"。科斯定义的交易费用包括交易准备阶段的费用、交易活动进行过程中的费用、对未来不确定性和风险预测困难而引起的费用等，标志着交易费用理论的初步形成。交易准备阶段的费用包括获得和处理市场信息的费用，搜集有关价格、区分产品质量、寻找潜在的买卖者、了解他们的行为和所处的环境的费用。交易活动进行过程中的费用是指"市场上发生的每一笔交易的谈判和签约的成本"，包括讨价还价、签订契约、履行契约、监督契约执行、维护交易秩序、解决交易纠纷、对违约加以惩罚等的成本。尽管科斯提出交易是有成本的，但却没有指出这些交易成本的起因和性质，也未进一步深究其与不确定性的内在联系[①]。

2. 威廉姆森的交易费用理论

威廉姆森(Williamson，1975，1985)认为交易是通过契约进行的，交易成本就是契

---

①　科斯的交易成本理论通过比较市场和企业的特征解释了企业的产生。他认为市场和企业是两种可以相互代替的组织交易的机制或制度，企业的显著特征是对价格机制的替代。企业之所以出现，是因为权威关系能大量减少需分散定价的交易数目。而权威关系之所以能大量减少交易成本，或者说企业家指挥各种生产要素之所以节约交易成本，是因为企业家与生产要素所有者之间的一次性的、长期的要素合同，代替了市场交易各方之间的一系列的、短期的产品合同。

约运行的成本。他把交易成本分为事前交易成本和事后交易成本。事前交易成本包括发现交易对象、协议起草、谈判和维护协议执行的成本。事后的交易成本包括四种形式：①当交易偏离了与"契约转换曲线"相关联的序列时所引起的错误应变成本；②当交易双方都做出努力来校正事后的错误序列时所引起的争吵成本；③纠纷发生需要诉诸某种治理结构时，这种治理结构的建立和运行的成本；④为了使承诺完全兑现而引起的约束成本。

威廉姆森认为影响市场交易费用的因素包括"人的因素"和"交易因素"。

"人的因素"即人的有限理性和机会主义。西蒙（Simon，1957）认为有限理性指尽管个体期望以理性的方式行动，但个体的知识、预见、技能和时间等有限，阻碍了个体完全理性的行动。理性体现在不仅是追求个人或家庭的物质利益最大化，而且是效用最大化，包括安全、名誉、社会地位、自我实现等。西蒙认为有限理性来自于风险和不确定性、信息的不完备性、复杂的环境约束。威廉姆森（Williamson，1975，1979）认为有限理性来自于人的神经生理语言方面的限制，表现在个人准确无误地接受、储存、传递、处理信息的能力在水平和存量上所受的限制。有限理性通常会导致契约的不完全性。机会主义是指交易者背信弃义、合同欺诈、逃避责任、规避法律、钻空子的意愿，或者其他各种为了尽可能榨取更大份额的交易产生的租金而利用交易对手弱点的意愿和行为。

"交易因素"主要指市场的不确定性和潜在交易对手的数量及交易的技术结构，如交易物品的技术特性，包括交易发生的频率、不确定性和资产专用性（Williamson，1975）。资产专用性（asset specificity）是指当一项耐久性投资被用于支持某些特定交易时，所投入的资产就难以转向其他用途，进行再配置也会造成重大经济损失。不确定性（uncertainty）是指事物的属性或状态是不稳定性和不可能确知的，这种属性或状态超过人们的认识能力范围。交易频率（frequency of exchange）是指在某段时期的交易次数。在这三个特性中，威廉姆森认为资产专用性是决定经济交易本质"最关键的维度"，是非标准契约的重要来源。

威廉姆森（Williamson，1985）认为交易性质及费用大小与治理结构存在匹配关系，随着专业化分工发展，一方面交易频率增加会导致交易费用增加，另一方面资产专用性也随之加深，较高的专用性在遇到不确定性和机会主义行为时，面临着更大的风险，这也意味着交易费用增加。随着资产专用性程度的不断加强，市场签约让位于双边签订，而后者随之又被统一的合同（内部组织）所取代。威廉姆森（Williamson，1985）把组织看成是节约交易成本最有效的治理结构，利用有限理性、机会主义和资产专用性等三个概念，进一步分析了企业规模和效率边界、等级制组织、组织结构形成等一系列问题，并指出"交易的属性不同，相应的治理结构，即组织成本和权能也就不同，因此就形成了交易与治理结构的不同匹配。

3. 张五常的交易成本理论

张五常(Cheung，1969)定义交易成本为"在鲁宾逊·克鲁索经济中不可能存在的成本"，"是一系列制度成本"，"其中包括信息成本、谈判成本、起草和实施的成本、界定和实施产权的成本、监督管理的成本及改变制度安排的成本"。张五常认为广义的交易成本即制度成本，包括信息成本、监督管理成本、制度结构变化引起的成本。张五常(Cheung，1990)认为交易费用应该包括寻价、识别产品部件的信息、考核、贡献测度、讨价还价以及使用仲裁机构等活动的费用。赫什利弗(Hirshleifer，1992)区别了两种交易成本：一种是与"交换"有关的交易成本；另一种是与"来自更高权威的命令"相关的交易成本。张五常定义的交易成本，即一切不直接发生在物质生产过程中的成本。

张五常认为企业代替市场是要素市场代替产品市场，即用企业形式处理要素合约费用比用市场形式少。如果不存在定价成本，则要素的贡献可以由产品市场来直接考核、直接定价。但是，利用产品市场考核要素贡献是代价高昂的，降低产品市场直接定价成本的一个有效途径是引入代理人考核来代替产品市场的考核。代理人考核的出现意味着要素市场的出现，而这位代理人实际上就是企业家或企业的所有者。他为企业代替市场并不是以权威方式代替市场交易方式，而是定价或考核方式的变化，即以代理人定价代替产品市场定价。也就是说，在要素市场代理人定价显然比市场定价要有效且成本低①。

4. 杨小凯的交易费用理论

杨小凯认为交易费用有内生交易费用和外生交易费用之分。外生交易费用是指在交易过程中直接或间接发生的，并不是由决策者利益冲突所产生的那些费用。直接的外生交易费用包括运输费用等；而间接的外生交易费用包括用于生产运输、通讯以及交易过程中的交易设施的费用等。而内生交易费用是指由欺骗和不可信的承诺(Williamson，1975)、道德风险、逆向选择和其他机会主义行为(North，Thomas，1970)引起的费用，是个体自利决策之间交互作用的结果(杨小凯，张永生，2003)。内生交易费用有广义和狭义之分。广义的内生交易费用是指所有参与者都做出决策之后才能确定的费用，其和间接的外生交易费用定义有些重叠；狭义的内生交易费用是指市场均衡和帕累托最优之间的差别，即交易各方为了在交易中争夺更多分工的好处，不惜减少交易对方所获得的分工好处的机会主义行为造成了资源分配背离帕累托最优，这种背离程度就是狭义的内

---

① 张五常的交易成本理论对于企业产生的分析思路是：由于交易对象的性质不同导致发现价格的成本不同，因此需要寻找有效的、低成本的方式，即采用代理人为要素价格定价，并由代理人出售产品获得回报，这个代理人就是企业家。然而张五常并没有解释为什么要素由代理人定价会降低成本，而阿尔钦和德姆塞茨的团队生产理论给出了答案：团队生产的特性使要素所有者之间的贡献不能分离，增加了通过产品市场直接定价的难度，也带来了偷懒和搭便车等问题，因此需要设立专门的监督者，或者监督者职能的专业化来解决这些问题。而为了对监督者形成有效的激励，需要赋予他剩余索取权和重新谈判权来对偷懒等行为形成制约。

生交易费用。威廉姆森的交易费用理论认为人类的机会主义对策行为是内生交易费用产生的根源。与外生交易费用相比，内生交易费用对分工的影响要大得多，因而如何降低内生交易费用，对深化分工意义重大。既然它是内生的，就有可能通过制度的创新和改进、习惯的形成而加以减少，是人类大有作为的一个领域①。

从科斯首先利用交易费用解释企业的产生以来，交易费用理论不断得到发展和完善。威廉姆森侧重于对交易费用本身的研究，解释了交易费用的产生原因、度量和交易性质，并通过比较不同经济组织模式的交易成本来评价它们配置资源的相对绩效。张五常则从另一个角度解释了企业的出现，他认为企业是要素市场取代产品市场，因为要素市场节约交易成本，代理人考核比市场机制考核更有效。而杨小凯则提出一种非对称的剩余索取权结构能够用于降低交易成本、改进交易的效率，并排除直接定价活动，促进分工的发展。交易费用理论给我们的启示在于：分工和交易费用是一对相生相伴并相互制约的事物，有分工就必然存在交易，而交易必然会产生交易费用；为了促进分工发展，需要寻求一种合理的组织形式以降低交易成本、改进交易效率。而农业的产业特征决定了企业通过权威命令协调分工的模式并不适合农业的生命生产过程，需要寻求更适合农业产业特征并有效降低交易成本的更合理的组织形式。

2.1.3 农户经济理论

1. 劳动消费均衡论

劳动消费均衡论流派的代表人物是俄国著名农学家恰亚诺夫（Chayanov），他在其代表作《农民经济组织》中强调农户经济行为组织具有"家庭劳动农场"性质，认为农户生产和消费的均衡是"有条件的均衡"，其条件是农户消费的边际效用等于休闲的边际效用，即农民对某项活动的劳动时间投入直到农户评价的边际非效用等于所获得商品的边际效用时才停止（Chayanov，1925）。他指出小农的生产目的以满足家庭消费为主，等同于自给自足的自然经济，它追求生产的最低风险而非利益最大化，当家庭需要得以满足后就缺乏增加生产投入的动力，因而小农经济是保守的、落后的、非理性的低效率的。在这种情况下，小农的最优化选择就取决于自身的消费满足与劳动辛苦程度之间的均衡，而不是成本收益间的比较。

恰亚诺夫学派主要以俄国革命以前的小农为研究对象，并没有将市场纳入分析框架，因而只能解释前市场化时期传统小农的行为与动机，而无法对市场化、社会化高度

---

① 杨小凯和黄有光的交易费用理论进一步分析了企业的产生问题，他们认为管理劳动的考核比一般劳动的考核更难，也更易于发生偷懒等行为，为了同时解决管理劳动的定价和激励问题，需要让管理劳动退出一般要素市场交易，转而享有剩余收入索取权，其获得的剩余收入的大小正好体现了管理劳动的价格。由于生产管理知识的劳动和管理知识本身的质量和数量很难测量，因而生产管理知识的专家成为老板的企业结构是最有交易效率的；而当资产组合管理的知识比生产管理知识更不可触摸、定价成本更高时，最优的所有权结构可能导致股东成为老板。

发达时期的小农行为与动机进行合理地解释。

2. 理性小农利润最大化论

理性小农利润最大化论流派的代表人物是西奥多·舒尔茨(Schultz)和赛缪尔·波普金(Popkin),由于两者的观点接近,学术界将其概括为"舒尔茨—波普金命题",他们强调的是小农的理性动机,而认为改造传统农业的方式不是削弱农户生产组织功能和自由市场体系,而是在现存组织和市场中确保合理成本下的现代生产要素的供应。

美国学者西奥多·舒尔茨(Schultz,1964)在其代表作《改造传统农业》中提出传统社会的农民与现代资本主义社会的农场主在经济行为上没有本质性差别,都遵循经济学的"利润最大化"原则。他在提出著名的"贫穷而有效率"的假设基础上证明了"在传统农业中,生产要素配置效率低下的情况是比较少见的",并认为"贫穷社会中部分农业劳动力的边际生产率为零的学说是一种错误的学说"。他也进一步指出,在机械动力、化肥、生物技术投入以前的"传统农业"中,农民对资源做出了最佳运用,他们对资源配置的高效性甚至连"有能力的农场经营者"都不能相比。最后他得出结论:传统农业的停滞主要在于传统生产要素的长期不变,因此改造传统农业的正确途径是提供给小农可以合理运用的现代生产要素,并对农民进行人力资本投资。

赛缪尔·波普金(Popkin,1979)则在其代表作《理性的小农》中,以舒尔茨的分析模型为基础,对"农户经济行为"的"理性"范畴进行了延伸。提出农民是理性的个人或家庭福利的最大化者的假设,并指出"理性意味着个人根据他们的偏好和价值观评估他们行为选择的后果,然后做出他认为能够最大化他的期望效用的选择。"而且,他以"经济理性"和"期望效用最大化"假设为基础建立了一个用"公共选择理论"来解释农民社会和农民行为的模式。

舒尔茨的理性小农学派采取古典经济学的完全竞争假设,先验性地确定了小农是理性的,并且以追求利润最大化为行为目标的论点。但是,该理论并不能解释市场化、商品化以前的小农行为,也无法解释非完全竞争、非完全社会化条件下小农的行为,特别是无法解释当前中国超小经营规模、高社会化水平的小农行为。

3. 风险厌恶论

风险厌恶论流派的学者们运用"风险"与"不确定"条件下的"决策理论",对农户经济行为进行研究。他们假定农户是对期望目标最优化追求的经济单元,并考虑到了"风险"和"不确定"因素。

作为风险厌恶论流派代表人物之一的麦克尔·利普顿(Lipton,1968)在其代表作《小农经济和理论》中指出,风险厌恶是贫穷的小农的生存需要,因为如果他们不能负担从一个季节到下一个季节的家庭基本需求的话,这些处于绝对贫困边缘的小农将会被饿死,所以他们的经济行为遵循"生存法则"(survival algorithm),他们表现出的一些表面上看似不合理的行为实质上是出于"灾难避免"的理性考虑。

而作为风险厌恶论流派代表人物的詹姆斯·斯科特(Scott，1976)提出了"道义经济"命题。他指出，"生存伦理"和"安全第一"才是农民社会行动的基本原则。他认为农民"由于生活在接近生存线的边缘""农民家庭对于传统新古典经济学的收益最大化几乎没有进行计算的机会"，具有强烈生存取向的农民宁可选择避免经济灾难，也不会冒险追求平均收益的最大化，正是"在大多数前资本主义的农业社会里，对食物短缺的恐惧产生了'生存伦理'的原则。"

4. 过密化论

过密化论的代表人物是美国学者黄宗智，他认为中国的农户经济行为既受"家庭劳动结构"的限制，又受到"市场经济"的冲击，而且农民所处的劣势社会阶层地位对其经济行为也有一定程度的影响。他指出"经营式农场"更适合用舒尔茨的"利润最大化"理论解释，而"家庭式农场"则更适合用恰亚诺夫的"劳动消费均衡"理论解释。他提出的著名的"总产出在以单位工作日边际报酬递减为代价的条件下扩展"的"过密化论"，意即"小农家庭在边际报酬十分低的情况下继续投入劳动力，可能只是由于小农家庭没有相对于边际劳动投入的边际报酬概念，因为在他们心中，全年的劳动力投入和收成是不可分的整体。耕地不足带来的生存压力会导致这样的劳动投入达到非常高的水平，直至在逻辑上它的边际产品接近于零。"他也进一步指出，20世纪80年代以前中国乡村经济的停滞主要是由"过密化"导致，中国乡村的发展应该走"工业化"的"反过密化"道路。

黄宗智提出的"过密化"论的前提假设为农户家庭受耕地规模制约，家庭剩余劳动力过多，而且由于缺乏很好的就业机会，劳动的机会成本几乎为零。但是，他所关注的生存问题、就业替代等问题与实际情况相去甚远，无法解释社会化程度极高、生存非首要威胁等情形下的小农行为。

农户是发展中国家最主要的经济组织，农户经济理论为分析农户的决策行为提供了理论依据，但这些理论并不完美。恰亚诺夫的劳动消费均衡论提出"劳动力市场不存在"的假设，与中国农村劳动力市场的存在相冲突；舒尔茨的理性小农利润最大化论提出的"完全竞争的劳动力市场"与中国的二元结构和市场不完善的经济状况相矛盾；风险厌恶理论更多地关注"市场价格风险"，而对于中国农民来说，除了市场价格风险以外，劳动力市场的就业风险、劳动报酬风险、生活保障风险以及政策风险更应该关注；黄宗智的过密化理论形成于中国社会转型加速期以前，当时"农村劳动力流动"还没有形成结构性现象。然而，农户经济理论仍然给本书关于家庭生产方式下的农业生产经营方面的研究提供了理论基础和依据，它给我们的启示在于：农户作为农业生产经营的基本单位，集生产者和消费者角色于一身，在追求其效用最大化的同时，保证其家庭安全是其生存的基本条件，这也决定了其风险厌恶的倾向，这将成为农业专业化的发展一个重要限制因素。

2.1.4　合作组织理论

埃米里扬诺夫（Emelianoff，1942）出版的《合作经济理论》专著和安克（Enke，1945）发表的《消费合作社和经济效率》论文标志着农业合作社正式的经济学研究诞生。20 世纪早期最有影响力的农业合作社理论是以萨皮诺（Aaron Sapiro）为代表的美国加利福尼亚学派（California School）和以诺斯（Edwin G. Nourse）为代表的市场竞争标尺学派（Competitive Yardstick School）。随着研究的深入，新古典经济学派逐渐形成了把农业合作社分为四种模式的比较有代表性的观点。

1. 垂直一体化模式

埃米里扬诺夫（Emelianoff，1942）、罗伯特卡（Robotka，1947）、菲利普斯（Phillips，1953）等首先提出合作社的垂直一体化模式。埃米里扬诺夫把研究的重点放在成员关系上，建立了一个相对复杂的合作社理论框架，他把合作社看作是农场的延伸，是独立的农场主的不完全联合。认为农业合作社是独立的农场主为了从纵向协调中获益的一种联合行动。此后，菲利普斯根据埃米里扬诺夫的垂直一体化框架建立了一个产出和价格决策模型。他从社员利益最大化的假设出发，推导出基于社员利益最大化的合作社目标函数的最大值。通过让社员的边际成本与合作社的边际成本之和等于合作社的边际收益方式，可以实现每个社员的利润最大化。同时，他们都指出了委托代理关系在合作社中的重要性，并突出了合作社使"谁受益"这个问题。而哈里斯（Harris，1996）认为合作社走垂直一体化的道路还存在其他一些非经济上的因素影响，如人们的情感因素等。

2. 独立企业模式

安克（Enke，1945）首先提出了合作社的独立企业模式。他认为合作社只要实现生产者剩余和消费者剩余最大化，社员的福利就能最大化。合作社的决策主要由经理人员主导的"高级协调者"（peak coordinator）来完成。此后，汉姆伯格和胡斯（Helmberger，Hoos，1962）运用企业理论建立了一个合作社模型，合作社通过对成员按惠顾量或惠顾额返还收入，使其单位产品价值或平均价格最大化。泰勒（Taylor，1971）用企业理论解释合作社中的税收问题。

3. 联盟模式

施塔茨（Staatz，1984）首先运用俱乐部理论和博弈论把合作社作为一种"联盟"（coalition）进行了研究。塞克斯顿（Sexton，1986）运用博弈论方法进一步研究了农业合作社，他认为，农业合作社是一种独立的农场主为了完成纵向一体化功能而具有横向联合性质的"联盟"，农场主如果不能从中收益是不会参与的，并且这种"联盟"只有提供与其他替代性组织至少相当的收益时，才能保持稳定。苏士文（Zusman，1992）根据契约理论建立了一个关于合作社企业中的集体选择模型。这个模型解释了成员之间存在差异的合作社如何在信息不完全、不确定和有限理性等情况下来制定规则以及如何选择集体规则。

4. 契约联结模式

艾勒斯和汉夫(Eilers，Hanf，1999)利用代理理论提出农业合作社中最优契约设计的论点。他们认为，当合作社管理者向农民提供合同时，管理者是委托人，而农民是代理人；反过来，当农民向合作社提供合同时，农民是委托人，而合作社管理者是代理人。亨德里克斯和沃卡曼(Hendrikse，Veerman，2001)用不完全契约理论中的财产权形式提出治理结构选择和投资决策。还用交易成本理论研究在农业营销合作社中投资约束和控制约束的关系。亨德里克斯和比基蒙(Hendrikse，Bijman，2003)用产权不完全的契约分析框架研究了所有权结构对投资的影响，并得出了在既定和可选择的投资状态下最有效率的所有权结构。

合作社在西方国家的农业领域中占据着重要的地位①。新古典经济学主要利用均衡分析和边际分析研究合作社的价格和产出决策对农业产业的竞争均衡造成的影响，认为农民通过合作社可以实现纵向协调，有利于农民实现规模生产、获得技术、增加融资、降低风险和提高质量，从而节约生产成本，实现规模经济效益。随着合作组织理论的发展，学者越来越多地应用新制度经济学和博弈论的理论来解释成员利益的异质性、投资动机和决策规则的设计等一些复杂的组织制度问题，并开始关注异质性的股东间由于利益的关系给组织效率所带来的影响。这些合作组织理论给本书研究的农民合作经济组织对农业分工和专业化促进作用的研究提供了理论依据和借鉴。

2.2 文献综述

本节主要从农业分工和专业化、农民合作经济组织两个方面对已有的研究成果进行归纳和总结，包括农业分工特点及其效应、农业专业化的效应、农业专业化发展的影响因素、农民合作经济组织产生的原因、农民合作经济组织的功能和作用、农民合作经济组织和农业分工与专业化发展的关系等方面的内容。

2.2.1 农业分工和农业专业化相关文献综述

随着分工和专业化理论发展的不断推进，工业领域分工和专业化的研究日臻成熟，然而专门针对农业领域内的分工和专业化的研究并不丰富，本书主要从以下几个方面进行归纳和概述。

---

① 欧美发达国家 80% 以上的农场主参加了一个以上不同类型的合作社，农民 1/3 以上的生产资料通过合作社采购，1/3 以上的农产品通过合作社加工和销售。欧盟的农业合作社约有 44620 个，美国的农业合作社的业务量每年在 200 万农场主之间产生 1000 亿美元的总收入。

1. 农业分工特点及其效应

1)农业分工有限性及其原因

斯密在提出分工理论的同时就曾指出,农业由于其自身性质,没有形成制造业那样细密的分工,各种工作也不能像制造业那样判然分立。此后一些学者也对农业分工的有限性进行了论述。如史-杨模型通过假定一个农民专业下种却不收割,而另一个农民专业收割却不下种,揭示了农业生产的季节性导致了分工会产生较高的协调费用(Shi,Yang,1995),从而导致了农业分工的有限性。刘明宇(2004)认为二元经济结构阻碍了分工演进,既阻碍了农民参与城市的分工,也阻碍了农民自身的分工深化;具体而言,目前的户籍制度、农村土地承包制度、农村税费制度、涉农领域的行政垄断等制度使农民缺乏择业自由、土地没有受到有效的产权保护、议价过程中内生交易费用高、缺乏交易自由和组织试验的自由,限制了农业分工深化。罗必良(2008)论述了农业因其生命特性、季节特性、产品市场特性以及生产组织特性导致了分工的有限性;认为农业进口迂回经济的过程是资本替代劳动的过程,因此,农业的分工深化是一个不断排斥劳动的过程。高帆(2009)认为农业的分工演进滞后是与农业市场规模有限、交易成本较高密不可分的,而农民利用市场机制的交易成本较高也成为农业分工抑制的一个重要因素。

2)农业分工抑制的经济效应及深化农业分工的方式

农业受生产特点的影响,其专业化经济程度较低,但是它可以通过购买机器获得分工经济和迂回生产的好处,提高农业的生产效率并在此基础上提高分工水平(杨小凯,1998)。王京安和罗必良(2003)研究指出农业分工发展是解决"三农"问题的根本需要,而减少农业领域中各项资源的产权残缺是农业分工发展的前提。罗必良(2008)认为农业生产的迂回程度大大低于工业生产,农业必须通过购买机器从工业"进口"分工经济和迂回生产效果,才能实现部分的效率改进。高帆(2009)研究表明农业分工抑制是导致农业发展滞后、农民增收迟缓和城乡二元经济结构对立的根本原因,提出了物质资本迂回型、人力资本迂回型、专业组织推进型、内部结构调整型、外部劳动流转型等五种农业分工演进的模式,并得出未来中国农业发展的要害是通过技术创新和体制完善来促进分工演进的结论。

还有一些文献研究了农业区域分工的问题,张哲(2002)认为农业区域分工是农业和农村经济增长的源泉,是农业结构战略性调整的基础和出发点;而农业区域分工的实现有赖于交易费用的不断降低,并提出完善和深化市场经济体制、加强基础设施建设、实行一体化经营、促进农村商业组织发育等降低交易费用、促进农业区域分工的对策措施。苗齐(2003)认为农业区域分工要在发挥地区比较优势的基础上,提高区域生产专业化水平和区际贸易规模,形成区域之间优势互补的生产结构。

2. 农业专业化的效应分析

1)农业专业化的经济效应分析

已有的农业专业化研究主要致力于研究农业区域专业化以及农场(或农户)专业化,并认为区域专业化会决定农场(或农民)的个体生产决策从而导致农场(或农户)的专业化(Winters,1990)。研究表明,农业专业化能够提高土地产出、增加农民收入、促进经济增长。这方面的文献主要集中在以下几个方面:

一些文献通过研究农业区域专业化对农业产出增长的贡献来研究农业专业化的经济增长效应。主要有两种研究方法:一种方法用于研究在一段时间内的农业产出增长中,由于区域生产模式变化而引起的农业产出增长有多少。如帕克和克莱因(Parker,Klein,1966)分析了美国小麦、燕麦和玉米生产的技术变化,研究结果表明,60%的劳动产出的增长来源于机械化,不到20%的劳动产出增长来源于小麦产品的区位变化。另一种方法用于研究在某一个时间点上,由于缺少区域间贸易导致收入减少多少。如菲什洛(Fishlow,1964)研究了美国内战前工业化的北部、种植粮食作物的西部和生产纺织纤维的南部之间的区域贸易程度,福格尔(Fogel,1964)也对美国内战前区域间贸易程度进行了研究,发现农业区域专业化对经济增长会产生显著影响。费舍尔和特曼(Fisher,Temin,1970)进一步用美国农业部数据分析发现农产品的供给弹性也会影响到农业区域专业化对经济增长的影响。

另一些文献通过研究农业专业化对技术效率和全要素生产率、土地产出等的影响来研究农业专业化的经济增长效应。如科埃利和费莱明(Coelli,Fleming,2004)利用新几内亚的农户调查数据,采用随机投入距离函数(stochastic input distance function)方法检验农业多样化或专业化是否会显著影响技术效率。霍夫曼和埃文森(Huffman,Evenson,2000)利用美国1953~1982年的数据建立结构方程模型分析美国农业结构调整对全要素增长率的影响,研究发现,在控制其他变量不变时,农业专业化、规模、兼职务农对全要素增长率有显著影响。此外,比德威尔和福尔克纳(Bidwell,Falconer,1925),香农(Shannon,1945),盖茨(Gates,1960,1965),丹霍夫(Danhof,1969),鲍格(Bogue,1963),麦圭尔和希格斯(McGuire,Higgs,1977),莱特和昆雷乌勒(Wright,Kunreuthe,1975)研究了农业商品化和专业化程度提高后市场的扩大和农民的反应。黑崎弘Kurosaki(2003)分析了印度西北部旁遮普省的农作物专业化和多样化在农业转型中的作用,发现农作物专业化生产能够提高土地总产出。格雷格森(Gregson,1996)研究了美国农业专业化的长期趋势,发现随着农业技术的发展,农民能够从农业专业化上获得更多收益。卢西奥等(Lucio et al.,2002)用索洛余值法测算了1978~1992年西班牙26个行业的全要素生产率,结果表明区域专业化有利于劳动生产率提高,但技术进步的影响不大。又有研究发现专业化生产牲畜的农户能够获得更高的家庭收入(Rae,Zhang,2009)。

国内也对农业专业化的经济增长效应进行了一系列研究。如蔡昉等（2002）认为通过专业化分工，中国可以更加充分利用劳动力资源丰富的比较优势，而改革以来中国经济的比较优势是否得到进一步发挥，是评价渐进式改革道路的成功与否，以及判断中国在加入世界贸易组织后能否增强竞争力，并实现持续经济增长的关键。王继权和姚寿福（2005）认为农业专业化可通过节省劳动和其他耗费以及积累生产知识而提高农产品的生产效率和质量，使农民通过降低成本、提高竞争力和增加农产品的出售量而获得较高的收入，也可通过专业化发展改善完全竞争型的农产品市场结构，从而在农产品的供应方面创造一个相对垄断的市场结构，促进农民增收。薛向岭（2006）研究发现农业专业化通过其内在机制拉动农村经济的增长，与城市和工业的外部拉力相结合，能有效促进城乡经济的均衡发展。王栋（2007）认为专业化分工与合作能够提高农业技术水平，有助于实现农业机械化，获得农业规模效益，提高对抗市场风险的能力，并能够稳定市场价格，增加农民收入。徐锐钊（2009）研究发现区域专业化程度对不同油料作物的技术效率的影响不同，对大豆、花生的技术效率有显著正向影响，对棉花技术效率的影响不显著，对油菜籽的技术效率产生有显著的负向影响。

2）农业专业化的环境效应分析

虽然众多文献研究表明农业专业化的发展会对经济增长带来显著的正向效应，但是仍有一些学者关注农业专业化对环境所造成的不利影响。如约翰斯通（Johnstone，1995）认为农业专业化对环境的有害效应很明显，如大量的本地农作物被单一的非本地农作物替代，会导致自然系统的同质性，从而使以前的物种多样化地区的物种数量变得非常有限。并引用哈泽尔（Hazell，1989）的数据对南亚和东南亚的水稻专业化做了描述，认为该地区的水稻专业化不仅威胁到该地区的基因库，而且增加了生态系统的不稳定性，最终会破坏农作物产出。而伍德（Wood，1996）通过深入分析发现约翰斯通（Johnstone，1995）引用的哈泽尔（Hazell，1989）产出变化数据分析得出南亚和东南亚水稻专业化的负面影响是误导的，并且忽略了区域内食品生产的政治经济和环境现实。他认为农业专业化的高投入和高产出能减少农用土地的扩张，从而保存物种多样化的自然植被，并且用印度的数据进行了证明。

3. 影响农业专业化发展的因素

对于农业专业化发展的影响因素进行研究的分析框架大致可以分为两类：一类是传统分析框架，主要基于区位比较优势，研究由农业区位选址所形成的物理因素以及由运输条件改善以及农业技术创新等对距离摩擦的影响来分析农业专业化的发展；另一类是现代分析框架，即引入新制度经济学的契约和交易费用等要素，分析农业专业化在交易费用、市场范围等约束下的发展。

1）传统分析框架：区位比较优势

鉴于农业的特殊生命属性，在考虑农业专业化发展时，学者首先考虑的是区位比较优势。适合农作物生长的自然地理环境等物理因素是最重要的一种区位比较优势。如威尔科特斯(Wilcox，1956)的研究表明美国高度农业专业化的地区主要集中在西部山区和太平洋沿岸地区，包括水果、蔬菜、牲畜、家禽等在内的农产品均有高度的专业化水平，并进一步分析了美国西部农业专业化程度较高的原因，包括地形、水、土壤、气候等物理因素，如光照和温度是西部水果、蔬菜等农作物生长的特定基础。

根据著名的农业区位理论(von Thünen，1826)，每个农业体系最终总是位于总成本最小的地方。而市场的邻近性能够降低距离摩擦从而提高农业区域专业化水平，因而是另一种重要的区位比较优势。因此当运输成本远远高于其他成本的时期，距离在经典的农业区位模型中具有最重要的作用(Leaman，Conkling，1975)。而运输条件的改善大大减少了距离摩擦(Baker，1921)，因此运输成本的降低增加了区位比较优势(Brinkmann，1935)。海蒂和斯科德(Heady，Skold，1965)的实证分析为检验运输成本变化对农业生产模式的影响提供了有力证据。他们通过对美国未来农业区位的研究发现运输成本降低会促使区域专业化程度增加。利曼和康克里(Leaman，Conkling，1975)通过对1840年和1860年美国纽约州西部18个县中325个镇的数据建立典型相关分析，发现运输成本和农业专业化之间存在负向关系。威尔科特斯(Wilcox，1956)的研究也表明产品质量、运输条件、产地到市场的距离、生产效率和市场营销效率等，如公路运输对铁路运输的补充使市场范围得以扩大，而生产效率和市场营销效率的提高大大降低了单位成本。

农业专业化发展的不同影响因素之间的相互作用也会使同一影响因素在不同条件下对农业专业化产生不同的影响。如普遍的研究表明运输成本的降低会促进农业专业化的发展，但格雷格森(Gregson，1996)的研究却得出不一样的结论，他发现运输成本的降低使土壤等物理因素的相对重要性提高，即农民所拥有的土壤类型多样化会导致农民根据不同土壤类型进行多样化种植，而农业技术的进一步发展又使物理因素的相对重要性降低，从而促进了农业专业化的发展。布林克曼(Brinkmann，1935)认为运输成本持续降低会增加其他变量的相对重要性，如土壤的不同物理特性会决定适合种植的不同特定作物。奇泽姆(Chisholm，1979)认为农业产品总成本中运输成本的降低促进了农业专业化发展，而运输成本的降低同时增加了市场和投入的邻近性，并使区位因素如气候、土壤、地形等的重要性进一步提高。而技术创新使区位比较优势降低，对农业专业化发展产生影响。美国的农业技术革命减少了农产品生产的区位比较优势。如通过动植物基因改善使其能在更多样的物理环境中生长，而现代机械的发展使农民能从事以前不能从事的农业活动，创新知识扩散和金融体制创新使偏远农村地区的农民可以获得信贷等。温斯伯格(Winsberg，1980)使用1939~1978年美国3108个县19种商品的农业销售数据进行实证检验，发现仅4种农业产品降低了集中度，仅6种产品有明显降低区域专业化的趋势，因此技术创新减少了整个国家范围内比较优势的差异，从而减少农产品的集中度和专业化程度的假设并未得到充分的实证验证。

其他因素对农业专业化发展也有一定影响。如戴宁格尔和欧林托（Deininger，Olinto，2001）研究发现，农户从事农业活动和非农活动的劳动力收益并无显著差别，但专业化从事一种活动能够增加农户的福利，农业专业化与收入和资产成正线性关系，农业专业化使农户福利水平（用消费衡量）增加了 10%～36%，但信贷和土地市场的不完善、教育缺乏、资产拥有不平等是阻止专业化的重要障碍。伊利耶娃（Ilieva，1965）研究认为基于本国农业发展历史的农业计划是农业专业化的前提和保障。卡特和拉马尔（Carter，Lohmar，2002）认为中国在 19 世纪 90 年代中期实施的一系列农业政策阻碍了农业区域专业化发展。伊科诺米奇（Ekonomiki，1968）研究认为高度的农业专业化是和农业集约化率以及必要的物质和技术资源的不断增加紧密相连的。威尔科特斯（Wilcox，1956）研究表明生产者协会或其他相关农产品组织为专业化生产者提供加工处理后的信息、以及和购买商、运输商、中间商进行讨价还价等行为也对其区域专业化水平提高提供了有力保障。帕克（Parker，1972）认为包括国内和国外、城市和农村在内的农产品市场的发展，伴随着运输条件改善和地理上的完美要素市场的发展，促进了农业区域专业化的发展。奇泽姆（Chisholm，1979）认为市场营销组织、产品生产技术、农作物的规模经济等也是农业区域专业化程度提高的原因。徐锐钊（2009）研究发现包括本地市场规模、交通基础设施在内的区位因素对我国油料作物区域分工有显著影响。

2）现代分析框架：新制度经济学

以杨小凯为代表的新兴古典经济学开创了交易费用和专业化两难冲突之间的超边际分析框架，而农业专业化研究领域也开始引入契约、交易成本等新的分析要素。如巴彻（Bachev，2004）、马斯滕（Masten，1991）、史波雷德（Sporleder，1992）等认为新制度经济学能让我们很好地理解农业专业化和农业结构发展的逻辑和驱动因素。巴彻（Bachev，2008）研究表明影响农业组织化和专业化的因素包括产权不明晰、缺乏长期投资激励、缺乏有效的公共干预等。奥马莫（Omamo，1998）在对交易成本和农业专业化的研究中，发现在不存在风险的条件下农业专业化的收益和交易成本之间的拉力会促使间作经济作物在小农户中推广，如果能够降低交易成本，则能通过农业专业化提高小规模农业的产出和收入。

还有研究发现，要素市场的不完善，如劳动力市场（Fafchamps，1993），食品市场（De Janvry et al.，1991；Omamo，1998），信贷市场（Eswanran，Kotwal，1986；Rosenzweig，Wolpin，1993）和保险市场（Bromley，Chavas，1989）等对小规模农业生产有着重要影响。在不确定性和不完全信息条件下，风险厌恶的小农会通过农业多样化追求自身经济安全（Bromley，Chavas，1989）。埃姆兰和希尔皮（Emran，Shilpi，2008）研究表明，村级农作物专业化和与村庄相关的市场范围（如城市市场规模等）之间存在 U 型关系，即随着市场范围的增加农作物种植越来越多样化；然而，当市场规模达到一定转折点，农作物生产开始转为专业化。埃姆兰和希尔皮（Emran，Shilpi，2008）认为在保险市场不完善的条件下，农户面临农产品价格风险和农业产出风险时往往选择多样化种植农作物。由于价格风险的存在，农户更倾向于生产生存类农作物，如果市场更大，则会专业种植高风险高收益的水果蔬菜等。研究发现农村道路设施的完善有助于农户从事专业化的农业生产经营，一方面是因为道路设施的完善使农户可以获得村庄以外收益更高的非农就业机会，另一方面是因为道路设施的完善降低了运输成本，使农户的农业生产投入价格降低（Qin，Zhang，2011）。农村道路设施完善可以使农户从自给自足的农业生产转向以市场为导向的农业专业化生产（Limao，Venables，2001；Renkow，2003）。施蒂费尔等（Stifel et al.，2003）研究也发现提高道路的可获得性有利于增加农业专业化生产程度。

2.2.2 农民合作经济组织相关文献综述

农民合作经济组织在国外通常被称为 Agricultural Cooperatives、Cooperative Associations、Farmers Cooperatives、Rural Cooperatives、Rural Producers Organization、Producers Association、Farmers Organization 等。国际合作社联盟（ICA，1995）对其定义为：自愿联合起来的人们，通过联合所有与民主控制的企业来满足他们共同的经济、社会、文化的需求与抱负的自治联合体，他们按企业资本公平出资，公正地分担风险、分享利益，并主动参与企业民主管理。以下内容主要对农民合作经济组织产生的原因、农民合作经济组织的功能和作用等方面的文献进行归纳和总结。

1. 农民合作经济组织产生的原因

国内外文献对各种不同的农民合作经济组织产生的原因进行了探讨和研究，归纳起来主要包括市场经济发展的需要、政府行政管理的需要、农业生产经营的需要、农民风险规避的需要、节约交易费用的需要、提高农户收益的需要等。

1）市场经济发展的需要

国外一些学者普遍认为由于存在资源专业性、信息不对称、买方垄断或卖方垄断等原因，合作者通过前向或后向的联合，可以改善市场失灵（Staatz，1984；Tennbakk，1995；Fahlbeck，1996；Hellin et al.，2009）；反市场垄断仍然是农民组建合作社最重要的原因（Bijman，Henrikse，2003）。国内一些学者研究发现农户合作组织是农业社会化和市场化的有效组织载体（朱广奇，1996）；市场经济的发展和家庭经营制度的缺陷是农民专业合作经济组织产生和发展的基本原因（山东省社科院课题组，2000）；农业市场无法达到理想的完全竞争情形（徐旭初，2005），分散的小农影响农业现代化进程，合作组织有助于完善市场秩序（夏英，2004）；市场的失灵和政府的缺陷是合作组织产生的根本原因（张晓山，2007）。

2)政府行政管理的需要

国外一些学者研究发现订单农业在增加农户收入的同时还能对当地的就业、基础设施建设和市场开发产生倍增效益，并降低政府在信贷支持、稳定粮食价格、农业投入补贴、政府研究等公共项目上的支出，对农村经济和社会发展起到推动作用(Schejtman，1996；Dirven，1996)。国内一些学者也认为发展专业合作经济组织，提高农民组织化程度是政府对农民及其经济活动进行有效组织管理，实现政府意志和目标的需要(赵昌文，1996)。在政府机构改革后，对于国家机关让出的那部分职能，显然不能全部交由农民或农业企业自主处理，而是应该由合法的具有较大覆盖面和代表性的农业组织尤其是行业组织来接管(许行贯，2002)。

3)农业生产经营的需要

蔡昉(1989)认为成立农业合作经济组织的存在应该满足两个基本条件：一是在家庭经营基础上进行明确的产权界定，二是在农村中广泛存在着外部规模经济。还有学者认为农户自有资产的增加是农民合作经济组织产生的原因(陈锡文，1999)。分散的农户市场竞争力弱、营销手段滞后(池泽新，2004)，农户在生产经营中面临种种困难(孙亚范，2006)，因而农民出于维护自身权益、提高自身社会经济地位、市场竞争能力和谈判能力的需要(潘劲，1996；张晓山等，2002)促使了农民合作经济组织的产生。黄祖辉(2000)指出，农业生产中最基本的特点，即生产的生物性、地域的分散性以及规模的不均匀性存在，决定了农民合作有其必要性。农业生产的高度社会化要求社会化服务，因此，商品农业生产对各种社会化服务的需求引致了农民专业合作经济组织的产生(韩瑜，2010)。

4)农民风险规避的需要

国外学者一致认为农民的农业生产规模较小，需要组织起来应对生产和销售中的风险(Albaum，1966)，因而农民规避风险的需求是建立农业合作经济组织的重要起因(Kimball，1988)。罗吉斯和伯德格(1988)认为只有当外部因素影响着家庭生计的成败，而且这种外部冲击力又不是单个农民所能控制的时候，农民组织才可能形成。富尔顿(Fulton，1995)认为在农业产出和加工服务的生产过程中，如果加工服务的质量是高度可变和难以预测的，组织生产最有效的办法就是这些服务的所有者成为剩余索取者，即建立农民合作经济组织。农户为了增强市场竞争力、降低市场风险，倾向于纵向协调(Schrader et al.，1998)。比基蒙和亨德里克斯(Bijman，Henrikse，2003)认为农民组建合作社的主要动机是为了减少营销过程中的信息不对称以及外部性的影响，保护专用资产投资免受机会主义行为的侵害。

5)节约交易费用的需要

国外众多学者研究表明农民合作经济组织的产生在于节省交易费用的需要(Staatz，1987；Hellin et al.，2009)。节约交易费用是农户纵向合作的主要原因。也有学者认为合作社是节省资本支出的手段（Torgerson，1997）。专用性资产的投入容易形成"套牢问题"，继而使农户的交易费用提高，为了节约交易费用，这些专用性资产投资多的农户最终会选择契约交易方式，而专用性资产投入少的农户倾向于选择市场交易方式（Boger，2001）。国内学者的研究也表明农户纵向合作的根本动因在于节约交易费用（傅晨，2000；钱忠好，2000）。合作社的优势在于农民社员之间的互相监督，有利于减少机会主义行为，节省内生的交易费用（杨明洪，2002）。林坚和马彦丽（2006）研究发现，在农产品交易中，信息不对称以及资产专用性较高的领域更有可能产生农业合作社。通过组建农民专业合作经济组织统一进行交易，可以降低交易成本，迅速收回固定成本，获取规模经济（韩瑜，2010）。

6）提高农户收益的需要

国外学者研究表明农民合作经济组织产生的一个重要原因在于组织能够为农民利益服务（Youde，Helmberger，1966），并能提高农户收益（Sexton，1986）。许多农户面对市场不完善和较高的交易成本，难以获得更多商品化带来的潜在收益（Jayne et al.，2006）。罗兹（Rhodes，1983）研究表明，农户希望通过合作组织获得净的经济收益、保证产品的销路、寻求一些抗衡力量、维持和扩大产能。国内学者也就此进行了大量研究。农民合作经济组织能够保护农户自身利益（黄祖辉，王祖锁，2002），提高农户经济竞争力（夏英，牛若峰，1999），降低市场费用、分享工商利润、抵制劣质产品（潘劲，1997）。农民专业合作社能在一定程度上帮助小规模农户生产者分享来自加工和销售环节的利润（黄宗智，2010）。对于农户而言，他们组建并经营合作组织的动力源泉是追求组织化潜在收益（黄季焜等，2010）。农民合作经济组织产生的原因在于农民强烈的增收愿望（韩瑜，2010）。

2. 农民合作经济组织的功能和作用

众多学者研究表明，农民合作经济组织能够改善农户福利，包括帮助农户规避风险、节约交易费用、提高农户市场地位、帮助农户解决生产经营中的困难、提高农户收益等；农民合作经济组织还能够促进农业技术进步和市场经济发展。

1）帮助农户规避风险

农民合作经济组织能够为农户提供有效的农业信息（Wilcox，1956）和必要的市场信息，使农户能够调整自己的生产决策，使自己生产的产品能适应市场的变化，确保产品销路；也可以帮助农民实现纵向协调，有利于农民实现规模生产、获得技术、增加融资、降低风险和提高质量（Sexton，Iskow，1988）；还能通过减少交易风险并建立垂直合作的信任等途径来实现农业产业化（Hoeffler，2006）；降低经济活动的风险和不确定性，降低交易成本，取得规模经济和打破市场垄断；还可以形成反市场垄断的力量，减少营销过程中的信息不对称以及外部性的影响，保护专用资产投资免受机会主义行为的侵害（Bijman，Hendrikse，2003）。黄祖辉（2000，2008）认为合作社可为社员农户提供市场或政府不能提供的服务和要素，使其更好地适应市场化需求，增强其抵御风险的能力，包括应对由农业生产的生物特性所导致的风险。高帆(2009)认为农业生产通常面临着自然、市场和政策等诸多层面的不确定性，专业经济合作组织，可以在"集体行动"的前提下节约市场交易成本，提高谈判能力，分散外部风险，有效解决"小农户、大市场"的不对称性。

2)节约农户交易成本

商品市场的竞争程度给农户带来的交易成本会影响农户商品和劳动供给并影响农户生产经营决策。对于农民合作经济组织的研究文献表明，农民合作经济组织的一大重要作用是降低农户的交易成本。他们认为农民合作经济组织能够降低由资产专用性引起的交易成本(Royer，1995)；能够较好地处理农业生产中诸如天气、市场价格、交易条件等不确定性因素的影响(Fulton，1995)；相对于单个农民具有更少的交易频率和更高的市场开拓能力，可以降低交易风险和交易成本，确保农民获得相对稳定的收益(Sexton，Iskow，1988；Ollia，Nilsson，1997)；能够在引进新品种、推广新技术、开展业务培训等方面减少机会主义行为(Staatz，1984)，并形成反市场垄断的力量(Bijman，Hendrikse，2003)，从而降低交易成本。国内学者也认为农民合作经济组织能效降低不确定性、有限理性、机会主义、资产专用性等的影响(池泽新等，2003)，节约交易费用(杨明洪，2002)与控制成本(林坚，王宁，2002)，提高生产效率和交易效率，从而提高农民的市场抗衡能力(黄胜忠，2007)，较快捷地整体进入市场(张晓山，2005)。而且合作社内部的参与农户并未完全丧失独立性，因而比企业管理成本更低(池泽新等，2003)。农民组织化程度提高能够提高分工所产生的交易效率，从而促进分工演进(向国成，韩绍凤，2007)。同市场交易模式相比，"合作社＋农户"模式能够降低农户市场交易费用，并增加农户纯收入(蔡荣，2011)。

3)提高农户市场地位

农民通过农民合作经济组织进入市场，不但改善了其在市场中的地位，提高了其收入，而且使市场竞争更加激烈，从而提高了整个社会市场的效率(Sapiro，1920)。农民合作经济组织可以帮助小农户获取新的生产技术和发展资金，提高农产品质量，提升营销水平；可以帮助农户适应技术革新，增强进入市场的能力；能够提供各项服务包括信贷等，减少交易成本，提高小农讨价还价的能力；而农民也希望从农民合作经济组织中获得净经济回报、确保农产品销路、维持和扩大产能，以及通过合作社寻求一些抗衡力量(Rhodes，1983)。合作社能提高农民进入市场的组织化程度，改善其市场谈判地位(黄祖辉等，2000，2008)，是对市场交易中谈判权力垄断者的抗衡力量，是使农民、消费者和其他弱势群体能够获得市场谈判权力的有效组织形式(唐宗焜，2007)。

4)解决农户生产经营困难

各种农民组织可以通过向其成员提供农资统一供应、农产品统一销售、农产品包装或精加工等集体投资、技术和信息统一提供等服务，来帮助解决小农户在现代市场经济发展中遇到的种种问题(World Bank，2006；Fulton，2005；Baker，Theilgaard，2004；Bijman，George，2003；Sanderson，Fulton，2003)。农民合作经济组织能够帮助农户购买化肥、种子，并获得信贷支持(Hellin et al.，2009)，并在农产品营销中起到积极作用(Bijman et al.，2010)，还能够保证农产品质量安全，保证农产品安全(Jin，Zhou，2011；任国元，葛永元，2008)，增加农户收入，提高农户的市场竞争力。周立群和曹利群(2001)认为合作社作能够稳定龙头企业和农户之间的交易，有助于构建农产品流通体系。胡定寰等(2006)认为通过"超市＋龙头企业(合作组织)＋农户"模式可以有效地提高食品安全的管理水平。

5)帮助农户提高收益

国外学者研究表明农民合作经济组织能通过获得大量的经营业务以达到规模经济(Sexton，1986)；可以帮助农户降低农产品市场营销的成本，使农户获得更多经济收益(Falco et al.，2008)；能够减少贫困并提高农产品商品化程度(Francesconi，Heerink，2011)。农村生产者组织是公平增长和减少贫困的有效途径(World Bank，2008)。国内学者研究也表明农民合作社能对成员及其所在社区农民的就业与收入增长发挥积极作用(黄祖辉，2000，2008)；还具有平衡协调个人与社会的利益的作用(李长健，2005)；能够提高农产品的附加值和农户的收益水平(姜广东，2009)；有效提高农民的销售收入(吕东辉等，2010)。农民合作经济组织所获得的盈余按照交易量(额)返还给农户，能够促进其收入的稳定增加(杨惠芳，2005)。农民自发合作组织能够有效降低农民购买生产资料、销售产品的交易成本和学习技术的成本，促使农业生产者、加工者和销售者之间建立起有效的利益分配机制(高帆，2007)。参与订单农业能够显著增加农户收入，"龙头企业＋经纪人＋农户"模式较之"龙头企业＋农户"模式能够显著增加农户收入(徐健，汪旭晖，2009)。

6)促进农业技术进步

学者一致认为农民合作经济组织能够有效实现农业技术推广(黄季焜，2000)。黄祖辉等(2002)研究发现农民专业合作组织以提供技术、信息服务为主，随着技术要求的提高和资产专用性的增强，专业合作组织的必要性也随之增加。国鲁来(2003)认为农民专业合作组织是公共技术创新体系重要的制度保障。苑鹏(2008)认为农民专业合作经济组织是农业科技推广体系建设的重要力量，由于其成员集组织所有者、技术的推广者和使用者于一身，所以在农业技术推广中具备三个优势：推广效果显著、推广成本低、有助于提高农民应用技术的主动性和积极性。宋燕平(2010)研究表明新型农民合作组织提高技术吸收能力的主动性很强，农民合作组织中技术能人对普通会员的技术获取、传播和应用均影响较大。

7)促进市场经济发展

国外学者研究表明，合作组织不但改善了农民的市场地位，提高了他们的收入，更重要的是使市场竞争更加激烈，消除了市场上的超额利润(Helmberger，Hoos，1962)。一个成功的合作组织的存在可以使其竞争者更有效率(Levay，1983)。塞克斯顿(Sexton，1990)认为社员资格开放的农民合作经济组织的存在有助于消除追求利润最大化的企业的垄断行为，并且这些农民合作经济组织的横向合并也不会显著减少竞争。农民合作经济组织还能通过减少交易成本和风险并建立垂直合作的信任等途径来实现农业产业化(Hoeffler，2006)。国内学者研究表明合作社能弥补市场机制的缺陷和补充政府部门的功能(张晓山等，1997)，能够促进平等、有序的竞争和健康发达的市场经济形成(牛若峰，2000)，能够较好地解决小农户和大市场之间的矛盾，在服务社员的同时实现自身的可持续发展，并对周边农户产生一定的辐射带动作用(黄祖辉，徐旭初，2003)。"合作社＋农户"模式不仅降低了农户市场交易费用，还把供应链中的各个环节所形成的经济剩余保留在农业内部，增强了农业自身积累和发展的潜力(黄祖辉，梁巧，2009)。

2.2.3　农民合作经济组织与农业分工和专业化关系文献综述

国内一些学者也开始关注农民合作经济组织与农业分工和专业化发展关系的研究，主要结论包括认为农业分工和专业化发展需要农民合作经济组织的支持，农民合作经济组织能够促进农业分工演进，农民合作经济组织能够促进农业专业化发展。但这些研究大多是定性的研究和观点性的陈述，还缺乏系统深入的研究。

1. 农业分工和专业化发展需要农民合作经济组织

劳动分工是组织存在的基础，甚至是组织产生的理由。资本的聚集、产业专业化以及农业的变化是导致农业合作社产生的宏观原因(Chloupkova et al.，2003)。国内学者研究也表明，农业专业化是农民组织化的诱导因素(姚寿福，2004)。农民合作经济组织的产生是因为劳动分工的需要或结果(胡剑锋，2006)，分工能够促进农业组织化演进(向国成，韩绍凤，2007)。分工是组织的基础，也是组织的原因(王建军，2006)。林坚和马彦丽(2006)研究表明专业化生产以及农产品销售和加工领域的不充分竞争产生了对农业合作社的需求。高春凤和朱启臻(2007)认为农业专业化促进了农民合作经济组织的产生。刘晓彬(2009)认为市场中介组织正是专业化分工的产物，是人们为降低专业化分工产生的交易成本和获取由专业化分工产生的报酬递增的一种制度安排。朱启臻(2008)和王念认为专业化生产、合作者之间资源的异质性、合作社领导人的存在和政府的推动等因素，构成了专业合作社产生的基本条件。农民合作经济组织的产生是农业分工和专业化发展的必然要求(罗必良等，2008)。

2. 农民合作经济组织和农业分工演进

农民组织化程度提高能够通过分工促进农业生产效率的提高(高帆，2007；杨小东，

2009），也有利于提高分工所产生的交易效率，从而促进分工演进（向国成，韩绍凤，2007；杨丹，刘自敏，2011）。徐金海（2002）认为单个农户的"小生产"与整体"大市场"之间缺乏专业化分工的有效交易协调机制，新型农民合作经济组织有利于降低农业产业专业化分工进程中的内生和外生交易费用，是一种有效的交易协调机制。郭少新（2006）认为促使农业发展的关键是通过制度创新培育能够实现社会化经营与专业化生产相统一的农业分工组织，适度改变农业的微观经营方式，改造小农经济，强化微观主体的市场角色，最终形成依靠农业分工演进推动农业发展的长效机制。专业经济合作组织可以在"集体行动"的前提下节约市场交易成本，提高谈判能力，分散外部风险，有效解决"小农户、大市场"的不对称性，有效推进分工演进（高帆，2009）。

此外，还有学者研究了制度对分工演进的作用。贾根良（1999）认为制度变迁是分工演进的本质，市场是随时间而演化的制度安排，分工受制度变迁方向与速度的限制，从而揭示了制度对于分工演化的重要意义。杨小凯以新兴古典经济学为基础提出了一种估计分工程度以及量化界定产权效率的方法，根据1979年到1987年中国农村的数据检验了人均真实收入、分工程度以及界定产权的效率这三者之间关系的理论。证明了制度对分工演进与经济增长的重要意义。

3. 农民合作经济组织促进农业专业化发展

众多学者基于对农民合作经济组织作用的研究发现，农民合作经济组织能够限制农业专业化发展的阻碍因素所起的实际作用，因此部分学者提出农民合作经济组织是促进农业专业化发展的有效途径的观点。如巴彻（Bachev，2004，2008）认为农民合作经济组织通过节约交易成本促进农业专业化。威尔科特斯（Wilcox，1956）研究表明农民合作经济组织通过为农户提供有效的农业信息促进农业专业化发展。奇泽姆（Chisholm，1979）研究发现以销售为导向的农民合作经济组织能够促进农业专业化发展。基米（Kimhi，2009）研究了以色列农民合作组织中的农业专业化问题，发现农场规模的增加、农业专业化程度的提高、更多地依赖非农业收入等导致了农民合作组织内部以及农民合作组织之间的异质性和极端化。程云（2002）提出培育和发展各类农民专业合作经济组织，可以较好地解决在家庭承包基础上农民组织化的问题，对于实现农业标准化、专业化、区域化，农业规模效益和增强农业国际竞争力，从而实现农业现代化都有重大和深远的意义。姚寿福（2004）认为农民组织化程度的提高，特别是专业农协的发展有利于促进农业专业化的发展。罗元青和王家能（2008）认为以龙头企业为依托的产业化组织形式是提高农业分工和专业化水平、解决"三农"问题的重要途径。分工与专业化经济是产业组织演进的历史逻辑，同时也是产业组织优化的理论依据。

2.3　研究述评

国外对于分工和专业化的研究由来已久，已经形成了从新古典经济学对人们在给定分工结构下的资源配置决策的研究，到新兴古典经济学对人们如何选择专业化水平和模式的研究，再到新制度经济学研究制度安排对交易成本的影响的完整理论体系。已有的文献对农业分工的研究并不多见，但指出了农业分工和工业服务业领域的不同及其分工的有限性；农业专业化研究主要致力于研究农业区域专业化以及农场(或农户)专业化两个方面，并认为农业专业化能够提高土地产出、增加农民收入、促进经济增长，而对生态环境并不会造成破坏性的影响。而影响农业专业化发展的因素主要是从基于区位比较优势的传统分析框架和基于新制度经济学的现代分析框架两个角度进行。然而现有农业分工和专业化的研究还存在需要完善的地方。一是现有的有关农业分工和专业化的文献未形成一个完善的农业分工和农业专业化的概念框架，大多数文献都把农业分工和专业化混为一谈，并未很好地进行区分。二是已有的农业专业化研究主要致力于研究农业区域专业化以及农场(或农户)专业化两个方面的效应和影响因素分析，并未很好地提出促进农业专业化发展的有效途径。即使有少部分学者提出了农民合作经济组织能够促进农业专业化发展，也缺乏系统深入的研究。

国外对于农民合作经济组织的研究随着国际合作组织的发展历史而日益丰富，学者对于农民合作经济组织的存在合理性解释、以及产权、组织制度、决策、投资、治理结构、异质性成员利益、代理行为、集体行动等问题进行了深入系统的研究。而对于农民合作经济组织的作用，尤其是其对限制农业专业化发展的阻碍因素的影响，从而促进农业专业化发展的研究并不多见。而国内的研究主要是以国外的理论研究为基础开展的，明确了农民组织化程度提高以及农业分工和专业化发展的重要意义，并开始关注农民合作经济组织与农业分工和专业化之间的相互关系。但并未针对中国在转型经济时期土地细碎化、生产规模超小化的家庭生产方式背景下，以促进农业分工和专业化发展为目的的农民合作经济组织产生的必要性，也未阐明农民合作经济组织有效协调农业分工和专业化发展的机理，因而使关于提高农民组织化程度以促进农业分工和专业化发展的研究缺乏有力的理论借鉴和经验支持。本书正是基于此学术背景致力于农民合作经济组织促进农业分工和专业化发展方面的系统、深入研究，弥补现有文献的不足。

第3章 农民合作经济组织的产生逻辑

本章试图建立一个农民合作经济组织突破家庭生产方式的局限而产生的逻辑框架。首先解释了农民合作经济组织产生的现实逻辑；接着利用新兴古典经济学的超边际模型分析了交易效率对农民合作经济组织产生的决定性影响；并在此基础上解释了家庭生产方式下农民合作经济组织能够帮助单个农户在农业分工和交易费用、专业化和家庭安全之间进行更好地权衡，使农户获得更多分工净收益和专业化经济效益，从而促进农业分工和专业化发展的作用原理。最后本章比较了农民合作经济组织相对其他分工组织方式的优势，论证了农民合作经济组织产生的必然性。

3.1 农民合作经济组织产生的逻辑解释

3.1.1 组织产生原因的理论背景

经典理论从两个方面论述了组织产生的原因，一是从合作的角度，二是从交易成本的角度。

里德雷(Ridley，2004)认为人类有合作的本能，阿罗(Arrow，1974)认为人类的合作行为是为了扩展个人理性。虽然有学者认为家庭是最早的社会经济组织形式，但马克思和恩格斯指出，家庭这种组织形式还远远不够，需要以单个农户家庭为基本元素，形成更高级的农民合作经济组织，从而创造出更发达的生产力。马克思指出："通过合作或协作，不仅提高了个人生产力，而且创造了一种生产力，这种生产力本身必然是集体力。"马歇尔把组织看作是劳动、土地、资本之外的第四生产要素。金德尔伯格和赫里克则认为："在组织和其他要素之间存在一个重要的区别：所有其他要素都有可以互相替代的倾向，但组织却是一个补充物而不是替代物"。罗吉斯和伯德格认为农民组织是农民为增进自身利益而采取的集体行动。罗必良(2000)指出，在自给自足的条件下，农民是不需要组织的，只有当外部力量影响家庭生计的成败，而且这种外部冲击力又不是哪个家庭能够单独控制的时候，农民组织才可能形成。

科斯(Coase，1937，1960)认为分工提高效率的同时产生交易成本，当市场分工的边际交易成本等于企业组织的边际交易成本时，通过建立组织取代市场交易以降低成本。威廉姆森(Williamson，1985)认为实物资本的不可分割性和信息的不可分离性导致了内部组织对市场组织的替代。阿尔钦、德姆塞茨认为组织需要使用不属于一个人的几种资源，而这些资源分别的产出之和小于合作总产出，经济组织就会产生。奥尔森认为如果生产是由团队进行，而团队总产出大于团队成员分别产出之和，其增加的集体物品足以弥补组织监督、激励团结成员的成本，团队生产就会被采用，经济组织就会产生。经济组织的规模边界为团队总产出与管理团队成本的交点上。众多学者研究也表明，团队生产（team production）完全可以实现与私人生产一样的资源配置效率，只要满足某些条件，合作组织中的成员的生产积极性可以高于私人生产中的雇员（Ward，1958；Chinn，1979），但也有人指出由于监督的不完备性与考核成本的高昂所导致的激励不足，使得团队生产往往难以产生出较高的生产率（Alchain，Demsetz，1972；Binswanger，Rosenzweig，1986）。

因此，不管是农户本能的合作需要还是节约交易成本的需要，以家庭生产方式为基础、以合作为原则的农民合作经济组织都有其产生的必要性和重要意义。

3.1.2　农民合作经济组织产生的现实逻辑

农业分工和专业化发展是农业经济发展的动力和源泉，而农业自身经济再生产和自然再生产相交织的特征决定了农业分工的有限性，阻碍了农业分工演进和农业专业化发展。家庭生产方式下单个农户参与农业分工需要支付高额的交易费用，进行专业化生产需要承担巨大的专业化风险，这些成本和风险往往会使单个农户面临生存威胁，因此家庭生产方式下单个农户更倾向于多样化生产或自给自足的生产。在保持家庭生产经营方式不变的制度条件下，单个农户通过合作方式有机联结起来，形成农民合作经济组织，能够帮助农户有效降低交易成本并规避专业化风险，使农户在保证家庭安全的前提下获得更多分工收益和专业化经济收益，从而促进农户参与分工并从事农业专业化生产，促进农业分工演进和农业专业化发展。因此家庭生产方式下农业分工和专业化发展的需要诱发了农民合作经济组织的产生。

农业本身的生命特性决定了从事农业生产的劳动者需要长期激励，家庭生产方式能够避免农民在农业生产过程中的偷懒、欺骗、搭便车等机会主义行为，因而成为现阶段行之有效的农业生产经营方式。但农业生产所需要的大量生产经营性服务的提供在家庭生产方式下是不经济的，农民合作经济组织可以在保证农业生产长期激励的前提下为农户提供大量专业的生产经营服务。一方面，家庭生产方式下的农民合作经济组织中成员农户相互合作，彼此之间保持了相对的独立性，拥有剩余索取权，因此农户在农业生产经营剩余索取权的激励下能够更加努力地进行农业生产经营。家庭生产方式下的农民合作经济组织也能够有效运用一些隐性激励方式，如声誉、信任、风俗习惯、道德约束、感情等，对农户进行长期激励。如农村社会长期形成的淳朴民风和道德约束以及彼此之间的信任能够减少农户参与合作经济组织之后的机会主义行为，对农户形成隐性的长期激励。另一方面，农民合作经济组织可以从农业生产活动的产前、产中、产后对农户提供一系列专业化社会化的服务，如从信息、技术、加工、物流、营销等领域为农民提供所需的服务。由于农民合作经济组织比单个分散的农户掌握更多的资金、技术、人力、物力等各方面的资源，比单个农户家庭内部提供这些生产经营服务更经济。

而农业领域分工和专业化发展的特殊性也必然决定了农民合作经济组织是优于市场、企业、订单农业等其他方式的最优分工组织方式。按照杨小凯（Yang，2003）的观点，在农业生产的初始阶段，农户对各种生产活动没有经验，生产率很低，无法支付交易费用，只能进行自给自足的生产。随着在不断重复劳动中慢慢积累经验，生产率得到改进，可以开始支付一部分交易费用，于是农户开始参与分工并进行专业化生产。因此当农户参与农业分工获得专业化经济收益抵消交易成本后还有剩余，农户就会参与农业分工。而通过市场自由择业和自由价格机制、自利决策的交互作用，整个社会的分工水平逐渐提高，农户的专业化生产水平也随之提高，进而反过来加速经验积累和技能改进，使专业化生产获得的收益增加足以支付更多的交易费用。如此循环累积的过程中分工得以演进，专业化水平得以提高。而仅仅通过市场组织农业分工，促进分工演进从而促进农业专业化发展的过程是极其缓慢的。工业和服务业通过企业方式组织分工获得了分工和专业化的高度发展，而在农业领域无法通过企业方式进行分工协调。因为农业生产过程是动植物有机体生命生长的过程，无法通过企业的权威命令进行协调，农业生产者的生产劳动也无法有效地进行监督和计量，造成生产过程中的机会主义行为产生。而订单农业通过契约方式联系农户和市场，虽然在一定程度上降低了交易成本，但仍然无法对农户的农业生产活动进行有效的监督和规范。因而以互惠合作为原则的农民合作经济组织成为必然之需。

3.2 农民合作经济组织产生的超边际模型解释

本节试图用新兴古典经济学的超边际模型验证交易效率对农民合作经济组织产生的决定性影响。首先通过对两种最终农产品结构进行超边际模型分析，比较自给自足模式、农产品分工市场交易模式和农产品分工组织协调模式的均衡效用来分析农产品交易效率对农民合作经济组织产生的影响作用。然后进一步对有交易服务的两种最终农产品结构进行超边际模型分析，通过比较自给自足模式、局部分工直接贸易模式、局部分工委托贸易模式和完全分工组织协调模式的均衡效用来阐释农产品交易效率和交易服务、交易效率的提高对农产品交易服务从农户的农产品生产销售过程中分离并进一步分工演进的原理，同时也阐明了交易服务的交易效率对农户选择农民合作经济组织作为交易服务提供者的决定性影响。

3.2.1　两种最终农产品结构的超边际模型分析

在此模型中，假定经济体中只存在两种最终农产品，农户参与农业分工的程度与方式的不同产生了三种不同的结构模式：第一种是自给自足模式，即每个农户都自给自足地生产两种农产品用于最终消费；第二种是农产品分工市场交易模式，即农户参与农产品分工，各自选择专业生产某一种农产品，并通过市场交易与其他的专业生产者进行交换从而满足最终消费；第三种是农产品分工组织协调模式，即农户参与农产品分工，各自选择专业生产某一种农产品，并通过农民合作经济组织的协调与其他的专业生产者进行交换从而满足最终消费。本书将通过超边际模型分析，比较这三种结构模式的均衡效用来验证农产品的交易效率对农民合作经济组织产生的决定性影响。

1. 模型的基本假定与说明

根据新兴古典经济学的超边际分析框架（杨小凯，2003a，2003b），假设一个连续统的经济体中的农户既是生产者又是消费者，有同样的生产函数和时间约束。假定在这个经济体中有两种用于最终消费的农产品被生产和消费，一种是粮食（x），一种是蔬菜（y），所有的农户对这两种农产品都有消费偏好。为了满足消费，农户可以自己生产粮食（x）和蔬菜（y），或者从市场中购买，或者通过农民合作经济组织进行协调交换。

用 x 和 $y(x，y \geqslant 0)$ 分别表示农户作为生产者对两种农产品的自给量，x^s 和 $y^s(x^s，y^s \geqslant 0)$ 分别表示农户作为生产者对两种农产品的售卖量，x^d 和 $y^d(x^d，y^d \geqslant 0)$ 分别表示农户作为消费者对两种农产品的购买量。则两种农产品的生产函数如下：

$$x^p \equiv x + x^s = (l_x - c_x)^{a_x} \tag{3.1a}$$

$$y^p \equiv y + y^s = (l_y - c_y)^{a_y} \tag{3.1b}$$

其中，x^p 和 y^p 分别代表粮食（x）和蔬菜（y）的产出量；参数 c_x 和 $c_y(c_x，c_y \geqslant 0)$ 分别代表生产粮食（x）和蔬菜（y）的固定学习成本；a_x 和 $a_y(a_x，a_y > 1)$ 分别代表粮食（x）和蔬菜（y）的专业化经济程度[①]；决策变量 l_x 和 $l_y(l_x，l_y \geqslant 0)$ 分别代表农户生产粮食（x）和蔬菜（y）的劳动的份额，即专业化水平[②]。

假定单个农户的劳动力总量为 1，则农户个人的禀赋约束为

$$l_x + l_y = 1，l_x，l_y \in [0，1] \tag{3.2}$$

而农户个人的预算约束为

$$p_x x^s + p_y y^s = p_x x^d + p_y y^d \tag{3.3}$$

---

① 这里的专业化经济程度是指农户从事一种生产环节的劳动生产率与他从事该种生产环节的专业化水平一同增长的程度。

② 这里用劳动份额的大小来表示专业化水平高低，劳动份额是取值为 0 到 100% 的数值，即农户的劳动总量为 1，若农户分配在粮食生产上的劳动份额接近于 100%，而分配在蔬菜生产上的劳动份额接近于 0，则该农户粮食生产的专业化水平更高。

若农户生产的农产品在市场上进行交易，用柯布-道格拉斯(C-D)型效用函数刻画个人的效用为

$$U=(x+kx^d)^\alpha (y+ky^d)^\beta \tag{3.4}$$

其中，参数 $k(k\in [0，1])$ 表示市场交易效率，$1-k(1-k\in [0，1])$ 则表示市场交易成本，如运输成本、市场交易的手续费、市场价格和交易对手等信息搜集费用、讨价还价费用等。

若农户生产的农产品通过农民合作经济组织进行协调，用柯布-道格拉斯(C-D)型效用函数刻画个人的效用为

$$U=(x+tx^d)^\alpha (y+ty^d)^\beta \tag{3.5}$$

其中，参数 $t(t\in [0，1])$ 表示农民合作经济组织的协调效率，$1-t(1-t\in [0，1])$ 则表示协调成本，本书定义为保证契约履行的成本①。

柯布-道格拉斯(C-D)效用函数确保了个人的多样化消费偏好，α 和 β 用来度量农户对粮食(x)和蔬菜(y)的偏好程度，本书令 $\alpha=\beta=1$，即农户对粮食(y)和蔬菜(x)具有相同程度的偏好，这样，上述(3.4)式和(3.5)式可以分别化简为

$$U=(x+kx^d)(y+ky^d) \tag{3.6}$$

$$U=(x+tx^d)(y+ty^d) \tag{3.7}$$

2. 三种不同结构模式的角点均衡

由个人最优决策的库恩—塔克条件以及文氏定理可知，一个人至多卖一种产品，且决不购入和自给或出售同一种产品。因此我们可以分析以下三种结构模式，并求出角点均衡和全部均衡。

1) 自给自足模式(A)

在模式 A 中，农户各自生产粮食(x)和蔬菜(y)两种农产品供自己消费，不进行交换。可知，$x^s=x^d=y^s=y^d=0$。因此，单个农户的最优化决策问题是：

$$\text{Max } U_A=xy \tag{3.8a}$$

$$\text{s.t. } x=(l_x-c_x)^{a_x}$$

$$y=(l_y-c_y)^{a_y}$$

$$l_x+l_y=1$$

求这个最优化决策问题的最优解，得到自给自足生产粮食(x)和蔬菜(y)的单个农户最大效用值为

$$U_A^*=(a_x)^{a_x} (a_y)^{a_y} \left(\frac{1-c_x-c_y}{a_x+a_y}\right)^{a_x+a_y} \tag{3.8b}$$

---

① 因为农民合作经济组织是由组织内部成员之间的一系列契约形成的，如果这些契约不能够履行，农民合作经济组织也就不能继续存在，因此本书定义协调成本为保证这些契约的履行所需要支付的成本。

2)农产品分工市场交易模式(D)

这种模式 D 是由两种个人最优化决策问题构成的：

(1)农户专业生产粮食(x)，并通过市场交易出售粮食(x)、购买蔬菜(y)，即(x/y)的决策。在此决策中，$y=x^d=y^s=0$，农户的最优化决策问题为

$$\text{Max } U_x=xky^a \qquad (3.9a)$$

$$\text{s. t. } x+x^s=(l_x-c_x)^{a_x}$$

$$l_x=1$$

$$p_xx^s=p_yy^d$$

求这个最优化决策问题的最优解，得到专业生产粮食(x)的农户最大效用值为

$$U_x^*=\frac{kp_x}{4p_y}(1-c_x)^{2a_x} \qquad (3.9b)$$

(2)农户专业生产蔬菜(x)，并通过市场交易出售蔬菜(y)、购买粮食(y)，即(y/x)的决策。在此决策中，$x=x^s=y^d=0$，农户的最优化决策问题与(3.9a)对称：

$$\text{Max } U_y=ykx^d \qquad (3.10a)$$

$$\text{s. t. } y+y^s=(l_y-c_y)^{a_y}$$

$$l_y=1$$

$$p_xx^d=p_yy^s$$

求这个最优化决策问题的最优解，得专业生产蔬菜(y)的农户最大效用值为

$$U_y^*=\frac{kp_y}{4p_x}(1-c_y)^{2a_y} \qquad (3.10b)$$

由均衡条件 $U_x^*=U_y^*$，得

$$p^*=\frac{p_y}{p_x}=\frac{(1-c_x)^{a_x}}{(1-c_y)^{a_y}} \qquad (3.11)$$

此均衡条件下的相对价格 p^* 揭示了瓦尔拉斯机制下农户之间的相互影响过程，相对价格 p^* 是在完全竞争和自由选择中外生形成的，个别农户只是该相对市场价格的接受者，并在此相对价格水平下与其他农户发生联系。个别农户提高劳动生产率或降低学习成本不会导致整个市场的相对价格变化，因而农户若能够提高劳动生产率或降低学习成本，就能够具有更强的市场竞争力，并能够获得更高的效用水平。瓦尔拉斯机制下均衡价格的形成是由各个农户的自由进入和退出来决定的，单个农户的供求量变化以及进入或退出不会影响整个市场的定价机制的作用，也不会影响市场价格的变化，更不会导致市场的失败。

因此，农户进行专业化生产并通过市场进行交易的模式 D 中单个农户的最大效用值为

$$U_D^*=\frac{k(1-c_x)^{a_x}(1-c_y)^{a_y}}{4} \qquad (3.12)$$

3)农产品分工组织协调模式(C)

由于模式 C 是通过农民合作经济组织进行协调，其实质是作为农民合作经济组织成员的农户之间的策略性决策行为，其决策及其交互影响和交易价格由一个纳什议价机制来决定，因而必须用纳什议价模型来求角点解。假定纳什议价博弈在专业化生产粮食(x)的农户 1 和专业化生产蔬菜(y)的农户 2 之间进行。农户 1 专业化生产粮食(x)，并通过合作经济组织协调供给粮食(x)、需求蔬菜(y)，可知 $y_1 = y_1^s = x_1^d = 0$；而农户 2 专业化生产蔬菜(y)，并通过合作经济组织协调供给蔬菜(y)、需求粮食(x)，可知 $x_2 = x_2^s = y_2^d = 0$。从而得到农户 1 和农户 2 能够获得的分工净收益分别为

$$V_{1x} = U_{1x}^C - U_A = x_1 t y_1^d - U_A \tag{3.13a}$$

$$V_{2y} = U_{2y}^C - U_A = y_2 t x_2^d - U_A \tag{3.13b}$$

因此农户 1 和农户 2 所形成的农民合作经济组织的最优化决策问题实质上是求一个使纳什积最大化的规划问题：

$$\text{Max } V_C = V_{1x} V_{2y} = [x_1 t y_1^d - U_A][y_2 t x_2^d - U_A] \tag{3.14a}$$

$$\text{s.t. } x_1 + x_1^s = (l_{1x} - c_x)^{a_x}, \quad y_2 + y_2^s = (l_{2y} - c_y)^{a_x}$$

$$l_{2y} = 1, \quad l_{1x} = 1$$

$$x_1^s = x_2^d, \quad y_1^d = y_2^s$$

$$p_x x_1^s = p_y y_1^d, \quad p_x x_2^d = p_y y_2^s$$

令 $p'^* = p_y'/p_x'$，此相对价格 p'^* 揭示了纳什议价机制下农户之间的相互影响过程。由于纳什议价是在农民合作经济组织内部的农户之间进行的，因此相对价格 p'^* 是内生决定的。农民合作经济组织的协调效率为 t，这是因为保证契约履行需要支付一定的成本($1-t$)。作为农民合作经济组织成员农户的共同预期，以及一系列契约联结的农民合作经济组织存在的保证，只要满足 $t > k$，农民合作经济组织就能替代市场交易保证分工的演进和农户效用水平的提高。但是必须注意的是，农民合作经济组织纳什议价机制下的供求平衡关系只在组织成员之间形成，是由事前契约规定的，参与纳什议价的双方中若有一方供求量发生变化或者退出，会使纳什议价机制遭到破坏。

求这个最优化决策问题的最优解，得到农户进行专业化生产并通过合作经济组进行协调的模式 C 中合作经济组织的最大效用值为

$$U_{1x}^{C*} = U_{2y}^{C*} = \frac{t(1-c_x)^{a_x}(1-c_y)^{a_y}}{4} \tag{3.14b}$$

这三种模式的结构如图 3-1 所示。

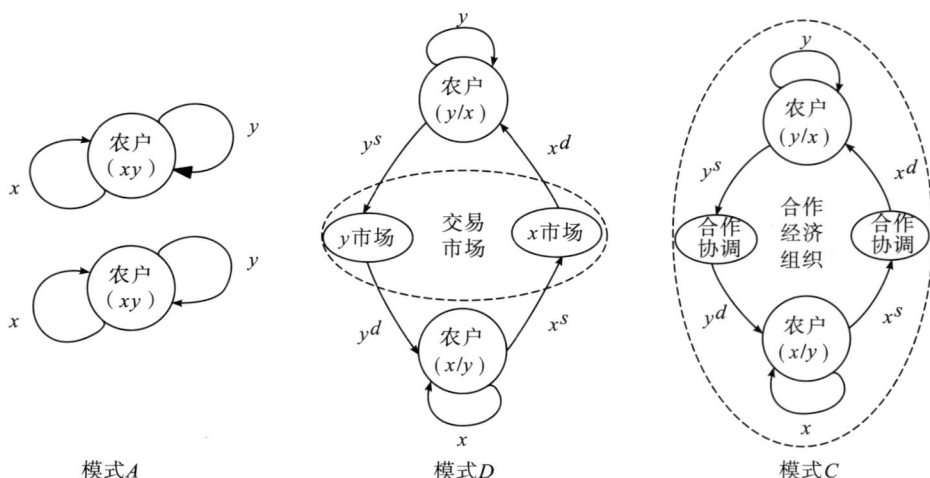

图 3-1　三种结构模式图

Fig. 3-1　Three Structure Modes

3. 模型的比较静态分析和相关命题

若要满足 $U_D^* > U_A^*$，则需要满足

$$\frac{k(1-c_x)^{a_x}(1-c_y)^{a_y}}{4} > (a_x)^{a_x}(a_y)^{a_y}\left(\frac{1-c_x-c_y}{a_x+a_y}\right)^{(a_x+a_y)} \tag{3.15a}$$

即满足

$$k > \left(\frac{a_x}{1-c_x}\right)^{a_x}\left(\frac{a_y}{1-c_y}\right)^{a_y}\left(\frac{1-c_x-c_y}{a_x+a_y}\right)^{(a_x+a_y)} \tag{3.15b}$$

若要满足 $U_C^* > U_D^*$，则需要满足

$$\frac{t(1-c_x)^{a_x}(1-c_y)^{a_y}}{4} > \frac{k(1-c_x)^{a_x}(1-c_y)^{a_y}}{4} \tag{3.16}$$

即 $k < t$。

因此可以得到农民合作经济组织产生的条件为

$$\left(\frac{a_x}{1-c_x}\right)^{a_x}\left(\frac{a_y}{1-c_y}\right)^{a_y}\left(\frac{1-c_x-c_y}{a_x+a_y}\right)^{(a_x+a_y)} < k < t \tag{3.17}$$

进一步分析分工演进和农民合作经济组织产生的临界值，令

$$k_0 = \left(\frac{a_x}{1-c_x}\right)^{a_x}\left(\frac{\dot{a}_y}{1-c_y}\right)^{a_y}\left(\frac{1-c_x-c_y}{a_x+a_y}\right)^{(a_x+a_y)} \tag{3.18}$$

设 $a = a_x = a_y$，可以得出 $\partial k_0 / \partial a < 0$。说明 a 越大，k_0 越小，即满足 $k_0 < k < t$ 条件的通过农民合作经济组织协调交易的分工演进的临界条件越低，这意味着农民合作经济组织越容易产生。因此可以得出以下命题：

命题 1：农产品交易效率的提高是农产品分工演进的必要条件；当市场交易效率高于农民合作经济组织的协调效率时，农户通过市场参与农产品分工；当农民合作经济组织对农产品分工的协调效率高于市场交易效率时，农户通过农民合作经济组织参与农产品分工。

命题2：农户的专业化经济程度越高，即农户的劳动生产率随其专业化生产水平的增加而提高的程度越大，也即农户的专业化收益越大，农户越容易通过农民合作经济组织参与农业分工。

从以上两个命题可知：当农民合作经济组织对农产品分工的协调效率高于市场交易效率时，农民合作经济组织就会成为农户参与农产品分工的必然选择；而在该条件下，农户专业化生产某种农产品的收益大小会影响农户选择通过农民合作经济组织参与农业分工的意愿程度，专业化收益越大，农户越愿意选择通过农民合作经济组织参与农产品分工。

3.2.2 有交易服务的两种最终农产品结构的超边际模型分析

前面的模型仅讨论了农产品分工的情况，为了进一步分析交易服务和农产品生产之间的分工，在此模型中，假定经济体中存在两种最终农产品和交易服务，农户参与农业分工的程度与方式的不同产生了四种不同的结构模式：第一种是自给自足模式，即每个农户都自给自足地生产两种农产品用于最终消费；第二种是局部分工直接贸易模式，即农户参与农产品分工，各自选择专业生产某一种农产品，并在自己提供交易服务的前提下通过市场交易与其他的专业生产者进行交换从而满足最终消费；第三种是完全分工委托贸易模式，即农户参与农产品和交易服务分工，各自选择专业生产某一种农产品或者专业提供交易服务，并通过市场交易与其他的专业生产者进行交换从而满足最终消费；第四种是完全分工组织协调模式，即农户参与农产品和交易服务分工，各自选择专业生产某一种农产品或者专业提供交易服务，并通过农民合作经济组织的协调与其他的专业生产者进行交换从而满足最终消费。通过超边际模型分析，比较这四种结构模式的均衡效用来验证农产品的交易效率以及交易服务的交易效率对农民合作经济组织产生的决定性影响。

1. 模型基本假定与说明

根据新兴古典经济学的超边际分析框架，假设一个连续统的经济体中的农户既是生产者又是消费者，有同样的生产函数和时间约束。在这个经济体中有两种用于最终消费的农产品被生产和消费，一种是粮食(x)，一种是蔬菜(y)，所有的农户对这两种农产品都有消费偏好。为了满足消费，农户可以自己生产粮食(x)和蔬菜(y)，或者从市场中购买。此外，假定在这个模型中粮食(x)和蔬菜(y)的交易总是牵涉交易服务(r)，而交易服务(r)作为一种特殊产品，与粮食(x)和蔬菜(y)消费品相似，也可以由农户自己提供，或者从市场中购买①。在市场分工中，交易服务是一种能够对产品的交易产生正网络效应的特殊商品(庞春，2010)。

用 x 和 $y(x, y \geqslant 0)$ 分别表示农户作为生产者对两种农产品的自给量，x^s 和 $y^s(x^s, y^s \geqslant 0)$ 分别表示农户作为生产者对两种农产品的售卖量(或供给量)，x^d 和 $y^d(x^d, y^d \geqslant 0)$ 分别表示农户作为消费者对两种农产品的购买量(或需求量)。相应地，用 r、r^s 和 r^d $(r, r^s, r^d \geqslant 0)$ 分别表示农户所提供的交易服务的自用量、供应量和需求量。因此粮食 (x) 和蔬菜 (y) 两种农产品以及交易服务 (r) 的生产函数如下：

$$x^p \equiv x + x^s = (l_x - c_x)^{a_x} \tag{3.19a}$$

$$y^p \equiv y + y^s = (l_y - c_y)^{a_y} \tag{3.19b}$$

$$r^p \equiv r + r^s = (l_r - c_r)^{a_r} \tag{3.19c}$$

其中，x^p、y^p 和 r^p 分别代表粮食 (x)、蔬菜 (y) 和交易服务 (r) 的产出量；参数 c_x、c_y 和 $c_r(c_x, c_y, c_r > 0)$ 分别代表生产粮食 (x)、蔬菜 (y) 和交易服务 (r) 的固定学习成本；a_x、a_y 和 $a_r(a_x, a_y, a_r > 1)$ 分别代表粮食 (x)、蔬菜 (y) 和交易服务 (r) 的专业化经济程度。为了后面计算的方便，假定 $c = c_x = c_y = c_r$，且 $a = a_x = a_y = a_r$。决策变量 l_x、l_y 和 $l_r(l_x, l_y, l_r \geqslant 0)$ 分别代表农户生产粮食 (x)、蔬菜 (y)、提供交易服务 (r) 的劳动的份额，即专业化水平。假定单个农户的劳动力总量为 1，因而农户个人的禀赋约束为

$$l_x + l_y + l_r = 1, \quad l_x, l_y, l_r \in [0, 1] \tag{3.20}$$

农户个人的预算约束为

$$p_x x^s + p_y y^s + p_r r^s = p_x x^d + p_y y^d + p_r r^d \tag{3.21}$$

若农户生产的农产品在市场上进行交易，用柯布-道格拉斯(C-D)型效用函数刻画个人的效用为

$$U = [x + k(r + \lambda r^d) x^d]^\alpha [y + k(r + \lambda r^d) y^d]^\beta \tag{3.22a}$$

其中，参数 $k(k \in [0, 1])$ 表示粮食 (x)、蔬菜 (y) 的市场交易效率，$1 - k(1 - k \in [0, 1])$ 则表示粮食 (x)、蔬菜 (y) 的市场交易成本；参数 $\lambda(\lambda \in [0, 1])$ 表示交易服务 (r) 的市场交易效率，$1 - \lambda(1 - \lambda \in [0, 1])$ 则表示交易服务 (r) 的市场交易成本。

柯布-道格拉斯(C-D)效用函数确保了个人的多样化消费偏好，α 和 β 用来度量农户对粮食 (x) 和蔬菜 (y) 的偏好程度，可以令 $\alpha = \beta = 1$，即农户对粮食 (x) 和蔬菜 (y) 具有相同程度的偏好，这样，上述(3.22a)式可化简为

$$U = [x + k(r + \lambda r^d) x^d][y + k(r + \lambda r^d) y^d] \tag{3.22b}$$

2. 四种不同结构模式的角点均衡

由个人最优决策的库恩一塔克条件以及文氏定理可知，一个人至多卖一种产品，且

---

① 本书所指的交易服务包括运输、仓储等物流服务、市场营销、售后服务等。而在目前中国农村，交易服务的提供者是现实存在的，一部分农户以提供农产品交易服务为主要谋生手段，而成为以农村经纪人为代表的交易服务中间商，从而从农业生产活动中分化出来。

决不购入和自给或出售同一种产品。因此我们可以分析以下四种结构模式，并求出角点均衡和全部均衡。

1）自给自足模式（A）

在模式 A 中，农户各自生产粮食（x）和蔬菜（y）两种农产品供自己消费，不进行交换，因此也不需要交易服务。可知，$x^s = x^d = y^s = y^d = r = r^s = r^d = 0$，而 x，$y > 0$。因此，单个农户的最优化决策问题是：

$$\text{Max } U_A = xy \tag{3.23a}$$

$$\text{s. t. } x = (l_x - c)^a$$

$$y = (l_y - c)^a$$

$$l_x + l_y = 1$$

求这个最优化决策问题的最优解，得到自给自足生产粮食（x）和蔬菜（y）的单个农户最大效用值为

$$U_A^* = \left(\frac{1-2c}{2}\right)^{2a} \tag{3.23b}$$

2）局部分工直接贸易模式（B）

模式 B 是一种局部分工模式，一部分农户生产粮食（x），而另一部分农户生产蔬菜（y）。为了满足多样化消费，这两类农户通过市场直接交换他们生产的产品，即他们都不从市场中购买交易服务，而是自己提供交易服务以实现两种农产品之间的贸易。这两类农户都是非专业化生产者，以直接贸易的模式交换产品。

（1）对于生产粮食（x）的农户来说，他们自己提供交易服务（r），并通过市场交易出售粮食（x）、购买蔬菜（y），即（xr/y）的决策。在此决策中，$y = x^d = y^s = r^s = r^d = 0$，而 x，x^s，y^d，$r > 0$，这类农户的最优化决策问题为

$$\text{Max } U_x = xkry^d \tag{3.24a}$$

$$\text{s. t. } x + x^s = (l_x - c)^a$$

$$r = (l_r - c)^a$$

$$l_x + l_r = 1$$

$$p_x x^s = p_y y^d$$

求这个最优化决策问题的最优解，得到生产粮食（x）的农户最大效用值为

$$U_x^* = 4^{a-1}\left(\frac{1-2c}{3}\right)^{3a}\frac{kp_x}{p_y} \tag{3.24b}$$

（2）对于生产蔬菜（y）的农户来说，他们自己提供交易服务（r），并通过市场交易出售蔬菜（y）、购买粮食（x），即（yr/x）的决策。在此决策中，$x = x^s = y^d = r^s = r^d = 0$，而 y，y^s，x^d，$r > 0$ 农户的最优化决策与（3.24a）对称：

$$\text{Max } U_y = ykrx^d \tag{3.25a}$$

$$\text{s. t. } y + y^s = (l_y - c)^a$$

$$r = (l_r - c)^a$$

$$l_y + l_r = 1$$

$$p_x x^d = p_y y^s$$

求这个最优化决策问题的最优解，得到生产蔬菜(y)的农户最大效用值为

$$U_y^* = 4^{a-1} \left(\frac{1-2c}{3} \right)^{3a} \frac{k p_y}{p_x} \tag{3.25b}$$

由均衡条件 $U_x^* = U_y^*$，得

$$p^* = \frac{p_y}{p_x} = 1 \tag{3.26}$$

此均衡条件下的相对价格 p^* 揭示了瓦尔拉斯机制下农户之间的相互影响过程，相对价格 p^* 是在完全竞争和自由选择中外生形成的，个别农户只是该相对市场价格的接受者，并在此相对价格水平下与其他农户发生联系。个别农户提高劳动生产率或降低学习成本不会导致整个市场的相对价格变化，因而农户若能够提高劳动生产率或降低学习成本，就能够具有更强的市场竞争力，并能够获得更高的效用水平。瓦尔拉斯机制下均衡价格的形成是由各个农户的自由进入和退出来决定的，单个农户的供求量变化以及进入或退出不会影响整个市场的定价机制的作用，也不会影响市场价格的变化，更不会导致市场的失败。

因此，局部分工模式 B 中单个农户的最大效用值为

$$U_B^* = 4^{a-1} \left(\frac{1-2c}{3} \right)^{3a} k \tag{3.27}$$

3) 完全分工委托贸易模式(C)

模式 C 是一种完全分工模式，即在生产粮食(x)、蔬菜(y)以及交易服务(r)上都实现了充分的专业化。一部分农户专门生产粮食(x)，一部分农户专门生产蔬菜(y)，还有一部分农户专门提供交易服务(r)；专门生产粮食(x)和专门生产蔬菜(y)的农户都通过购买交易服务(r)来进行粮食(x)和蔬菜(y)的交换；而专门提供交易服务(r)的农户通过自己提供的交易服务(r)来购买粮食(x)和蔬菜(y)。因此生产粮食(x)的专家和生产蔬菜(y)的专家通过委托贸易模式来实现最终产品的交换。

(1) 对于专门生产粮食(x)的农户来说，他们出售粮食(x)、购买蔬菜(y)和交易服务(r)，即(x/yr)的决策。在此决策中，$y = y^s = x^d = r = r^s = 0$，而 x，x^s，y^d，$r^d > 0$，这类农户的最优化决策问题为

$$\text{Max } U_x = x k \lambda r^d y^d \tag{3.28a}$$

$$\text{s. t. } x + x^s = (l_x - c)^a$$

$$l_x = 1$$

$$p_x x^s = p_y y^d + p_r r^d$$

求这个最优化决策问题的最优解，得到专门生产粮食(x)的农户最大效用值为

$$U_x^* = k \lambda \frac{(1-c)^{3a}}{27} \frac{p_x p_y}{p_y p_r} \tag{3.28b}$$

（2）对于专业生产蔬菜（y）的农户来说，他们出售蔬菜（y）、购买粮食（x）和交易服务（r），即（y/xr）的决策。在此决策中，$x=x^s=y^d=r=r^s=0$，而 y，y^s，x^d，$r^d>0$，农户的最优化决策问题为

$$\text{Max } U_y = k\lambda r^d x^d y \tag{3.29a}$$

$$\text{s. t. } y+y^s = (l_y-c)^a$$

$$l_y = 1$$

$$p_y y^s = p_x x^d + p_r r^d$$

求这个最优化决策问题的最优解，得到专门生产蔬菜（y）的农户的最大效用值为：

$$U_y^* = k\lambda \frac{(1-c)^{3a}}{27} \frac{p_y p_y}{p_x p_r} \tag{3.29b}$$

（3）对于专业提供交易服务（r）的农户来说，他们出售交易服务（r）、购买粮食（x）和蔬菜（y），即（r/xy）的决策。在此决策中，$x=x^s=y=y^s=r^d=0$，而 r，y^s，x^d，$y^d>0$，农户的最优化决策问题为

$$\text{Max } U_r = k\lambda x^d k\lambda y^d \tag{3.30a}$$

$$\text{s. t. } r+r^s = (l_r-c)^a$$

$$l_y = 1$$

$$p_r r^s = p_x x^d + p_y y^d$$

求这个最优化决策问题的最优解，得到专门提供交易服务（r）的农户的最大效用值为

$$U_r^* = k^2 \frac{(1-c)^{4a}}{64} \frac{p_r p_r}{p_x p_y} \tag{3.30b}$$

由均衡条件 $U_x^* = U_y^* = U_r^*$，得

$$p_{xy}^* = \frac{p_x}{p_y} = 1 \tag{3.31a}$$

$$p_{xr}^* = \frac{p_x}{p_r} = \left[\frac{27k(1-c)^a}{64\lambda} \right]^{\frac{1}{3}} \tag{3.31b}$$

此均衡条件下的相对价格 p_{xy}^* 和 p_{xr}^* 揭示了瓦尔拉斯机制下农户之间的相互影响过程，相对价格 p_{xy}^* 和 p_{xr}^* 是在完全竞争和自由选择中外生形成的，个别农户只是该相对市场价格的接受者，并在此相对价格水平下与其他农户发生联系。个别农户提高劳动生产率或降低学习成本不会导致整个市场的相对价格变化，因而农户若能够提高劳动生产率或降低学习成本，就能够具有更强的市场竞争力，并能够获得更高的效用水平。瓦尔拉斯机制下均衡价格的形成是由各个农户的自由进入和退出来决定的，单个农户的供求量变化以及进入或退出不会影响整个市场的定价机制的作用，也不会影响市场价格的变化，更不会导致市场的失败。

因此，完全分工委托贸易模式 C 中单个农户的最大效用值为

$$U_C^* = \frac{k^{\frac{4}{3}}(1-c)^{\frac{10a}{3}}\lambda^{\frac{2}{3}}}{36} \tag{3.32}$$

4) 完全分工组织协调模式(D)

模式 D 是在模式 C 的基础上改进的一种完全分工模式。同样在生产粮食(x)、蔬菜(y)以及交易服务(r)上都实现了充分的专业化。所不同的是生产粮食(x)的专家、生产蔬菜(y)的专家和提供交易服务(r)的专家之间的交换是通过农民合作经济组织协调来实现的。其实质是作为农民合作经济组织成员的农户之间的策略性决策行为，其决策及其交互影响和交易价格由一个纳什议价机制来决定，因而必须用纳什议价模型来求角点解。

假定纳什议价博弈在专业化生产粮食(x)的农户 1、专业化生产蔬菜(y)的农户 2 以及专业化提供交易服务(r)的农户 3 之间进行。农户 1 专业化生产粮食(x)，并通过农民合作经济组织协调供给粮食(x)、需求交易服务(r)和蔬菜(y)，可知 $y_1 = y_1^s = r_1 = r_1^s = x_1^d = 0$；而农户 2 专业化生产蔬菜($y$)，并通过农民合作经济组织协调供给蔬菜($y$)、需求交易服务($r$)和粮食($x$)，可知 $x_2 = x_2^s = r_2 = r_2^s = y_2^d = 0$；而农户 3 专业化提供交易服务($r$)，并通过农民合作经济组织协调供给交易服务($r$)、需求粮食($x$)和蔬菜($y$)，可知 $x_3 = x_3^s = y_3 = y_3^s = r_3^d = 0$。假定农民合作经济组织对粮食($x$)和蔬菜($y$)的协调效率为 k'，对交易服务(r)的协调效率为 λ'，从而得到农户 1、农户 2 和农户 3 能够获得的分工净收益分别为

$$V_{1x} = U_{1x}^D - U_A = (x_1 k' \lambda' r_1^d y_1^d) - U_A \tag{3.33a}$$

$$V_{2y} = U_{2y}^D - U_A = (k' \lambda' r_2^d x_2^d y_2) - U_A \tag{3.33b}$$

$$V_{3r} = U_{3r}^D - U_A = (k'^2 \lambda'^2 x_3^d y_3^d) - U_A \tag{3.33c}$$

因此农户 1、农户 2 和农户 3 所形成的农民合作经济组织的最优化决策问题实质上是求一个使纳什积最大化的规划问题：

$$\text{Max} V_D = V_{1x} V_{2y} V_{3r} \tag{3.34a}$$

$$= \left[(x_1 k' \lambda' r_1^d y_1^d) - U_A \right] \left[(k' \lambda' r_2^d x_2^d y_2) - U_A \right] \left[(k'^2 \lambda'^2 x_3^d y_3^d) - U_A \right]$$

s. t. $\quad x_1 + x_1^s = (l_{1x} - c)^a, \quad y_2 + y_2^s = (l_{2y} - c)^a, \quad r_3 + r_3^s = (l_{3r} - c)^a$

$$l_{1x} = 1, \quad l_{2y} = 1, \quad l_{3r} = 1$$

$$x_1^s = x_2^d + x_3^d, \quad y_2^s = y_1^d + y_3^d, \quad r_3^s = r_1^d + r_2^d$$

$$p_x' x_1^s = p_y' y_1^d + p_r' r_1^d, \quad p_y' y_2^s = p_x' x_2^d + p_r' r_2^d, \quad p_r' r_3^s = p_x' x_3^d + p_y' y_3^d$$

令 $p_{xy}' = p_x'/p_y'$，$p_{xr}' = p_x'/p_r'$，此相对价格 p_{xy}' 和 p_{xr}' 揭示了纳什议价机制下农户之间的相互影响过程。由于纳什议价是在农民合作经济组织内部的农户之间进行的，因此相对价格 p_{xy}' 和 p_{xr}' 是内生决定的。农民合作经济组织对粮食(x)和蔬菜(y)的协调效率为 k'，对交易服务(r)的协调效率为 λ'，是因为保证契约履行需要支付一定的成本 $(1-k')$ 和 $(1-\lambda')$。作为农民合作经济组织成员农户的共同预期，以及一系列契约联结的农民合作经济组织存在的保证，只要满足 $k' > k$ 和 $\lambda' > \lambda$，农民合作经济组织就能替代市场交易保证分工的演进和农户效用水平的提高。但是必须注意的是，农民合作经济组织纳什议价机制下的供求平衡关系只在组织成员之间形成，是由事前契约规定的，参与纳什议价的各方中若有一方供求量发生变化或者退出，会使纳什议价机制遭到破坏。

求这个最优化决策问题的最优解，得到农户进行专业化生产并通过合作经济组进行协调的模式 D 中合作经济组织的最大效用值为

$$U_{1x}^{D*} = U_{2y}^{D*} = U_{3r}^{D*} = \frac{k'^{\frac{4}{3}}(1-c)^{\frac{10a}{3}}\lambda'^{\frac{2}{3}}}{36} \tag{3.34b}$$

这四种模式的结构如图 3-2 所示。

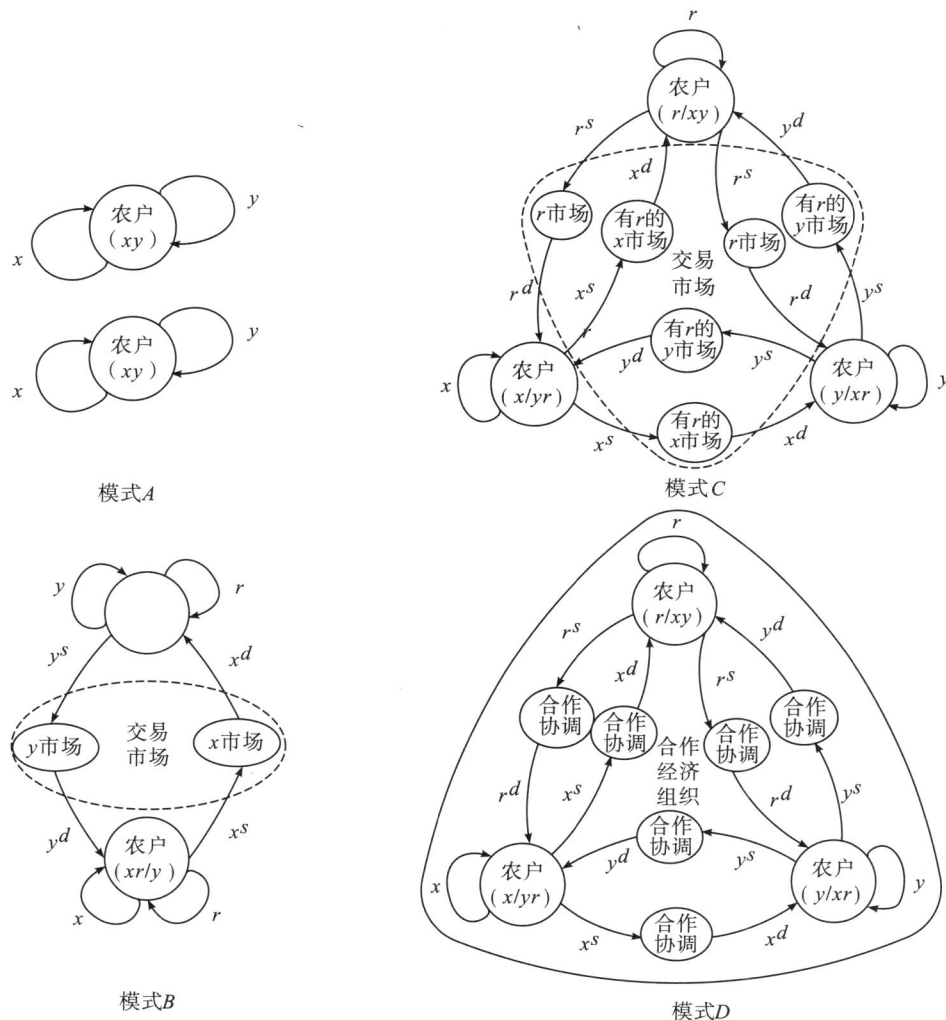

图 3-2　四种结构模式图

Fig. 3-2　Four Structure Modes

3. 模型的比较静态分析和相关命题

若要满足 $U_B^* > U_A^*$，则需要满足

$$4^{a-1}\left(\frac{1-2c}{3}\right)^{3a}k > \left(\frac{1-2c}{2}\right)^{2a} \tag{3.35a}$$

即需要满足

$$k > \frac{3^{3a}}{4^{2a-1}(1-2c)^a} \tag{3.35b}$$

若要满足 $U_C^* > U_B^* > U_A^*$，则需要满足

$$\frac{k^{\frac{4}{3}}(1-c)^{\frac{10a}{3}}\lambda^{\frac{2}{3}}}{36} > 4^{a-1}\left(\frac{1-2c}{3}\right)^{3a} k > \left(\frac{1-2c}{2}\right)^{2a} \tag{3.36a}$$

即需要满足

$$\lambda > \frac{6^3 4^{\frac{a-2}{2}}(1-2c)^{4a}}{3^{3a}(1-c)^{5a}} \tag{3.36b}$$

令

$$\frac{3^{3a}}{4^{2a-1}(1-2c)^a} = k_0 \tag{3.37a}$$

$$\frac{6^3 4^{\frac{a-2}{2}}(1-2c)^{4a}}{3^{3a}(1-c)^{5a}} = \lambda_0 \tag{3.37b}$$

若要满足 $U_D^* > U_C^* > U_B^* > U_A^*$，则需要满足

$$\frac{k'^{\frac{4}{3}}(1-c)^{\frac{10a}{3}}\lambda'^{\frac{2}{3}}}{36} > \frac{k^{\frac{4}{3}}(1-c)^{\frac{10a}{3}}\lambda^{\frac{2}{3}}}{36} > 4^{a-1}\left(\frac{1-2c}{3}\right)^{3a} k > \left(\frac{1-2c}{2}\right)^{2a} \tag{3.38}$$

即

$$k' > k > k_0, \quad \lambda' > \lambda > \lambda_0 \tag{3.39}$$

因此可以得到存在两种最终产品和交易服务时，农民合作经济组织产生的条件为

$$k' > k > \frac{3^{3a}}{4^{2a-1}(1-2c)^a} \tag{3.40a}$$

$$\lambda' > \lambda > \frac{6^3 4^{\frac{a-2}{2}}(1-2c)^{4a}}{3^{3a}(1-c)^{5a}} \tag{3.40b}$$

进一步分析分工演进和农民合作经济组织产生的临界值，可以得出

$$\frac{\partial k_0}{\partial a} < 0, \quad \frac{\partial k_0}{\partial c} > 0, \quad \frac{\partial \lambda_0}{\partial a} < 0, \quad \frac{\partial \lambda_0}{\partial c} > 0 \tag{3.41}$$

上式说明 a 越大，或者 c 越小，k_0 和 λ_0 越小，即满足 $k' > k > k_0$ 和 $\lambda' > \lambda > \lambda_0$ 条件的通过农民合作经济组织协调交易的分工演进的临界条件越低，这意味着农民合作经济组织越容易产生。因此可以得出以下命题。

命题 3：农产品交易效率以及交易服务的交易效率的提高是农产品生产和交易服务分工的必要条件；当市场方式组织农业分工的农产品交易效率和交易服务的交易效率高于农民合作经济组织协调农业分工的农产品交易效率和交易服务的交易效率时，农户通过市场参与农产品和交易服务分工；当农民合作经济组织对农业分工的协调效率高于市场交易效率时，农户通过农民合作经济组织参与农产品和交易服务分工。

命题 4：农户从事专业化生产所需的学习成本越低，或者农户的专业化经济程度越高，即农户的劳动力生产率随其专业化生产水平的增加而提高的程度越大，农户越容易通过农民合作经济组织参与农产品和交易服务分工。

命题5：当农产品交易效率足够大时，农户参与农业分工能够提高其效用水平；当交易服务的交易效率足够大时，交易服务的独立和专门化能够进一步提升参与农业分工农户的效用水平；当农民合作经济组织对农产品交易和交易服务的交易的协调效率更高时，农户通过农民合作经济组织协调交易能够达到更高的效用水平。

从以上三个命题可知：农民合作经济组织对农业分工的协调效率高于市场交易效率时，农民合作经济组织就会成为农户参与农业分工的必然选择；而在此条件下，农户专业化生产某种农产品或者专业化从事交易服务的提供所需的学习成本越低、专业化收益越高，农户越愿意选择通过农民合作经济组织参与农业分工；而当交易服务的交易效率提高到一定程度时，交易服务从农产品生产中分离出来，并能够进一步提高参与农业分工的农户能够获得的效用水平。

3.3 农民合作经济组织产生：分工和专业化视角的解释

上一节利用新兴古典经济学的超边际模型分析验证了交易效率对农民合作经济组织产生的决定性影响。本节基于上述研究结论进一步解释农民合作经济组织如何通过改善两个权衡来提高交易效率以促进农业分工和专业化发展。

3.3.1 帮助农户权衡分工与交易费用

分工必然产生交易，而交易必然会产生交易成本，如果参与分工的主体能够获取的分工收益在抵消交易成本之后还有剩余，分工才能得以不断演进，因此农户参与分工的决策首先需要在分工收益和交易费用之间进行权衡。而家庭生产方式下单个农户往往面临着交易费用过高的困境，因而，农民合作经济组织的产生旨在通过减少单个农户的交易成本而使农民获得更多分工净收益①，从而帮助单个农户更好地在分工和交易成本之间进行权衡。

1. 农业分工和农户的交易费用

有分工就必然存在交易和交易费用，而农业领域自然再生产和经济再生产相交织的属性以及家庭生产方式使得农业分工和农户的交易费用相对于工业领域而言，联系更加紧密、关系更加特殊。

首先，农业领域的分工对交易的依赖性更强，尤其是农业生产环节的分工对交易的依赖和需求程度最大。农业生产过程是自然再生产和经济再生产相交织的特殊生产过程。其自然再生产是生物有机体同自然环境之间进行物质能量交换、转化和循环的过程，而且是周而复始、不断重复和更新的过程。在这个过程中，动物和植物等生物有机

---

① 分工净收益指参与分工的主体所能获取的分工收益减去参与分工所需要支付的交易成本之后的净收益。

体既有自身生长发育，又有生殖繁衍后代，不断再生出后代的重复和更新进化。而其经济再生产即人们按照既定目的，有意识地适应自然环境，并且有意识地驯化、培育和繁殖植物和动物，增加其产量和改善其品质的过程，既包括农产品的直接生产过程，还包括相应的农产品加工、运输、销售、分配、消费等一系列的经济活动过程（丁泽霁，2002）。如整个农业生产过程包括育种、春耕、播种、中耕、除草、施肥、灌溉、收割、运输、存储、加工、销售等多个环节，这些环节虽然可以在一定程度上分化，但难以像工业生产过程那样从时间、空间上完全分割开来。因此农户在参与农业生产过程的不同环节分工时，对交易的依赖更大。这里我们设定参与农业生产过程不同环节分工的农户即不同环节的专业生产者。如从事春耕环节的专业生产者必须在春耕之前通过交易方式从专业从事育种环节的专业生产者处获得合适的农作物种子，否则会耽误整个生产周期。而从事播种环节的专业生产者必须在春耕环节专业生产者完成工作之后的有限时间内完成播种环节。而仅有春耕环节或仅有播种环节是不可能生产出农产品的。因而这些农业生产环节在时间和空间上不能完全分割开来，并对交易有很大的依赖性。

其次，农业分工使农户的交易费用大幅度增加。既然农业领域中分工和交易如此紧密相依，而在交易过程中必然形成一系列的交易费用。于是农户为了参与分工从而获得分工收益，就必须承担分工带来的交易费用。农业分工会从三个方面增加农户的交易费用：一是交易频率高。当农户单独从事全部农业生产过程时，不需要交易即可完成农产品生产，也不存在任何由分工所产生的交易费用。而随着农业分工的产生，农户只从事整个农业生产过程中的某种（或某几种）特定的农业生产环节的生产活动，因此从事不同农业生产环节生产活动的专业生产者需要进行交易并进行协调才能完成农产品的生产。而随着农业分工越深入，农业生产环节的划分越细，所需要的交易次数就越多，而根据"总交易费用＝单次交易费用×交易次数"，即交易频率越高，总交易费用越高。二是资产专用性强。资产专用性（asset specificity）是指被特定的人拥有并用于特定用途的资产可以被改变为其他用途的程度或者被其他人使用所失去的价值。随着农户逐渐参与农业分工，为了获得更多分工优势，单个农户都会逐渐通过不断重复和积累增加其分工领域内的专业技能，并逐渐在其分工领域内进行专门化的投资，从而形成较强的资产专用性。如农民在牲畜、机械、手工技能等方面做了大量的专用性投资。而资产专用性越强其转换活动种类的成本就越高，因此交易成本就越高。三是交易的不确定性大。威廉姆森（Williamson，1985）认为交易具有异质性和多样性，异质性主要由不确定性、交易发生的频数、资产专用性程度所组成，当交易资产专用性程度较低时，可以通过市场合约联结生产的各个工艺阶段。单个农户通过市场自发进行分工，其效率是很低的，而且单个农户之间进行的交易具有很大的不确定性。一方面，单个农户在整个交易市场上寻找交易伙伴是随机的，因此交易的发生也具有一定的偶然性；另一方面，为了在交易中获得更多收益，农户通常都会有较强的机会主义行为，从而导致其交易成本较高。

第三，家庭生产方式下，单个农户很难承担因参与分工而产生的高额交易费用。一是家庭生产方式下单个农户难以承担高额的贸易伙伴搜寻成本。单个农户的信息获取和加工处理能力有限，往往难以承担搜寻交易品价格、供求状况、交易伙伴资信状况等信息的成本。二是家庭生产方式下单个农户在进行交易时难以承担对交易物品进行质量检验和辨析的费用。如和种子、化肥等生产资料专业生产者进行交易时，单个农户可能难以辨析种子和化肥的质量，也无力承担高额的检验费用。三是家庭生产方式下单个农户在进行交易时没有谈判优势，难以承担保证交易成功所需的谈判、执行、监督等费用。单个分散的农户面对企业（或专业市场）等强大的谈判对手往往处于弱势地位，成为被要挟的对象；而交易达成后的执行和监督成本也使单个农户难以承担。

2. 农民合作经济组织的作用

农户是否参与农业分工的决策会取决于他从农业分工中所获得的收益在抵消这些交易成本之后的剩余。

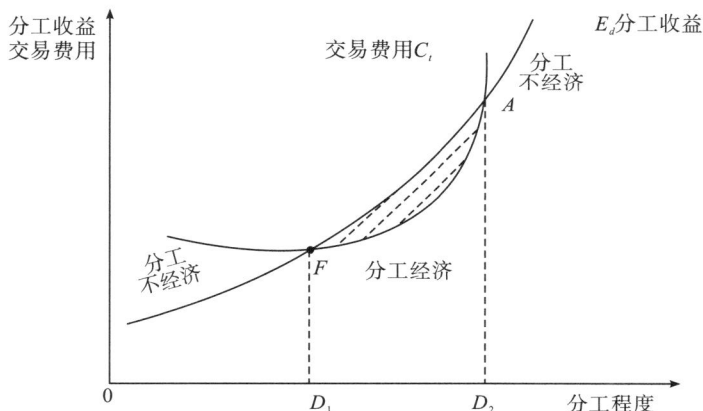

图 3-3 农户在分工和交易成本之间的权衡

Fig. 3-3 Balance between Labor Division and Transaction Cost

可以通过图 3-3 来描述农户在家庭生产方式下在分工和交易费用之间进行的权衡。如图 3-3 所示，横轴表示分工程度，纵轴表示分工收益（E_d）和交易费用（C_t）。曲线 E_d 是分工收益曲线，表示随着分工程度的增加（或者分工的演进），农户通过参与分工而获得收益会逐渐增加；曲线 C_t 是交易费用曲线，表示随着分工程度的增加（或者分工的演进），由分工所带来的交易费用也会相应增加。但这两者的变化速率有一定的差异，当分工逐渐加深时，交易费用增加的速度会越来越大于分工收益增加的速度。从图中可以得知，当分工程度较低，即小于 D_1 时，农业生产效率相对低下，分工带来的收益不足以弥补交易费用，即图中 F 点左边所示的"分工不经济"① 的情形出现，农户更倾向于

① 这里的"分工经济"是指分工收益大于分工成本，"分工不经济"是指分工收益小于分工成本。

自给自足的生产，参与分工的积极性并不高。随着分工的演进导致农业生产效率的不断提高，农户参与分工所获得收益在抵消交易费用之后还有剩余，即图中 F 点到 A 点之间的"分工经济"的情形出现，此时农户会越来越倾向于参与分工获得更多分工收益，分工由此得到进一步发展和演进。但随着分工程度的逐渐提高，当大于 D_2 时，交易费用再次超出了分工收益，而出现"分工不经济"的情形。因而在这一过程中体现出来的净经济效益及分工经济，即图 3-2 中 F 点到 A 点之间曲线 E_d 和曲线 C_t 所夹的面积，此时理性的农户会选择参与农业分工，从而获得分工净收益。相反，F 点左边和 A 点右边的部分体现出来的是分工不经济的过程，而在这个过程中，理性的农户往往会选择自给自足的生产，从而避免分工不经济带来的损失。而 F 点和 A 点是农户是否参与分工的转折点，也是农户在分工和交易费用之间进行权衡的一个权衡点。

农民合作经济组织的产生可以帮助农户更好地在分工与交易费用之间进行权衡。农民经济组织通过农户之间的互惠合作使农户联合起来，成为有力的抗衡力量，能够有效降低单个农户的交易费用，并促进农业分工的进一步深化，提高农户的分工收益。当然，农民合作经济组织的自身运行也会存在一定的成本。当农户参与分工所获得的分工收益在抵消交易成本之后的剩余超过农民合作经济组织自身运行的成本，即分工经济大于组织成本时，农民合作经济组织就会产生。

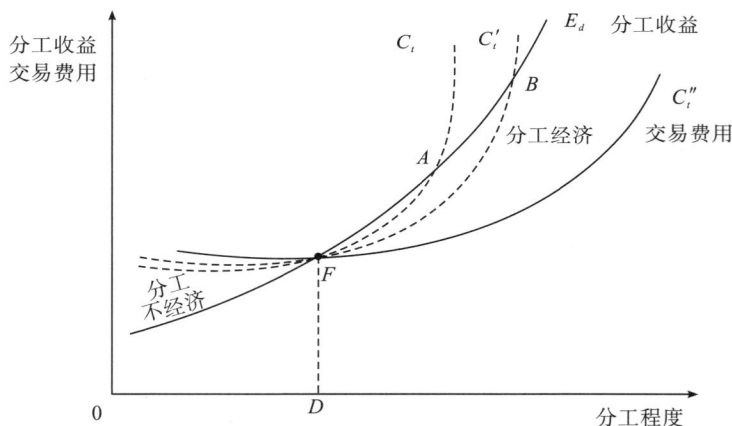

图 3-4　农民合作经济组织帮助农户改善分工和交易成本之间的权衡

Fig. 3-4　Organization Improve the Balance between Labor Division and Transaction Cost

根据图 3-3 的分析，家庭生产方式下，农户会在分工和交易费用之间进行权衡。但是，单靠农户自发借助市场组织分工的效率是很低的，农户获得的分工净收益也较低。这是因为农户家庭承受的交易成本限制了其获取分工经济的范围和能力，也导致了家庭的权衡范围很窄。而农民合作经济组织的产生能够帮助农户进行有效的分工，并帮助单个农户降低交易费用，从而获得更多分工净收益。因此从图 3-4 中可以看到，随着农民合作经济组织的产生，农户组织化程度逐渐提高，交易费用曲线由原来的 C_t 逐渐移动

到 C'_t ，甚至移动到 C'' ，这意味着交易费用随着分工程度的提高而增加的速率逐渐放缓，原来的分工经济范围从 F 点到 A 点之间曲线 C_t 和曲线 E_d 所夹的区域逐渐扩大到 F 点到 B 点之间曲线 C'_t 和曲线 E_d 所夹的区域，甚至扩大到 F 点右边曲线 C'' 和曲线 E_d 所夹的更大区域。同理，农民合作经济组织的产生也能够使分工收益曲线 E_d 逐渐移动，使分工收益增加的速率越来越快，这也会使原来的分工经济范围逐渐增加①。因此农民合作经济组织的产生能够扩大分工经济范围，帮助农户在分工收益和交易费用之间进行有效权衡。这意味着农民合作经济组织的产生改善了农户在分工和交易费用之间的权衡，并且帮助农户能够获得更多分工所带来的净收益，体现出更多的分工经济。

3.3.2 帮助农户权衡专业化与家庭安全

专业化必然带来专业化风险，如果从事专业化生产的主体能够获取的专业化经济收益在抵消专业化风险带来的损失之后还有剩余，专业化才能得以发展，因此农户从事农业专业化生产的决策首先需要在专业化和家庭安全之间进行权衡。而家庭生产方式下单个农户往往面临着专业化风险过高威胁到其家庭生计安全的困境，因而，农民合作经济组织的产生旨在通过提高单个农户的风险规避能力、降低单个农户的专业化风险而使农户获得更多专业化净收益②，从而帮助单个农户更好地在专业化和家庭安全之间进行权衡。

1. 农户风险规避理论

传统观点认为：我国农户由于传统或者历史的原因，其行为应该是"风险规避型"的或者是"安全第一型"的，"生存伦理"和"安全第一"才是农民社会行动的基本原则。罗马塞特（Roumasset，1976）认为农民是风险规避者，农民的经济行为遵守"安全第一的拇指规则"（safety first rules of thumb）。埃利斯（Ellis，1988）也提出"安全第一"理论来阐述农民的经济行为，其主要观点是农户受到高度不确定性和诸多限制条件的约束，因此多数农户属于风险规避型，他们的行为遵循"安全第一的拇指规则"。安全第一规则假设个体的目标是在某种最低生活水平下将收入下降的概率最小化。斯科特（Scott，1976）也认为小农经济行为的主导动机是避免风险、安全第一，在同一共同体中，尊重人人都有维持生计的基本权利的道德观念，以及主客间的互惠关系等。

2. 农户的专业化和家庭安全

农户是生产和消费的统一体，农户追求的目标通常是在保障家庭安全前提下的期望效用最大化。农户的家庭安全即对农户家庭风险的规避。而农户家庭风险主要来自于农

---

① 为了保持图 3-4 的简洁性，未在图中标明分工收益曲线 E_d 的变动，在此仅做出解释。
② 专业化净收益指从事专业化生产的主体所能获取的专业化经济收益减去从事专业化生产所带来的风险损失之后的净收益。

户家庭成员健康风险、自然风险、市场风险、政策风险、社会风险等（Eillis，1988）。农户家庭成员健康风险是指农户家庭成员的疾病、伤害、残疾、老龄、死亡等原因所产生的风险。自然风险是指农业生产活动受自然条件、气候条件、瘟疫、疾病等的影响而面临的风险，包括水涝干旱、冰雹、暴风、地震、病虫害，以及自然资源破坏、环境污染等。这些不利条件往往可以从播种到收割的各个阶段都影响农民的生产决策。如专业种植水稻的农户，往往会面临干旱、水稻病虫害等自然风险，从而影响农户对其水稻种植的数量、品质、要素投入等相关决策。市场风险是指价格波动和市场信息不完全造成的风险。农民从做出种植或饲养牲畜的决策到获得农产品之间有一段很长的时期，这意味着农民做出决策时，并不知道销售时的产品市场价格。根据蛛网模型也可以得出，农业生产周期长，农产品价格波动频繁，且幅度大，加上市场不成熟导致市场信息匮乏，农民也有可能面临区域垄断的风险，因此市场风险很高。政策风险是指由于农业政策变动所带来的风险。由于政府对农户生活和农业生产干预多，政策经常变化，对农户的生产经营也会带来一定的风险。社会风险包括犯罪、社会冲突、暴力、战争等产生的风险。

而农户从事农业专业化生产不仅使家庭面临的风险概率增加，还会减少其从多样化生产中分担风险的能力和机会。一方面专业化使家庭风险发生的概率大大增加。因为专业化的生产对交易和协调的依赖更大，一旦交易和协调失败，必然造成损失。对农户家庭而言，专业化的风险不仅仅是收入或利润的下降，更重要的是家庭成员的生存受到威胁。如农户专业从事水稻播种这一农业生产环节，则需要对播种环节之前的育种环节、之后的中耕、锄草、收割等环节的专业农户进行有效协调，一旦协调失败，该农户就会完全丧失这一周期水稻生产的全部收益，造成生存威胁。再比如，农户专业种植水稻，往往会面临干旱、水稻病虫害等自然风险，水稻的市场供给和需求波动所导致的市场风险和价格风险，专业化生产对交易的依赖导致的寻找交易对手和交易失败的风险等。而这些风险的集中爆发会使天性脆弱的小农生产者无力承担，甚至面临生存困难。而农户通过多样化的生产能够满足自身消费需要，不需要进行交易和协调，家庭安全风险发生的概率则会大大降低。另一方面专业化使农户家庭失去了规避与分担风险的屏障与机制，大大降低了农户承受风险的能力。而在专业化程度较低甚至自给自足的条件下，单个农户从事多样化的农业生产能够增强抵御农户上述各种风险的能力。如农户从事水稻种植的全部生产环节，则降低了水稻种植生产环节分工协调的风险。农户种植水稻、蔬菜、棉花等多种农产品则能削弱单一农产品价格波动、供求变化造成的单一农产品损失对该农户的冲击。

3. 农民合作经济组织的作用

根据风险分散的原理，农民应该从事多样化的生产，因此农户从事专业化生产会增加其专业化风险，或者降低其抗风险能力。因此农户从事专业化农业生产所获得的收益在抵消其承担的专业化风险之后剩余的多少会影响农户选择是否从事专业化农业生产，或者从事多大程度的专业化农业生产的决策。而家庭生产方式决定了单个农户的抗风险能力低，因此农户在家庭安全的考虑之下往往会更倾向于自给自足的农业生产而不是专业化的农业生产。

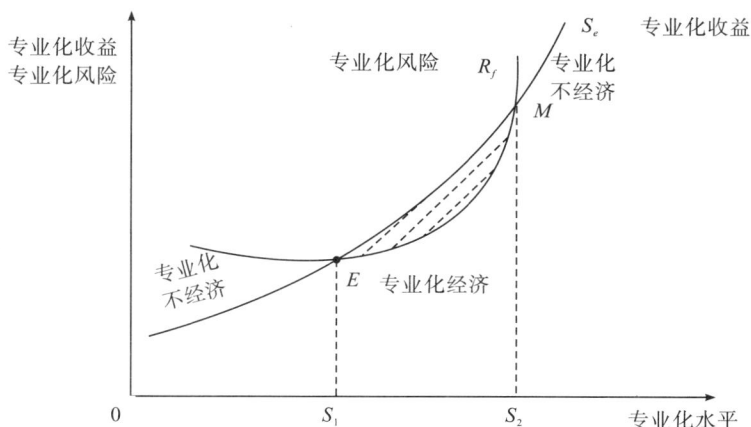

图 3-5   农户在专业化和家庭安全之间的权衡

Fig. 3-5   Balance between Specialization and Family Safety

我们同样可以通过图 3-5 来描述农户在家庭生产方式下在专业化和家庭安全之间进行的权衡。如图 3-5 所示，横轴表示专业化水平，纵轴表示专业化收益和专业化风险。曲线 S_e 是专业化收益曲线，表示随着专业化水平的增进，农户通过专业化生产而获得的收益会逐渐增加；曲线 R_f 是专业化风险曲线，表示随着专业化水平的增进由专业化生产所带来的专业化风险也会相应增加。但这两者的变化速率有一定的差异，当专业化水平逐渐提升时，专业化风险增加的速度会越来越大于专业化收益增加的速度。从图中可以得知，当专业化水平较低，即小于 S_1 时，农业产出效率相对低下，专业化经济收益不足以弥补专业化风险带来的损失，即图中 E 点左边所示的"专业化不经济"的情形出现①，农户更倾向于进行多样化的生产，从事农业专业化生产的积极性并不高。随着专业化水平的不断提升，农业产出效率也随之不断提高，农户从事专业化的生产所获得的专业化经济收益在抵消专业化风险带来的损失之后还有剩余，即图中 E 点到 M 点之间的"专业化经济"的情形出现，此时农户会越来越倾向于从事专业化生产从而获得更多专业化经济收益，农业专业化由此得到进一步发展。但随着专业化水平的逐渐提升，当大于 S_2 时，专业化风险再次超出了专业化收益，而出现"专业化不经济"的情形。因而在这一过程中体现出来的净经济效益及专业化经济效益，即图中 E 点到 M 点

————————————

① 这里的"专业化经济"是指专业化收益大于专业化成本，"专业化不经济"是指专业化收益小于专业化成本。

之间曲线 S_e 和曲线 R_f 所夹的面积，此时理性的农户会选择从事专业化的生产，从而获得专业化经济净收益。相反，E 点左边和 M 点右边的部分体现出来的是专业化不经济的过程，而在这个过程中，理性的农户往往会选择多样化的生产，从而避免专业化不经济带来的损失。而 E 点和 M 点是农户是否从事专业化生产的转折点，也是农户在专业化和家庭安全之间进行权衡的一个权衡点。

农民合作经济组织可以帮助农户在专业化与家庭安全之间进行更好的权衡。一方面，农户在农民合作经济组织的帮助下可以更有效并迅速地提高专业化技能和水平，从而提高抗风险能力。另一方面，农民合作经济组织也可以帮助单个农户降低专业化风险，更有效地保障家庭安全。当然，农民合作经济组织的自身运行也会存在一定的成本。当农户从事专业化生产所获得的专业化收益在抵消承担专业化风险所受的损失之后的剩余超过农民合作经济组织自身运行的成本，即专业化化经济大于组织成本时，农民合作经济组织就会产生。

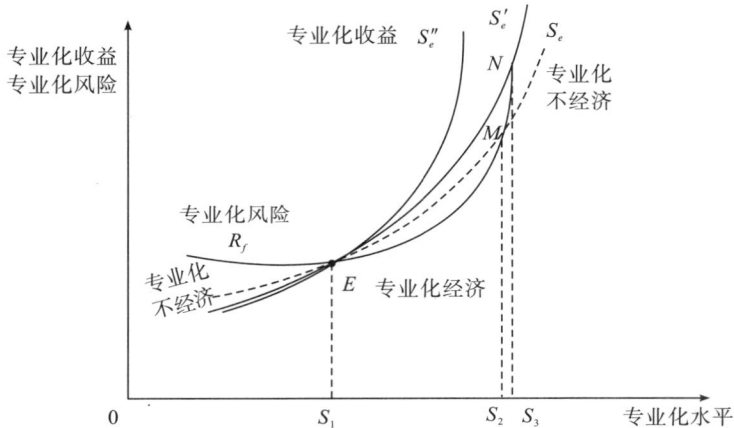

图 3-6　农民合作经济组织帮助农户改善专业化和家庭安全之间的权衡

Fig. 3-6　Organization Improve Balance between Specialization and Family Safety

同样根据前图 3-5 的分析，按照奥尔森的团队总产出大于团队成员分别产出之和的观点，农民合作经济组织的产生能够提高单个农户的专业化生产所带来的收益。而且农民合作经济组织也能够帮助单个农户降低专业化风险，或者提高单个农户的抗风险能力，从而保障其家庭安全。因此从图 3-6 中可以看到，随着农民合作经济组织的产生，农户组织化程度逐渐提高，专业化收益曲线由原来的 S_e 逐渐移动到 S_e'，甚至移动到 S_e''，这意味着由于农民合作经济组织的出现，专业化收益随着专业化水平的提升而增加的速率逐渐加快，原来的专业化经济范围从 E 点到 M 点之间曲线 R_f 和曲线 S_e 所夹的区域逐渐扩大到 F 点到 N 点之间曲线 R_f 和曲线 S_e' 所夹的区域，甚至扩大到 F 点右边曲线 R_f 和曲线 S_e'' 所夹的更大区域。同理，农民合作经济组织的产生也能够使专业化风险曲线 R_f 逐渐移动，使专业化风险增加的速率逐渐放缓，这也会使原来的专业化经济范围逐渐增加①。因此农民合作经济组织的产生能够扩大专业化经济范围，帮助农户在专业化经济和家庭安全之间进行有效权衡。这意味着农民合作经济组织的产生改善了农户在专业化和家庭安全之间的权衡，并且帮助农户能够获得更多专业化所带来的收益，体现出更多的专业化经济。

3.4 不同分工组织方式的比较：农民合作经济组织产生的必然性

前文通过分析家庭生产方式下农民合作经济组织能够帮助单个农户更有效地进行两个权衡，从而提高交易效率，使农户能够获取更多分工净收益，解释了农民合作经济组织产生的必要性；本节通过比较不同农业分工组织方式的优劣，分析农民合作经济组织为何是家庭生产方式下协调农业分工的最优选择，来解释农民合作经济组织产生的必然性。

3.4.1 农业分工组织方式的内涵

分工组织方式是指组织和协调分工的方法和模式。马克思曾强调了分工的两种不同协调形式，即市场和企业。而目前学界普遍认为工业和服务业领域现有的分工组织方式包括市场、企业和介于二者之间的中间性组织等三种方式，而中间性组织则包括企业联盟等网络组织以及有市场的组织、有组织的市场等具体形式。

农业分工组织方式是指在农业领域内组织和协调分工的方法和模式。本书界定农业领域介于市场和企业之间的中间性组织包括订单方式和合作方式两种。因此本节主要探讨市场方式、企业方式、订单方式、合作方式四种分工组织方式的特点和优劣，以探寻适合农业分工发展的最优组织方式。

这四种农业分工组织方式的关系可以在图 3-7 中得到比较直观的解释。不同分工组织方式下分工净收益都会随着分工水平的提高而增加，其中，R_m 是指以市场作为分工组织方式时的分工净收益曲线，R_o 是指以中间性组织作为分工组织方式时的分工净收益曲线，R_f 是指以企业作为分工组织方式时的分工净收益曲线。当分工水平在 0 到 D_1 之间时，$R_m > R_o > R_f$，即市场方式组织分工所获得的分工净收益最大，这意味着市场方式是最有效的分工组织方式；当分工水平大于 D_3 时，$R_f > R_o > R_m$，即企业方式组织分工所获得的分工净收益最大，这意味着企业是最有效的分工组织方式；当分工水平在 D_1 到 D_2 之间时，$R_o > R_m > R_f$，即中间性组织作为分工组织方式时的分工净收益最大，而市场方式组织分工的分工净收益大于企业方式，这意味着中间性组织中订单方式是最

---

① 为了保持图 3-5 的简洁性，未在图中标明专业化风险曲线 R_f 的变动，在此仅做出解释。

有效的分工组织方式；当分工水平在 D_2 到 D_3 之间时，$R_o > R_f > R_m$，即中间性组织作为分工组织方式时的分工净收益最大，而企业方式组织分工的分工净收益大于市场方式，这意味着中间性组织中合作方式是最有效的分工组织方式[1]。

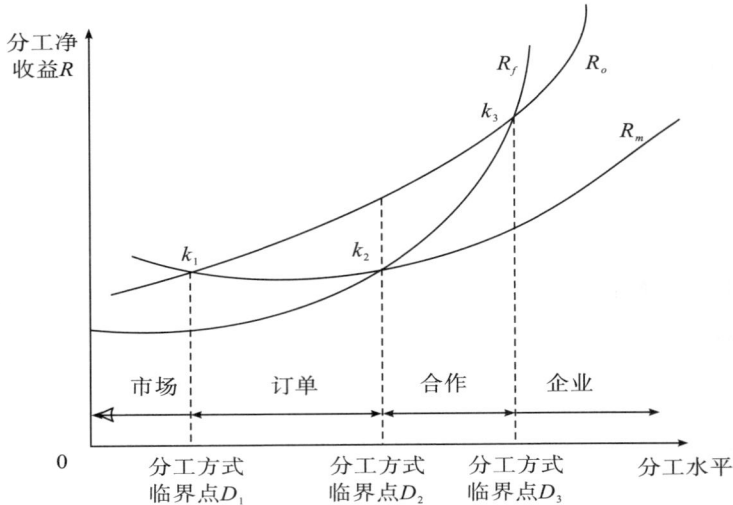

图 3-7　不同分工组织方式的划分

Fig. 3-7　Different Organizing Pattern of Labor Division

3.4.2　市场方式组织分工的特点：价格机制

市场是组织分工的最基本方式，主要通过价格机制的作用进行分工协调。市场通过供求规律和"看不见的手"来配置资源，并通过价格机制来组织分工，并减少内生交易费用，其前提条件是市场中的交通成本、信息沟通成本等交易成本较低。市场通过建立信誉而节省内生交易费用（罗必良等，2002）；市场上的多边议价会形成非人格市价，即价格在市场上对任何人都是一样的，就可以减少机会主义行为产生的内生交易费用，从而大大节约内生交易费用和信息费用（杨小凯，张永生，2003）。但市场组织分工还有一定的局限性。在理想市场，价格包含了交易所需的所有信息，是一个"充足的决定指标"（sufficient statistic）（哈耶克，1991）。但通常情况下使用价格体系是存在成本的，如寻找价格信息需要花费大量的时间成本，交易合同的制定成本也很高，通过市场交换实现协调一致的成本也很高，而这些"通过价格机制组织生产的最明显的成本，即所有发现相对价格的成本"即交易费用（科斯，1937）。价格机制运行成本构成交易成本的一

---

①　此图旨在直观表现不同分工方式之间的划分。随着分工水平的不断提高，不同的分工组织方式不断出现，但也会出现几种分工组织方式相互结合的状况。而企业是否是分工组织方式的最终形式，现在还并无定论，从发达国家的经验来看，合作组织形式是目前比较适合农业分工发展的形式，也有部分合作组织逐渐发展成为投资者所有企业。

个重要部分。揭示价格的成本包括分类成本、度量成本、分担风险的成本、揭示交易对象信息的资信分辨成本、说服成本（如广告）等。因此市场组织分工的特点在于：其作用方式是通过价格机制，其优势在于在一定程度上节约交易费用，其缺陷在于产生市场成本[①]。

在农业领域也可以用市场方式组织分工，但是家庭生产方式下单个农户仅通过市场组织农业分工还存在一些缺陷，主要包括以下四个方面。

（1）农产品短期内集中上市所造成的市场剧烈波动，以及生物生长发育过程的限制使农户的供给反应远远滞后于价格信号所造成的蛛网波动，导致农户面临较高的市场风险，而单个农户的风险承受能力有限，从而限制农业分工。

（2）仅通过市场组织分工会使参与农业分工的单个农户面临高额的考核成本，如农产品的生命属性导致考核农产品品质的成本较高、农业劳动难以监督和计量导致考核农业劳动力投入的成本较高等，导致农户参与农户分工获得的分工收益难以补偿这些高额的考核成本，从而限制农业分工。

（3）仅通过市场组织分工会产生较高的协调费用，而单个农户难以承担这些高额的协调费用，从而限制农业分工。农业生产过程也是动植物有机体的生命过程，有一定的季节性、周期性参与农业生产环节分工的农户需要在不同的农业生产环节中相互协调，不能出一点差错，否则不能保证动植物有机体的完整生命过程的完成，也就无法实现农产品的产出。而单个农户仅靠市场手段来进行这些生产环节的协调成本是相当高的，往往超出了单个农户家庭所能承受的能力范围。

（4）仅通过市场组织分工会产生较高的交易费用，而单个分散农户往往难以承担这些高额的交易费用，往往会产生进行自给自足的农业生产的倾向。仅通过市场组织分工会从三个方面产生较高的交易费用：一是由于农产品的同质性较强导致市场竞争严重，市场的不确定性增大，从而产生较高的交易费用。二是交易频率过高而产生较高的交易费用。三是仅通过市场组织分工会使参与农业分工的单个农户更容易面临机会主义行为的威胁，从而产生较高的交易费用。农业分工依赖于交易和协作，如果参与农业分工的单个农户仅靠市场方式进行交易和协作，无法准确知道随机选择的交易伙伴或协作对象的完全信息，容易遭受其机会主义行为带来损失。

3.4.3　企业方式组织分工的特点：权威命令

企业通过科层等级和权威命令来进行分工协调，是工业和服务业领域的一种重要的

---

① 杨小凯和黄有光的间接定价理论分析了市场和企业两种分工组织方式对分工的影响。他们认为企业与市场是两种不同的剩余收入索取权结构，市场中的剩余索取权由经济个体平等分享，而企业中的经济个体之间的索取权是不对称分布的。在企业存在的情况下，这种非对称的剩余索取权结构能够用于改进交易的效率、降低交易成本，并排除直接定价活动，促进分工的发展。

组织分工方式。当市场价格机制协调分工失灵时，可以通过企业来协调分工，以减少交易成本。即将不同的生产环节纳入到同一个企业内，权威命令成为协调分工的主要机制。道（Dow，1994）认为权威是一个或多个下属的行动受一个共同上级的指令控制的资源配置模式。使用价格体系是存在成本的，包括寻找价格信息和起草合同等成本。而价格无法包含所有信息，组织比市场更适合解决某些信息问题。如由信息不对称带来的隐藏信息（逆向选择），隐藏行为（道德风险）等问题。科斯（Coase，1937）认为由分工引致交易成本的增加所产生的经济组织，主要是通过要素市场代替产品市场，并将等级关系代替交换关系，其本质是权力。马克思、恩格斯从生产过程分工协作角度论述雇佣劳动时指出，不同职能的个体劳动统一结合体的实践表现为资本家的权威。威廉姆森（Williamson，1975，1985，1994）认为按条令做出的决策（decision by fiat）是科层制经济组织对于市场交易比较优势的主要来源。企业的产生是源自于劳动交易费用低于产品交易费用。因而企业可以节约市场运行成本，从而成为组织分工的一种有效补充方式。因此企业组织分工的特点在于：其作用方式是权威命令，其优势作用是节约交易费用，节约市场运行成本，其缺陷是产生企业内部管理成本。

　　而农业领域无法大量使用企业方式组织分工，其原因在于：一是农业生产的对象是生物有机体，具有生命特征，需要长期照料，无法在企业中实现整个生产过程；二是农业生物的生长发育及其生态环境的变迁是非标准化的，需要生产者根据生物生长环境的改变随时随地观察、照料农业生物的生命过程，因此农业生产无法像工业那样采取大规模、标准化的生产管理模式；三是农业作业不像工业作业那样容易按照标准的条款进行计量、评判，因而对农业劳动的监督、考核成本很高。

3.4.4　订单方式组织分工的特点：契约诱导

　　订单方式是农业分工组织方式中的一种中间性组织方式，通过签订契约的方式把农户和企业（或市场）联系起来。如以"专业市场＋农户"形式为代表的市场交易型订单农业模式，以"公司＋农户""公司＋基地＋农户""公司＋基地＋大户＋农户""公司＋基地＋经纪人＋农户"等形式为代表的互惠契约型订单农业模式等。在市场交易型订单农业模式中，专业市场具有较强的价格发现功能，是产品、价格、信息、新品种、新技术的中心，与其周边的农户存在一个稳定的隐性契约，比单纯的农户随机性交易更具有可靠性。专业市场给农户提供相对集中的交易场所，能够帮助农户节约部分信息搜集、交易对手搜寻的成本。但农户也需要交纳一定的市场管理费、清洁费、市场信息费等，因此增加了一部分成本；而且由于这种模式信息传递相对滞后，使农户也面临着巨大的市场风险。因此农户进行农业专业化生产的激励较小，往往还需要从事多样化生产来降低市场风险。而互惠契约型订单农业模式主要是通过农户和企业之间的契约安排规定产品的生产数量、价格、质量、交易时间以及各方在产品生产过程中的责任与义务等。通过商品契约形式实现龙头企业与农户之间的有效连接。商品契约的稳定性主要是通过专用性投资和市场在确保履约方面的作用来实现。当然，由于"公司＋农户"组织中两类主体之间缺乏利益协调机制和约束机制，往往会表现出折扣违约、无制裁违约和农业组织空位等制度性缺陷。除此以外，由于公司和农户是利益分配的两个主体，但公司的力量远远大于农户，农户没有讨价还价的能力，公司往往在追求利润最大化的过程中忽略了农民的利益，导致农户谈判能力低，交易价格难以保障，因此容易造成信息失灵导致市场失灵。

因此订单方式组织分工的特点在于：其作用方式是契约诱导；其优势作用是在一定程度上节约交易费用，节约市场运行成本；其缺陷是产生较高的协调成本，而且订单方式更容易产生机会主义风险，严重影响订单的稳定性。

3.4.5　合作方式组织分工的特点：合作协调

农业的生命特性决定了农业生产的自然再生产和经济再生产相交织的过程，因此农业的各个生产环节无法完全分割开来，农业领域的分工方式也无法完全用权威命令来完成，因而以合作方式为基础的农民合作经济组织具有协调农业分工的特殊优势。

市场分工的不完备性是指给定一个市场分工体系，至少存在一种经济活动没有被纳入该分工体系。其原因在于信息不完全、不对称和人的自利性（罗必良等，2002）。农业的特殊性决定了农业分工和交易的协调无法像企业那样用权威命令来实现，比较有效的方式即建立在合作的基础之上的农民合作经济组织。根据威廉姆森的观点，资产专用性、不确定性（或复杂性）和交易频率越高，通过市场进行交易的成本就越高。因此，资产专用性、不确定性（或复杂性）和交易频率高的交易倾向于在组织内而不是通过市场进行交易（Douma，Schreuder 2002）。交易成本经济学忽略了信任的作用，而以合作为基础的农民合作经济组织则是建立在信任的基础之上的。因此农民合作经济组织是对市场分工不完备的补充，通过有效解决信息不完全、不对称、人的自利性等问题节约交易费用，同时又是适合农业生产本身生命特性的有效分工组织方式。农民合作经济组织可以通过多种方式来处理农业生产经营中的不确定性，如等级权威、弹性定价、风险分担等（徐旭初，2005）。它既不同于市场分工组织方式中为了一次交易活动所进行的议价，也不同于企业分工组织方式中通过产权关系所取得的权威力量。它是在一定的条件下，农户在长期的分工与协作中不断重复博弈，而形成的一套关联各方可以预期的博弈规则，有效降低了交易成本。

因此合作方式组织分工的特点，也就是农民合作经济组织的优势在于：其作用方式为信任和合作，其优势在于不仅可以有效降低交易成本和市场成本，所产生的协调成本并不会高于企业方式所产生的内部管理成本，更适合农业生产的特点，是农业领域最合适的分工组织方式。

3.4.6　农民合作经济组织协调分工的优势

阿罗(Arrow，1974)和威廉姆森(Williamson，1975)认为，组织在处理复杂和不确定的经济交易时优于市场，这是因为在某种程度上组织降低了交易成本。按照威廉姆森的观点，当交易频率和资产专用性都比较高时，最合适的契约方式是一体化契约方式。农户参与分工并进行专业化生产以适应社会化大生产的需要，必然产生较高的交易频率和资产专用性。在工业领域里一体化的契约方式通常是企业方式，而在农业领域内更恰当的一体化契约方式即农民合作经济组织形式。这是因为农业领域内通过农民合作经济组织协调分工相对于市场、订单、企业协调分工的方式有更多的优势。

与市场协调分工的方式相比，组织内部的交易并不是完全按照价格机制、供求机制和竞争机制进行的，交易各方之间的契约关系不是短期的，而是长期和多样化的。而农民合作经济组织和订单农业方式相比，不仅组织化程度明显提高，而且让渡了部分产权，这是合作的本质。与企业协调分工的方式相比，参与分工的各经济主体并没有丧失其原有的独立性，还有相当大的剩余控制权和剩余索取权，并且进入或退出这些组织完全遵循自愿的原则。企业方式协调分工时，企业主具有剩余索取权，农民只能获得劳动工资。而农民合作经济组织协调分工时，农民具有剩余索取权，负责管理照料整个农业生产全过程，享受农民合作经济组织提供的一系列生产经营服务，能够获得最大化专业经济收益。当农民合作经济组织成员之间出现冲突或纠纷时，他们通常不会像市场交易那样必须提交法庭解决，也不会像企业那样采取行政命令，而是通过组织内部的机制进行协调和裁决。Bachev(2004，2008)认为农民合作经济组织通过节约交易成本促进农业专业化。正如科斯所认为的"企业是对价格机制市场的替代"那样，农业中的联合与合作行为也可以实现通过专业合作经济组织所进行的大量的对外部市场交易的替代。所以，可以认为，农民专业合作经济组织的经济本质就在于它是对单个农户各自独立面对市场时的交易行为的大量替代，以节约交易费用(徐旭初，2005)。徐金海(2002)也认为单个农户的"小生产"与整体"大市场"之间缺乏专业化分工的有效交易协调机制，新型农民合作经济组织有利于降低农业产业专业化分工进程中的内生和外生交易费用，是一种有效的交易协调机制。

因此农民合作经济组织是现阶段家庭生产方式下农业领域最合适的分工组织方式，具有比市场方式、订单方式、企业方式更为明显的优势，具体表现在以下四个方面。

(1)农业领域无法用企业方式实现分工协调。农业生产的对象是有生命活力的生物有机体，而生物有机体的生命过程是连续的，因而农业的自然再生产特性决定了农业分工不会像非农分工那样彻底；而农业生产管理不适合采用工业那样的大规模、标准化的模式，因为农业生物的生长发育及其生态环境的变迁是非标准化的，需要生产者根据生物生长环境的改变随时随地观察、照料农业生物的生命过程；而且农业作业不像工业作业那样容易按照标准的条款进行计量、评判，因而对农业劳动的监督、考核成本很高。因此无法用企业方式实现农业分工和协调。

（2）家庭生产方式背景下通过市场方式组织农业分工会使单个农户无力承担高额的交易费用和巨大的专业化风险。农业的生物性导致了农业分工的有限性、农业生产的非标准性和高成本，这使得家庭生产方式成为最适合农业的主要生产方式。但参与农业分工必然需要支付高额的交易费用并承担巨大的专业化风险，这对于家庭生产方式下单个分散的农户来说是无力承担的，单个农户宁愿不获得分工和专业化带来的好处，也不愿意因此而遭受灭顶之灾。

（3）订单方式虽然以契约方式把农户和市场（或企业）联系起来，降低了仅通过市场交易的随机性，但仍然难以对农户的生产经营进行有效监督、规范、考核。而且单个分散的农户之间并未产生任何联系，面对强大的契约伙伴，往往处于谈判地位低、讨价还价能力弱的劣势地位，反而会支付更高的交易成本并承担更高的专业化风险。

（4）合作方式既能保证家庭生产方式对农业生产经营的长期激励，又能打破家庭生产方式对农业分工和专业化发展的限制，降低单个农户参与农业分工的交易费用和专业化风险，提高农户的分工收益和专业化效益。家庭生产方式对分工与专业化的发展有很大的局限，参与分工的农户往往面临着分工风险对家庭安全的冲击，因而家庭生产的多样化乃至于自给自足可能是维护家庭安全最合理的选择。而农民合作经济组织通过单个农户之间的合作，既保证了各个农户的相对独立，又形成了强大的组织力量，能够帮助单个农户提高抗风险能力，并降低交易费用，使农户获得更多分工收益和专业化经济效益。

3.5 本章小结

本章建立了一个农民合作经济组织产生的逻辑框架。首先解释了农民合作经济组织产生的现实逻辑，再利用新兴古典经济学的超边际模型分析了交易效率对农民合作经济组织产生的决定性影响，并在此基础上解释了家庭生产方式下农民合作经济组织能够改善两个权衡从而提高交易效率的原理，并进一步比较了农民合作经济组织相对其他分工组织方式的优势，从而论证了农民合作经济组织产生的必然性。本章的分析过程和基本结论可以概括为以下几个方面：

（1）基于组织理论分析了农民合作经济组织产生的现实逻辑，得出的基本结论是：农业本身的生命特性决定了从事农业劳动的劳动者需要长期激励，因而家庭生产方式能够避免农民在农业生产过程中的偷懒、欺骗、搭便车等机会主义行为，成为当前农村农业发展最合适的生产经营组织形式。但随着国际竞争的加剧，家庭生产方式下小农户和大市场的矛盾日益凸显，家庭生产方式下单个农户参与农业分工和从事专业化生产难以支付高额的交易费用也无力承担巨大的专业化风险，往往具有自给自足和多样化生产的倾向。为了降低单个农户参与农业分工的交易费用而获得更多的分工收益，削弱专业化风险对单个农户的生存威胁，使农户获得更多分工和专业化经济收益，以家庭生产经营方式为基础、以合作为原则的农民合作经济组织便有了产生的必要。

（2）利用新兴古典经济学的超边际分析方法建立理论模型进一步解释了农民合作经济组织产生的条件，得出的结论是：①交易效率的提高是农业分工演进的必要条件，只有当农民合作经济组织对农业分工的协调效率高于市场交易效率时，农民合作经济组织才是农户参与农业分工的必然选择；②农户从事专业化生产所需的学习成本越低、专业化收益越大，越容易通过农民合作经济组织参与农业分工；③交易服务是否从农产品交易中分离出来，以及交易服务的交易效率决定了参与农业分工的农户能够获得的效用水平。

（3）从分工和专业化的角度解释农民合作经济组织产生的原因，得出的结论是：①农民合作经济组织能够扩大分工经济范围，帮助农户在分工和交易费用之间进行更好地权衡，使参与农业分工的农户能够获得更多分工净收益；②农民合作经济组织能够扩大专业化经济范围，帮助农户在专业化和家庭安全之间进行更好地权衡，使农户能够获得更多专业化所带来的收益，体现出更多的专业化经济。

（4）从不同分工组织方式比较的角度来解释农民合作经济组织产生的必然性，得出的结论是：农业领域无法用企业权威命令方式实现分工协调；而市场方式仅靠价格机制协调容易产生高额交易成本；订单方式虽然以契约形式把农户和市场（或企业）联系起来，降低了仅通过市场交易的随机性，但容易产生机会主义风险，严重影响订单的稳定性；合作方式既保证了家庭生产方式的激励效果，又有效降低了交易成本，具有相对于市场、订单、企业等方式的特殊优势，是现阶段家庭生产方式下农业领域内最合适的分工组织方式。

第4章 中国农民合作经济组织的发展和现状分析

中国的农民合作经济组织经历了一个很长的发展时期，每个时期农民合作经济组织的产生背景、表现形式和功能特征、组织绩效都不尽相同。本章对中国农民合作经济组织的发展历程进行了梳理，并对中国农民合作经济组织的现状和特征进行了描述，以期从现象上明确农民合作经济组织的发展变迁与农业分工演进和农业专业化发展的关系。

4.1 中国农民合作经济组织的发展

建国以来，中国农民合作经济组织经历了一系列发展和演变：从改革开放前的农业生产互助组、农业生产合作社（包括初级社、高级社）、人民公社，到改革开放后的新型农民合作经济组织，其产生背景、表现形式、功能特征等都发生了明显的变化。由于改革开放前农民合作经济组织的发展演变主要来自于政府主导的强制性制度变迁，改革开放之后农民合作经济组织的发展和演变主要来自于农民自发的诱致性制度变迁，因而不同阶段的农民合作经济组织对农业分工演进和农业专业化发展的作用也有着显著差异。

4.1.1 改革开放前农民合作经济组织的发展

改革开放前农民合作经济组织的发展主要经历了农业生产互助组、农业生产合作社（包括初级社、高级社）到人民公社的发展变迁，农业分工受到抑制，农业专业化发展也受到一定程度的限制。

1. 农业生产互助组时期(1949～1953年)

新中国成立之后开始的土地改革，把中国农村的土地制度从封建土地所有制改造成为农民土地所有制。农户对生产资料拥有完全的所有权，农户自身独立组织生产，农业生产要素的配置方式由农户决定，这极大地激发了农户的积极性。但其小农生产的局限性也随之产生。为了克服农户在分散生产经营中风险大、力量薄弱等缺点，中共中央引导农户走上互助合作之路。1951年12月中共中央发布《关于农业生产互助合作的决议（草案）》，要求按自愿互利的原则，号召农民组织带有社会主义萌芽性质的、几户或十几户的农业生产互助组。农业生产互助组的特点是以生产资料私有制和个体经营为基础，按照自愿互利、等价互助的原则，农户在劳动上进行互助合作，即把组员中的劳动力、耕畜、大农具等组织起来，统一使用，换工互助，而土地和其他生产资料、以及农产品的分配保持独立，即收获的产品仍归各户所有。这种农业生产互助组的形式在当时的历史条件下有效促进了农业的发展。

但农业生产互助组内的产权制度实际上就是以农民为主体的个体私有产权，是一种结构松散而且并不稳定的经营组织形式。这段时期由于农民刚刚获得土地，有了自主生产的权利，农业生产经营主要是以自给自足的方式进行，而此时的农业生产互助组也只是为了帮助农户解决单个分散经营时生产经营能力不足和风险较大的问题，农业分工并未开始形成，因此也谈不上农业专业化的发展。

2. 农业生产合作社时期(1953～1957 年)

1953 年 12 月，中共中央发布了《关于发展农业生产合作社的决议》，号召在互助组的基础上，组织以土地入股和统一经营为特点的、小型的半社会主义性质的初级农业合作组织。初级社的特点是农户以土地入股，所有权仍归农户，经营权归合作社。初级社一般由十几户或几十户组成，仍保留土地和其他主要生产资料私有制，以土地入股，统一经营，统一使用社员的土地和其他主要生产资料，并付给适当的报酬，也允许社员耕种小块自留地和经营家庭副业。初级社由于规模较小，干部都由社员直接选举，按劳分配。

1955 年 10 月 4 日至 11 日，党的七届六中全会通过的《关于农业合作化问题的决议》，加速了农业合作化高潮的到来。初级农业生产合作社逐渐被高级农业生产合作社所取代。高级农业生产合作社是在小型初级社的基础上，号召农户进一步联合起来，形成大型的完全社会主义性质的农业生产合作社。高级社的特点是取消了生产资料的私人所有制，土地、耕畜和大中型农具等生产资料全部转为合作社集体所有，组织集体劳动；取消初级社时期的土地报酬，以及耕畜、农具的租金，在分配上实行"按劳计酬，多劳多得"的制度，不分男女老少，同工同酬。高级社一般为一村一社，也有少数联村社。由初级社发展到高级社不仅是组织规模的扩大，更重要的是产权关系的根本性转变。

表 4-1　1953～1957 年中国农业生产合作社发展情况

Tab. 4-1　1953～1957 China Agricultural Production Cooperatives Development

合作社情况	1953	1954	1955	1956	1957
合作社数(万个)	1.5	11.42	63.35	76	78.9
其中：高级社	—	0.02	0.05	54.4	75.3
初级社	1.5	11.4	63.3	21.6	3.6
参加户数(万户)	27.5	229.7	1692.1	11782.3	12105.2
其中：高级社	0.2	1.2	4	10742.2	11945
初级社	27.3	228.5	1688.1	1040.1	160.2

(马宇平，黄裕冲，1989)

从农业生产互助组到农业生产合作社的发展过程中，农民的组织化程度进一步提高，家庭生产经营的自给自足方式逐渐被弱化。但这种组织形式试图走上社会主义性质，超越了当时生产力的发展，在一定程度上阻碍了农业分工演进和农业专业化发展。

3. 人民公社时期(1958～1978 年)

1958 年 8 月中共中央政治局通过《中共中央关于在农村建立人民公社的决议》，农民合作经济组织开始演变为集体化性质的高度集中的人民公社。其基本制度为以生产队所有制为基础的三级所有制，即公社、大队、生产队所有制。人民公社时期主要以合作化农业取代以家庭为单位的小农业，以期实现用规模经营和多种经营提高农业生产率，通过集体化农业兴办"社办工业"来消除工农差别和城乡差别、防止贫富分化以及新地主阶级和新资产阶级产生等目的。人民公社彻底否定了农户家庭作为基本生产经营单位的地位。在人民公社组织制度下，农民"退社"的自由被剥夺，只能选择在公社组织内的机会主义行为，从而直接导致了人民公社组织的低效率。人民公社体制下所有合作组织都失去了合作的性质而演变成为政府组织或政府的一个职能部门，严重束缚了农业生产力发展，导致农村贫困、农业经济处于停滞甚至倒退状态。人民公社运动企图在生产力不发达的小农经济基础上建立一个所谓平等、平均、公平合理的社会，是一种超越阶段的空想。

从总体上看，整个人民公社组织内的产权制度可以将其归结为公共产权，而不是所谓的集体产权。公共产权的一个重要特征是产权在个人之间是完全不可分的，或者说产权不具备排他性特征。由于对同一财产拥有名义上产权的主体多样性，从实际上说也就意味着对这一财产拥有产权的主体并不是明确的，或者根本上就没有产权主体。林毅夫(1994)认为，由于农民退社自由的权利被剥夺而使重复博弈变成一次性博弈，"自我履行"的协议无法维持，同时，因组织规模过大而使集体内部监督变得困难，偷懒和搭便车成为社员一种理性的行为选择，致使人民公社制长期低效率。

从农业生产互助组到农业生产合作社，再到人民公社的制度变迁是国家实施的强制性制度变迁，其根本目的是为国家工业化提供农业积累，并在不断强化的集权体制下迅速地完成对个体小农的社会主义改造，并不符合农民追求利润的动机。而人民公社是一种极端的农民高度组织化的农业生产经营形式，违背了循序渐进与自愿互利的原则，农业分工受到抑制，农业专业化发展也受到了极大的阻碍。

4.1.2 改革开放后农民合作经济组织的发展

改革开放后农民合作经济组织开始呈现新的特征和态势，学界通常称其为新型农民合作经济组织。这一时期的农民合作经济组织经历了萌芽、起步和深化发展等三个阶段。

1. 萌芽阶段(1979～1994 年)

20 世纪 70 年代末 80 年代初，随着农村土地家庭承包经营制度的全面推行，人民公社制度的解体，农村家庭普遍成为农业生产经营的基本单位。以小岗村"大包干"为典型代表的家庭个体经营方式，打破了人民公社农业生产经营体制，以"大包干"为突破口的农村经济改革，以及以后逐步确立的"家庭联产承包经营，统分结合的双层经营体制"带来了小农经济的复苏。家庭承包经营责任制的实行是诱致性制度创新，其原动力直接来自于农民对潜在获利机会的追求，既能减少国家与农民之间的交易成本，保证国家的收益，同时也能保证农民获取更大的潜在收益。

这一时期开始出现了一些农民合作经济组织的雏形，常称作"专业技术协会"或"研究会"，主要是为了解决农民生产中遇到的技术问题，进行技术合作和交流。其特点为：多为自发产生，形式较单一，规模较小，组织程度松散、运行不够规范；以特定的专业农户为社员，从事专项农产品经营，但主要局限于农业的种植业和养殖业，加工、流通、消费等环节的合作组织较少，而且规模较小、功能单一、分工较粗、对农民的组织能力较弱；合作组织成员入社自愿，退社自由，组织与成员之间存在着共存共荣的联盟关系，能按交易额进行利润返还，与农民形成较为密切的利益结合。据中国科协统计，1986 年全国农村各种专业技术协会有 6 万多个，1992 年发展到 12 万多个。

这种基于家庭承包经营制度的农民合作经济组织，使农户之间通过一系列契约关系联结起来，降低了交易风险，给农业分工演进提供了基础和保证，农业专业化开始逐步发展起来。

2. 起步阶段（1994～2007 年）

这段时间，国家开始陆续出台一系列鼓励和支持农民合作经济组织发展的法规和政策。1994 年初，国务院明确了农业部作为指导和扶持农民合作经济组织的行政主管部门，同年农业部完成了《农民专业合作组织示范章程》的起草工作。1996 年《国民经济和社会发展"九五"计划和 2010 年的远景目标》提出农业产业化经营的概念。1998 年，党中央、国务院《关于农业和农村工作的意见》指出，要发展多种形式的联合与合作，加大鼓励和大力支持农民自主建立的各种专业协会、专业合作社以及其他形式的合作与联合组织。2003 年 3 月《农业法》的实施，规定农民专业合作组织为农业生产经营组织，强调"农民专业合作组织应当坚持为社员服务的宗旨，按照加入自愿、退出自由、民主管理、盈余返还的原则，依法在其章程规定的范围内开展农业生产、经营和服务活动"。这段时间，国家也开始对农民合作经济组织发展提供资金、税收等多方面的支持。1994 年，财政部和国家税务总局规定，对农民专业技术协会、专业合作社为农业生产的产前、产中、产后提供技术服务或劳务所得的收入暂免征收所得税。1997 年财政部规定，专业合作社销售农产品免征增值税。2002 年，农业部在全国选择 100 个专业合作组织、6 个地市以及浙江省作为综合试点单位，并围绕 11 个优势农产品区域、35 个主导产品以及名特优产品产业带的开发建设开展试点工作，重点扶持以农民领办为主、真正属于农民自己的各种专业协会。2003 年，财政部开展了扶持农民合作经济组织发展的试点工作，当年提供了 2000 万资金扶持 100 个农民合作经济组织发展。中央财政在 2004 年 5000 万元专门资金的基础上，2005 年安排 8000 万元专项资金支持农民专业合作组织，以提高农民进入市场的组织化程度。2003～2007 年中央财政累计安排专项资金 5.15 亿元，对 2700 多个农民专业合作组织给予了扶持补助。

这段时期，随着农产品市场化进程加快，产生了一批生产经营型合作社，而农产品销售难的问题尤其引发了农民的合作需求，从而产生了以从事农产品销售为主的农民合作经济组织，而且其组织形式也逐渐多样化，组织活动范围也逐步扩大。这一时期的农民合作经济组织具有数量多、规模大、形式多样、合作程度较紧密、运作比较规范、效益较好等许多特点。具体表现为，组织成立方式上既有农民自发成立的农民合作经济组织，也有基于传统组织改造的新农民合作经济组织，还有政府引导或参与组建的农民合作经济组织；并产生了与企业或其他社会组织联合的新形式；其组织活动范围不仅局限于农业生产环节，而是与农业生产经营的上下游直接相连，将农业生产、加工、销售相互衔接。

由于统计口径不一致，对于农民合作经济组织的界定不统一，农民合作经济组织的统计数据差异比较大。2000 年全国有各类农民专业合作经济组织 11.7 万个，会员 580 万人，联系农户 1164 万户，占全国农户总数的 5%[1]。按照农业部 2003 年的统计数据，全国比较规范的农民专业合作经济组织，一直保持在 14 万个左右[2]。据农业部门统计，到 2004 年底，全国农民合作经济组织已经超过 15 万个，其中各类农民经济协会为 9.75 万个。到 2004 年，中国约有 700 万农户参加了农民协会，占所有农户的 2.9%，将近 10% 的村拥有农民协会（World Bank，2006）。2005 年，农业部公布的全国农民专业合作经济组织共有 140 多万个，比较规范的有 15 万家[3]。2006 年，农业部副部长尹成杰指出，全国农民专业合作经济组织达到 15 万多个，成员 2363 万户，占全国农户总数的 9.8%[4]。据民政部门统计，截止 2007 年底，全国农村专业经济协会数量超过 10 万个（宋军继，2009）。

这一时期的农民合作经济组织成员之间的联系越来越紧密，农民合作经济组织通过为农户提供农业生产经营服务，降低农户的交易成本和市场风险，进一步促进了农业分工演进和农业专业化发展。

3. 深化阶段（2007 年至今）

2006 年 10 月 31 日，十届全国人大第二十四次会议表决通过了《中华人民共和国

---

① 数据资料来源于姜春云主编《中国农业实践概论》，北京：中国农业出版社，2001，第 433 页。

② 数据资料来源于《新华社专供信息》第 17 期，2002 年 11 月 26 日，刘坚在纪念"国际合作社日"座谈会上的讲话。

③ 数据资料来源于《新华社专供信息》第 31 期，2005 年 12 月 16 日，"我国农民专业合作组织的发展态势"。

④ 数据资料来源于中国农业信息网，2006 年 7 月 10 日的农业要闻。

农民专业合作组织法》，于 2007 年 7 月 1 日正式实施，标志着中国农民合作经济组织发展进入了一个新阶段。2008 年 10 月，党的十七届三中全会在《中共中央关于推进农村改革发展若干重大问题的决定》中指出，要向发展农户联合与合作的方向转变，培育农民新型合作组织，鼓励龙头企业与农民建立紧密型利益联结机制，着力提高组织化程度。这一时期，农村的家庭经济迅速向专业化、商品化和社会化发展，促使在农业再生产过程的各个环节上，需要采取多种形式、多层次的协作和联合。随着农产品对外贸易的发展，农产品的质量安全和农业标准化等问题越来越受到重视，从事农产品加工的经济实体逐渐出现，农民合作经济组织的作用日益重要，政府也逐渐增强了其支持力度。新的生产经营型合作社发展很快，同时新一代投资型合作社也开始出现并发展，逐渐进入一个自发发展与政府推进相结合的新阶段。

　　农业部 2007 年的统计显示，农民专业合作经济组拥有的注册商标有 2.6 万多个，取得的无公害、绿色、有机等"三品"（生产基地）认证 3267 个，占全国总数的近四分之一①。截至 2008 年 7 月，约 3000 家农民专业合作组织取得无公害、绿色、有机等"三品"认证 6420 个，取得农产品地理标志认证 28 个。有 21 家农民专业合作组织的产品入选"中国名牌农产品名录"②。据国家工商总局统计，截至 2008 年 9 月底，全国依法新登记并领取法人营业执照的农民专业合作社达到 7.96 万户，实有社员数 108.15 万个，其中农民社员 104.09 万个。据农业部统计，2008 年全国农民专业合作组织 15 万多个，农民专业合作组织成员数达 3878 万，其中农民成员 3486 万户，农民成员占全国农户总数的 13.8%，比 2002 年提高了 11 个百分点③。但 2008 年 6 月底，全国依法登记并领取法人营业执照的农民专业合作社有 58 072 家，入社成员 771 850 人（户），仅占所统计的农民专业合作经济组织的农户成员总数的 2.2%。2009 年底，全国依法在工商行政管理部门登记的农民专业合作社达 24.64 万家，实有入社农户约 2100 万户，占全国农户总数的 8.2%，合作社数量和入社农户均比 2008 年底翻了一番④。

　　这一时期的农民合作经济组织主要基于各地特色产业和特色产品建立，涵盖多个产业领域和生产经营领域，服务范围也由本乡本村逐步向跨乡镇、跨县城、跨省域拓展。组织成立方式多样，如依托购销大户在流通渠道方面的优势，依托农村专业大户生产经营优势联结分散农户，依托农业龙头企业在加工、品牌、营销方面的优势成立农民合作经济组织等。服务能力不断提升，如通过引进新品种、新技术、建立信息网络等，提升

---

①　数据资料来源于农业部农村经营管理总站赵铁桥："中国农民专业合作经济组织的发展态势及政府政策导向"，"妇女在合作社治理中的作用"国际研讨会宣读论文，2007 年 11 月，北京。

②　数据资料来自于 2008 年 12 月 24 日农业部孙中华在农民专业合作社法执法检查总结交流会议上的讲话。

③　数据资料来自于农业部农村经营管理司专业合作处．农民专业合作组织发展回顾．2008.10.13．详情参见农业部官方网站 www.agri.gov.cn.

④　数据资料来自于张晓山主编的《中国农村改革与发展概论》一书中苑鹏所撰写的"中国农民合作经济组织的发育"一章，第 340 页。

组织对农户的服务能力；实施农技推广、农资供应、农产品销售等统一服务，降低农户的市场风险；组织标准化生产，统一品牌，提高农产品质量和农户的专业化生产水平；扩大市场销售网络，扩大市场范围，增加农民收入，使农户获得更多的专业化经济收益。组织管理更加规范，建立了完整的组织构架和具体的经营部门，并按照规范的合作社性质发展。

农民合作经济组织在深化发展阶段不仅建立了多种形式、多种内容和多种适度规模的合作经济，以家庭生产经营为基础，根据共同利益在自愿互利、民主协商原则基础上联合起来，实行统分结合的双层经营；而且形成了以发展商品经济为中心，以服务为纽带的多形式、多层次的联合。进一步促进了农业分工演进和农业专业化发展。

表 4-2 总结了我国改革开放前后农民合作经济组织的发展变迁，包括时间阶段的划分、不同阶段农民合作经济组织产生的背景、组织形式、功能特征、产权关系、制度变迁方式与农业分工和农业专业化发展的关系等。

表 4-2　我国农民合作经济组织发展历程

Tab. 4-2　Development of Chinese Farmer Cooperative Economic Organizations

时期	改革开放前			改革开放后		
阶段	互助组时期 （1949～1953）	合作社时期 （1953～1957）	人民公社时期 （1958～1978）	萌芽阶段 （1979～1992）	起步阶段 （1992～2007）	深化阶段 （2007 至今）
产生背景	土地改革	《关于发展农业生产合作社的决议》颁布	《关于在农村建立人民公社的决议》颁布	人民公社制度解体，家庭承包经营制度开始推行	《农民专业合作组织示范章程》起草	《中华人民共和国农民专业合作组织法》实施
组织形式	几户或十几户农户之间形成的农业生产互助组	初级社由十几户或几十户组成；高级社为一村一社，也有少数联村社	以合作化农业取代以家庭为单位的小农业，集体化性质的高度集中的人民公社	农民合作经济组织雏形，常称作"专业技术协会"或"研究会"	产生了生产经营型、从事农产品销售为主的农民合作经济组织	逐渐进入一个自发发展与政府推进相结合的新阶段
功能特征	以自愿互利、等价互助为原则，农户在劳动上进行互助合作，以分散生产经营风险，提高生产经营能力	初级社：土地入股，所有权仍归农户，经营权归合作社；高级社：生产资料全部转为合作社集体所有	以生产队所有制为基础的三级所有制，即公社、大队、生产队所有制	多为自发产生，形式单一，规模较小，组织程度松散，运行不够规范；主要局限于种养殖业	数量多、规模大、形式多样、合作程度较紧密、运作比较规范、效益较好	涵盖多个产业领域和生产经营领域，服务范围更广；组织成立方式多样，服务能力不断提升，组织管理更加规范

时期	改革开放前			改革开放后		
产权关系	由封建土地所有制变为农民土地所有制	由个体私有制转变为集体所有制	公共产权	家庭承包经营责任制	家庭承包经营责任制	家庭承包经营责任制，劳动力、技术、信息、土地、资金、企业家才能等全要素合作，要素所有权不变
契约关系	不平等的契约关系			平等的契约关系		
制度变迁方式	强制性制度变迁			诱致性制度变迁		
与农业分工和专业化的关系	农业分工受到抑制，农业专业化发展受到阻碍			在一定程度上降低农户交易成本，提高农户农业生产技术水平，促进农业分工演进和农业专业化发展		

4.2　中国农民合作经济组织的现状

4.2.1　中国农民合作经济组织的类型

现阶段中国农民合作经济组织的类型划分方法有多种，如按照组织的目标功能不同，国际上一般把农民合作经济组织划分为投入型农民合作经济组织、市场营销型农民合作经济组织和服务型农民合作经济组织。哈肯（Haken，1977）把组织化的方式分为自组织和被组织，自组织即系统在没有外界干预而获得空间的、时间的功能结构系统过程；反之即被组织。本章根据哈肯的分类方法从组织成立方式角度探讨自组织型和外界力量推动型两种类型。

1. 自组织型

自组织型农民合作经济组织是指农民基于追求自身利润的动机，按照自愿互利的原则，自发组织起来的农民合作经济组织。农民参与组织的发起成立对于组织服务功能的发挥具有重要影响，纯粹的外部力量来推动组织产生并不利于组织提高服务功能（黄季焜等，2010）。自组织型农民合作经济组织一般由农村中的能人、精英、专业户、生产经营大户发起[①]，以当地的主导产业或特色产业（农产品）为核心形成，不受地域的限制。其优势在于产权具有均齐性、权责明确、管理民主；劣势在于由于没有核心领导而

[①]　农村中的能人、精英通常也因为其能力较强、素质较高而成为农村中的领导干部，有时也成为农村中的专业户或生产经营大户。本书把这种情况下由村干部牵头成立的农民合作经济组织定义为自组织型农民合作经济组织，因为这些牵头人身份虽然是村干部，但更多的是是个体行为，而不是政府行政行为。

缺乏长远发展规划，质量控制、资金积累、销售问题、技术问题、农产品深加工和营销往往面临困难。自组织型农民经济合作组织由于符合农民自身要求，具有较强的生命力，但由于缺乏规范管理和资金支持，效益不好，内部协调成本过高，农民获得的专业化经济收益相对较低。而且，由于农村地区企业家人力资本缺失导致农民合作经济组织难以应对激烈的市场竞争；而由于政策法律不完善，农业产业资本占领了农业市场，对农民合作经济组织形成了挤出效应，往往导致自组织型农民合作经济组织数量较少（王曙光，2010）。

全国人大农业与农村委员会课题组（2004）调查表明，截至2004年，北京、河北、山西等16个省市农民经济协会总数达5.7万个，其中农民牵头2.7万个，占46.8%，企业牵头0.8万个，占13.9%，涉农部门牵头2.0万个，占35.2%，其他0.2万个，占4.1%。全国人大农业与农村委员会课题组调查表明，截至2004年，17个省中，农民牵头领办的组织平均比例为46.83%，涉农部门、乡村干部、村集体经济组织牵头领办的组织平均比例为35.18%，企业牵头的组织占13.85%。18个省中，专业协会（较为松散）平均比例为59.74%，专业合作社（较为紧密）平均比例为30.21%，专业联合社平均比例为10%。

根据笔者调查数据中的村问卷统计结果表明，被调查的25个村中，农民专业合作经济组织共有88个，其中自发型农民合作经济组织共有47个，占53.4%。在这47个自发型农民合作经济组织中，发展较好的有41个。其成立年限最短的不满1年，最长的为16年，平均年限为4年；发起人身份大多为农业经营大户，其次为技术能手；发起人年龄最小为27岁，最大为62岁，平均年龄为41岁；发起人学历最低为初中学历，高中学历的发起人所占比例最高，占41%。这些结果表明自发型农民合作经济组织主要是在农业经营大户和农业生产技术能人的带动下成立起来的，这些发起人往往具有相对较高的受教育水平，年龄在40岁左右，有一定的人生经历而且身强力壮、精力充沛，不论是从身体状况、知识水平还是从农业生产经营技术和能力方面来看，都能够担任起合作经济组织牵头人的重任。而且这些组织成立的时间都不长，大都是在2007年《农民专业合作社法》颁布前后成立的，说明政府的宏观政策导向对农民合作经济合作组织的产生和发展有着重要的影响作用。

表 4-3　自发型农民合作经济组织基本情况

Tab. 4-3　Basic Situation of Spontaneous Farmer Cooperative Economy Organization

组织成立年限	组织个数	百分比/%	发起人身份	组织个数	百分比/%
1~2 年	6	15	农业经营大户	17	41
3~4 年	26	63	技术能手	9	22
5~6 年	4	10	普通农民	6	15
6 年以上	5	12	村官、企业老总	9	22
合计	41	100	合计	41	100

发起人年龄	组织个数	百分比/%	发起人学历	组织个数	百分比/%
30 岁以下	5	12	小学以下	0	0
30~40 岁	14	34	初中	14	34
40~50 岁	19	46	高中(中专)	17	41
50 岁以上	3	7	大专及其以上	10	24
合计	41	100	合计	41	100

注：①村问卷中显示一共有47个自发型组织，但仅列出了发展最好的41个自发型组织，所以只获得41个自发型组织的基本情况数据；②组织成立年限为截止2010年数据调查年份，不满1年按1年计算；③有些组织发起人身份虽然是大学生村官、村干部、企业老总，但仍然是农民自愿联合而成立的，所以也归纳为自发型组织。

2. 外界力量推动型

外界力量推动型农民合作经济组织主要是依靠政府、企业、技术部门等外界力量推动而形成。大多以政府主导型为主，主要指县、乡、村等各级政府部门利用其技术、资金、服务、组织管理等优势牵头组建，并积极发动农民参与，建立的农民合作经济组织。如以乡镇农业服务中心、农技站、植保站等为依托，以乡村干部为领导，建立起来的农民合作经济组织。这类农民合作经济组织内部协调成本相对较低，有较好的农业技术指导；但利益联结机制比较松散，而且政府占据着主导地位，不符合农民专业合作经济组织的运行规则。富尔顿(Fulton，2005)认为，由于组织发展过程中存在成员搭便车、能人缺乏、成员异质性过大和成员之间缺乏信任和承诺等问题，组织很难完全自发形成并产生作用，外部支持是必需的。外部力量的介入有助于弥补合作组织企业家供给短缺的不足(苑鹏，2001)。贺雪峰(2004)认为外部环境冲击和破坏了传统乡村组织资源，农民很难通过内生合作能力来获得他们需要的合作，必须通过外部介入培育农民的自组织，提高农民的合作能力，因此，"外生型"的合作组织成为了现实有效的选择。

自发型农民经济合作组织应该成为农民合作经济组织发展的趋势，但政府应该发挥其扶持和引导作用，促进农民合作经济组织更加健康快速发展。政府主导型农民合作经济组织具有更多资金、技术、管理方面的优势，但必须以农民利益为出发点，这样农民才能积极参与农业分工，提高农业专业化生产水平，获得更多专业化经济收益。

表 4-4　组织负责人身份情况

Tab. 4-4　Status of Organization Head

组织负责人身份	个数	百分比/%
企业管理人员	6	13.33
村干部	28	62.22
普通农民	3	6.67
技术能人	23	51.11
复/退伍军人	1	2.22
经营大户	17	37.78

注：①数据来自于笔者项目组的微观调查；②被调查的组织共计45个，由于组织负责人可能有多重身份，因

此各选项加总可能大于 45。

根据表 4-4 可知，企业管理人员发起的农民合作经济组织占 13.33％，村干部发起的农民合作经济组织占 62.22％，而由普通农民发起的农民合作经济组织仅占 6.67％。表明超过半数以上的农民合作经济组织是在政府、企业等外力推动下成立的，农民自发组织成立的农民合作经济组织相对较少。

表 4-5　农民合作经济组织成立的原因

Tab. 4-5　Reason of Farmer Cooperative Economic Organization Generation

组织成立的原因	次数	百分比/％
上级政府的要求	10	22.22
产业化龙头企业的要求	3	6.67
村民互惠互助的需要	14	31.11
为了开发当地特色农产品	22	48.89
便于向农户提供技术服务	19	42.22
为了使村民生产的农产品卖个好价钱	20	44.44
扩大产品销售渠道和市场范围	25	55.56

注：①数据来自于笔者项目组的微观调查；②被调查的组织共计 45 个，由于组织负责人可能有多重身份，因此各选项加总可能大于 45。

根据表 4-5 可知，22.22％的农民合作经济组织成立的原因是上级政府的要求，6.67％的农民合作经济组织成立的原因是产业化龙头企业的要求，31.11％的农民合作经济组织成立的原因是村民互惠互助的需要。当然，为了开发当地特色农产品、便于向农户提供技术服务、为了使村民生产的农产品卖个好价钱、扩大产品销售渠道和市场范围等原因在农民合作经济组织成立的原因中也占了相对较高的比例。

4.2.2　中国农民合作经济组织的特点

本书主要从促进农业分工演进和农业专业化发展的角度探讨中国农民合作经济组织的特点，主要表现为以下两个方面。

一方面，中国农民合作经济组织在一定程度上促进了农业分工演进和农业专业化发展。

(1)现有农民合作经济组织大多实现了农产品种类的分工以及农产品的专业化生产。我国现有的农民合作经济组织主要依靠当地的主导农业产业或者特色农业产业(或特色农产品)成立，组织内部成员专门从事该特色农产品的生产，组织通过给农户提供技术指导等生产经营服务，提高农户的农产品专业化生产水平。通过本调研组抽样调查得到的 6 省 45 个农民合作经济组织数据资料可知，有 15 个农民合作经济组织对加入组织的农户有生产经营内容的要求，占 33.3％，这表明生产经营同一种农产品的农户相互联合形成该种农产品的专业合作经济组织，也意味着这类农民合作经济组织实现了农产品种类的分工以及农产品的专业化生产。

（2）现有农民合作经济组织能够提供统一的生产资料供应，农业生产过程中各环节的生产经营服务，促进农业生产各生产环节的分化；进行标准化生产，提高农产品品质，保障农产品食品安全，提高农户的专业化技术水平；并提供统一的销售服务，扩大农产品的销售范围，提高其分工和专业化水平。通过本调研组抽样调查得到的 6 省 45 个农民合作经济组织数据资料可知，有 70% 以上的农民合作经济组织给会员农户制定了统一的生产标准，统一安排会员农户的农业生产行为，对会员农户的农业生产过程进行监督，对会员农户生产的农产品进行检验，有 37.8% 的农民合作经济组织为会员农户生产农产品注册了商标，有 28.9% 的农民合作经济组织聘请了农业技术专家为会员农户进行农业技术指导，有 93.3% 的农民合作经济组织帮助会员农户解决了农产品销售中遇到的困难。

表 4-6　农民合作经济组织的功能

Tab. 4-6　Function of Farmer Cooperative Economic Organization

农民合作经济组织功能	组织个数	比例/%	农民合作经济组织功能	组织个数	比例/%
制定统一的生产标准	34	75.6	要求会员生产特定农产品	15	33.3
统一安排农业生产	40	88.9	有自己的农产品品牌	17	37.8
监督会员的生产过程	35	77.8	为会员提供技术指导	13	28.9
检验会员生产的农产品	32	71.1	帮助会员销售农产品	42	93.3
惩罚产品质量不合格会员	17	37.8	没有给会员提供生产服务	1	2.2

注：根据本课题组抽样调查资料整理，共 45 个农民合作经济组织样本。

另一方面，我国现有农民合作经济组织治理不规范，经营管理成本较高，组织发展存在困难，需要对这些问题和困难进行解决和改善，促进组织健康发展。

（1）组织管理困难，未来发展前景不够乐观。主要体现在于组织层次过低，运行制度不规范，决策高度集中，合作机制脆弱；组织制度建设滞后，经营手段单一，组织与成员之间更多地表现为一种形式上的合作关系，实质上的利益关系，组织创建者或管理层与普通成员的经济地位不平等。通过本调研组抽样调查得到的 6 省 45 个农民合作经济组织数据资料可知，仅有 15 个农民合作经济组织的负责人觉得管理很轻松，会员都很满意，占 33.3%；而有 21 个农民合作经济组织的负责人觉得管理花精力，会员难以协调管理，占 46.7%。对组织发展现状评价非常好的仅有 6 家，占 13.3%；比较好和一般的共有 37 家，占 82.2%；对组织未来发展评价非常好的有 16 家，占 35.6%，甚至还有 3 家认为很差，可能会解散。说明大多数组织管理存在困难，而且对未来发展并不乐观。

表 4-7 农民合作经济组织的管理和总体评价

Tab. 4-7 Management and Evaluation of Farmer Cooperative Economic Organization

组织管理	组织个数	比例/%	组织现状评价	组织个数	比例/%	组织未来发展	组织个数	比例/%
管理很轻松，会员都很满意	15	33.3	非常好	6	13.3	非常好	16	35.6
管理花精力，会员难以协调管理	21	46.7	比较好	22	48.9	比较好	16	35.6
与政府等其他部门难以协调	8	17.8	一般	15	33.3	一般	8	17.8
会员不满意，认为帮助不大	2	4.4	比较差/很差	2	4.4	比较差/很差	5	11.1

注：根据本课题组抽样调查资料整理，共 45 个农民合作经济组织样本，但由于存在缺失值，有些样本未被统计。

（2）组织盈余分配不规范。主要体现在产权结构单一，盈余分配制度缺失，绝大部分组织还没有产生"资本报酬有限，盈余按交易额分配"的概念和原则。在信息严重不对称的情况下，农民合作经济组织虽然提高了农民收益，但并没有遏制住农民利益不断流失的现象，普通成员主要是按和约规定的交易额和交易价格获得交易收益，还无法参与盈余分配。通过本调研组抽样调查得到的 6 省 45 个农民合作经济组织数据资料可知，45 家组织中有 17 家并未把盈余返还给会员，占 37.8%；24 家组织并未提留公积金、公益金和风险金，占 53.3%。45 家组织中有 12 家没有分红，占 26.7%；4 家分红方式不固定，占 8.9%。

表 4-8 农民合作经济组织的盈余返还及分红方式

Tab. 4-8 Way of Surplus Return and Share out Bonus in Organization

盈余返还	组织个数	比例/%	提留三金	组织个数	比例/%	分红方式	组织个数	比例/%
有	28	62.2	有	21	46.7	有	39	86.7
没有	17	37.8	没有	24	53.3	无固定分红	4	8.9
—	—	—	—	—	—	没有	12	26.7

注：根据本课题组抽样调查资料整理，共 45 个农民合作经济组织样本，但由于存在缺失值，有些样本未被统计。

（3）资金来源渠道单一，阻碍组织健康持续发展。被调查的农民合作经济组织几乎没有外来资金，主要以内部资金为主。通过本调研组抽样调查得到的 6 省 45 个农民合作经济组织数据资料可知，45 家组织中仅有 14 家主要靠政府或其他部门拨款，占 31.1%；5 家主要靠银行贷款，占 11.1%。大多数组织主要依靠会员自己出资，以及组织销售盈余。因此，组织资金来源渠道单一，资金不足是组织发展最大的障碍。

表 4-9 农民合作经济组织的资金来源渠道

Tab. 4-9 Funding Sources of Farmer Cooperative Economic Organization

组织资金来源渠道	会员会费	政府拨款	发起人出资	会员出资	销售盈余	组织兴办企业盈利	银行贷款
个数	15	14	10	15	12	3	5
比例/%	33.3	31.1	22.2	33.3	26.7	6.7	11.1

注：根据本课题组抽样调查资料整理，共 45 个农民合作经济组织；由于每个组织可能存在多种资金来源渠道，组织合计数大于 45。

（4）组织发展存在多重困难，最主要的困难在于缺乏资金和技术。通过本调研组抽样调查得到的 6 省 45 个农民合作经济组织数据资料可知，组织运行最大困难是缺乏资金，这类组织有 34 家，占 75.6%；其次是缺乏农业生产技术人才，这类组织有 22 家，占 48.9%；再次是政府支持力度不够，这类组织有 14 家，占 31.1%，而农产品销售存在困难的组织有 12 家，占 26.7%。

表 4-10　农民合作经济组织运行的困难

Tab. 4-10　Operation Difficulty of Farmer Cooperative Economic Organization

组织运行困难	缺乏资金	缺乏有效管理	政府支持不够	缺乏农业技术人才	产品销售困难	利益分配不公	会员团结诚信不够
组织个数	34	11	14	22	12	2	8
比例/%	75.6	24.4	31.1	48.9	26.7	4.4	17.8

注：根据本课题组抽样调查资料整理，共 45 个农民合作经济组织样本；由于每个组织可能存在多种困难，因此组织合计数大于 45。

4.3　本章小结

本章通过对我国农民合作经济组织的历史发展和现状进行分析，研究了不同阶段的农民合作经济组织呈现的不同特点，以及与农业分工和农业专业化发展的关系；并对现阶段我国农民合作经济组织的类型和特点进行了深入分析，得出了以下基本结论。

（1）建国以来，我国农民合作经济组织经历了一系列发展和演变，其产生背景、表现形式、功能特征、产权关系、契约关系、制度变迁方式与农业分工和专业化发展的关系等都发生了明显的变化。改革开放前农民合作经济组织的发展演变经历了农业生产互助组、农业生产合作社（包括初级社、高级社）、人民公社，主要来自于政府主导的强制性制度变迁，农业分工受到抑制，农业专业化发展受到阻碍；改革开放后家庭生产方式背景下的农民合作经济组织的发展和演变主要来自于农民自发的诱致性制度变迁，能够降低农户交易成本，提高农户农业生产技术水平，在一定程度上促进了农业分工演进和农业专业化发展。

（2）现阶段我国农民合作经济组织呈现出不同的类型。从组织方式来看，有自组织型农民合作经济组织，也有外界力量推动型农民合作经济组织。自组织型农民合作经济组织都是由农户自愿联合成立的，一般由农村中的能人、精英、专业户、生产经营大户等发起。外界力量推动型农民合作经济组织中有政府推动型农民合作经济组织、企业牵头领办型农民合作经济组织，还有农业技术部门牵头成立型农民合作经济组织等。

（3）现阶段我国农民合作经济组织的特点主要表现为两个方面：一方面，我国农民合作经济组织在一定程度上促进了农业分工演进和农业专业化发展。现有农民合作经济组织大多实现了农产品种类的分工以及农产品的专业化生产；并能够提供统一的生产资料供应，农业生产过程中各环节的生产经营服务，促进农业生产各生产环节的分化；进行标准化生产，提高农产品品质，保障农产品食品安全，提高农户的专业化技术水平；并提供统一的销售服务，扩大农产品的销售范围，提高其分工和专业化水平。另一方面，我国现有农民合作经济组织治理不规范，经营管理成本较高，组织发展存在困难，还需要进一步发展和完善。

第 5 章　农民合作经济组织推动农业分工演进

本章试图以分工——交易成本的理论框架为基础，研究农民合作经济组织推动农业分工演进的作用原理。通过以农业自身的产业特点和家庭生产方式的局限决定农业分工有限性为本章的研究起点，分析了农民合作经济组织通过农户之间的有机联合，对一体化于农户家庭的农艺生产过程和产业链进行横向和纵向分解，并进行有效协调，从而减少农户家庭所承担的经济职能，促进农业分工水平的提高和分工层次的提升的作用原理；并通过分析农民合作经济组织如何能够更大幅度地降低由分工所产生的交易成本、考核成本和协调成本，并促进市场范围的扩大，从而有效推动农业分工演进的方式和途径；同时，也指出了目前农民合作经济组织存在的一些问题在一定程度上限制了其对农业分工推动作用的发挥，需要合理的政策措施加以改善。

5.1　农业分工的有限性

斯密曾指出：农业由于其自身性质，没有形成制造业那样细密的分工，各种工作也不能像制造业那样判然分立。因此，农业劳动生产力的增进总赶不上制造业的劳动生产力的增进的主要原因就是农业不能采用完全的分工制度。而中国目前的家庭生产方式加剧了这种限制作用，这是因为农业的自然再生产和经济再生产相交织的产业特征以及家庭生产方式的农业生产经营组织形式决定了农业分工的交易成本、考核成本、协调成本比工业和服务业更高，从而限制了农业分工的发展。

5.1.1　农业分工的表现形式

基于本书对农业分工的概念界定，农业分工是指农业领域内生产劳动的划分，具体表现为农产品种类分工以及农业生产环节分工。农产品种类分工是指生产劳动在不同种类的农产品之间的划分，即农户从事不同种类的农产品生产，如有的农户专门从事粮食生产、有的农户专门从事蔬菜生产、有的农户专门从事水果生产、有的农户专门从事水产养殖等，甚至有的农户专门从事某一具体品种的农产品生产，如小麦、西兰花、苹果等。农业生产环节分工包括农业生产过程各环节的纵向分工和横向分工。纵向分工是从整个农业生产过程各环节的先后顺序上表现为产前、产中、产后各环节的分工，或者是更细化的制种、播种、锄草、施肥、收割等各环节的分工。如有的农户专门从事粮食播种活动、有的农户专门从事害虫防治活动、有的农户专门从事除草活动、有的农户专门从事粮食收割活动等，于是形成了粮食生产整个生产过程的各个相互联系的生产环节在不同农户之间的分化，也意味着不同农户的劳动在不同农业生产环节之间的划分。横向分工则表现为某一特定的农业生产环节上农户之间的横向协作。如粮食收割活动这个特定的农业生产环节不是某一个农户单独能够完成的，需要农户联合起来再进行分工协作。而在农业生产环节分工的同时也会涉及农业产业分工和农产品种类分工。产中和产后农产品加工环节往往涉及农业产业分工，即农业产业和非农产业之间的分工，如有些农户专门从事农产品生产活动，而有些农户则从事和农产品经营相关的非农生产活动，如加工、储藏、运输等。而产业分工还会深入到农户内部，如农户中部分家庭成员从事农业生产活动，而另一部分家庭成员从事非农生产活动，从而形成了纯农户、兼业户、非农业户的区别[①]。

5.1.2 农业分工有限性的理论基础

自从分工理论建立以来，不同学派代表人物就分析了分工的影响因素。古典经济学派的斯密认为分工的直接根源是人类具有以物易物、互通有无的倾向性。因此分工一方面受制于资本积累，另一方面受制于交换能力，而这两方面都是由市场范围决定的。因此，斯密提出分工受市场范围限制的著名论断。市场范围包括交易量和交易距离两个方面，受到人口密度、自然资源、可得到的资本积累的数额、运输的难易程度、市场的稳定性或不确定性等因素的影响。杨格在斯密的基础上进一步提出"分工一般地取决于分工"的理论。他认为分工会扩张市场的规模，而市场规模的扩张将产生两个正循环：一个是由静态的市场规模推动的分工，另一个是由组织创新推动的分工。即劳动分工促进人力资本的积累，进而促进技术进步，通过技术扩散及其他一系列中介机制，共同构成递增收益的来源，从而导致了经济的长期增长。而经济的增长又扩大了市场的交易范围，从而促进了分工。因此一方面市场范围扩大促进分工，另一方面分工带来的经济增长促进市场范围扩大进一步促进分工。而新兴古典经济学派的杨小凯则系统深入地研究了分工和交易费用的两难冲突，认为劳动分工随着交易效率的改进而演进，包括内生交易费用和外生交易费用在内的交易费用是影响分工的重要因素。与外生交易费用相比，内生交易费用对分工的影响要大得多，因而如何降低内生交易费用，对深化分工意义重大。

在此基础上，已有的理论和应用研究也进一步指出了农业分工相对滞后于工业分工，以及农业分工受到限制的原因。斯密（Smith，1776）指出，劳动生产力更大的增进

---

① 1996 年第一次农业普查数据测算，我国农村纯农户、兼业户、非农业户的比例约为 59：31：10；据《全国农村社会经济典型数据汇编(1986-1999)》，1999 年纯农户、兼业户、非农业户的比例约为 40：53：7。

以及运用劳动时所表现的最大的熟练、技巧和判断力似乎都是分工的结果；农业由于它的性质，不能像制造业那样细密地分工，各种工作不能像制造业那样判然分立，农业劳动随着季节推移而巡迴，要指定一个人只从事一种劳动绝不可能，因此农业劳动生产力的增进总赶不上制造业的劳动生产力的增进的主要原因，也许就是农业不能采用完全的分工制度。史鹤凌和杨小凯在此基础上进一步证明，尽管生产机器的工业和生产粮食的农业都可以不断加深分工，但由于工业产品交易效率高，农产品交易效率低，分工会不断在工业部门深化，工业生产的迂迴度也更容易提高，而农业分工深化却容易得不偿失。罗必良等（2002）研究表明，首先，农产品的鲜活易腐性从三个方面限制了农业分工：一是限制了农产品流通半径，大大缩小了农产品市场范围从而限制了农业分工；二是使农产品流通比工业品流通更具生产性，且有更强的资产专用性，限制了农业分工；三是使农产品流通风险更大，市场上的机会主义行为倾向增强，导致道德风险和逆向选择，降低交易效率，限制了农业分工。其次，农产品的同质性导致农产品品牌相对较少也限制了农业分工。罗必良（2009）的进一步研究表明，农业因其生命特性、季节特性、劳动的非连续性、产品市场特性以及生产组织特性导致了分工的有限性。劳动的非连续性使农业生产存在农忙和农闲的季节性交替，使得生产流程上的分工不完全；而农业活动中大量存在的不确定性事件引发劳动力应急储备约束了农业劳动的分工深化；相对工业生产而言，农业活动需要根据生物指令做出有效反应，因而需要具有反应的灵敏性和行动的灵活性，决定了农业劳动分工不可能单一、一致地发生。农产品市场特性包括其低供需弹性及其市场范围、产品的自然特性与交易费用、产品的同质性等对农业分工的约束。

5.1.3　家庭生产方式下农业分工有限性的原因

基于已有的理论和应用研究，本书认为农业分工有限性更重要的原因是家庭生产方式下单个分散的农户无力承担农业分工所带来的高额交易成本、考核成本、协调成本等一系列成本，而这些成本无法从能够获得的分工收益中得到补偿，因而这些参与农业分工的单个农户宁愿选择自给自足的农业生产活动，从而限制了农业分工的加深。

1. 交易成本限制农业分工

一方面由于农业的自然再生产和经济再生产相交织的产业特点决定了农业分工会产生高额的交易成本，而这些高额的交易成本往往难以从分工收益中得到较好的补偿，因而参与农业分工的主体宁愿选择从事自给自足的生产，从而导致农业分工受到限制。如农业在资源使用、产权交易等方面具有外部性，即农户在生产经营过程中难免效益或成本自动外溢，而受益者或受损者又无需为此支付成本或得到补偿，因而出现搭便车和机会主义行为，导致农户的交易成本上升。由于农产品具有鲜活性和易腐性的特征，需要采用防腐、保鲜等技术，不仅增加了农产品的资产专用性程度，也增加了存储和流通成本；而且在交易过程中农户容易被敲竹杠，谈判地位低，从而增加了交易风险，提高了交易成本。农产品生产的周期性和季节性导致农产品价格极易波动，市场具有不确定性。农产品生产容易受到自然条件的限制和自然灾害的影响，因此容易造成市场的不稳定性，并增加农户的风险从而增加交易成本。

另一方面，在我国目前现有的家庭生产经营方式下，农户的决策通常是建立在保障家庭安全条件下达到期望效用最大化基础之上的，农业分工所带来的高额交易费用和巨大的交易风险往往使参与农业分工的农户无力支付和承担，从这个角度出发农户往往会有进行自给自足农业生产的倾向，不会有参与农业分工的激励和动力，因而农业分工会受到限制。

2. 考核成本限制农业分工

农业的产业特征从四个方面导致了农业领域相对工业领域而言有更高的考核成本。一是农产品由于具有自然生物特性，难以像工业品那样制定统一的标准和规格，因此农产品质量的评价和考核成本较高。二是农业生产不像工业生产那样具有有形的中间产出物，农业生产的中间产出往往附着在动植物有机体上，难以剥离开来，因此农业生产中间产出的考核成本也较高。三是农业的产业特征决定了农业生产过程同时也是生物有机体的生命过程，因此农业生产的整个过程需要农业生产者长期持续的照料和管理，而在这个过程中，农业劳动是很难监督和计量的，这导致了农业劳动量投入的考核成本较高。四是农业生产的地理分散性、周期性和季节性导致了农业生产的可控性较差，生产过程难以像工业生产过程那样标准化、规格化、定量化，这导致了农业生产工艺过程的考核成本较高。而家庭生产方式下单个农户难以承担这些高额的考核成本，也就是说单个农户通过参与农业分工获得的分工收益在抵消这些高额的考核成本后几乎没有剩余，甚至剩余为负，那么，基于维持家庭生计安全考虑的理性农户往往会选择放弃参与农业分工，转而进行自给自足的生产。因此农业领域高额的考核成本也成为阻碍农业分工发展的一个重要因素。

3. 协调成本限制农业分工

史鹤凌和杨小凯曾指出，农业生产的季节性使分工协调费用很高。由于农业生产过程也是农作物生长的自然生命过程，受到地形、土壤、气候、水资源等多种自然条件的影响和制约，因而其农业生产环节的分化不可能像工业生产环节那样完全隔离开来，需要受到时间和空间的限制。因此参与农业生产环节分工的各分工主体在进行交易之前需要在不同的生产环节之间进行有效协调，从而产生高额协调成本。如从事不同农业生产环节生产的农户需要在时间上、空间上、品种上、技术上对不同生产环节进行协调，不仅需要按照农作物生命过程的先后顺序进行协调，还需要在同一地域甚至同一地块上进行协调，还需要在相同农作物品种上进行协调，相同的生产管理技术、机械设备上进行协调，因此必然产生高额的协调成本。而家庭生产方式下单个分散的农户往往无力承担这些高额的协调费用。如单个农户往往无法获取更全面的信息，难以搜寻到合适的交易伙伴，即使搜寻到合适的交易伙伴，也难以进行很好的协调，或者需要支付更高的协调成本，这对于单个农户来说是得不偿失的。

4. 市场范围限制农业分工

斯密曾指出分工可以通过市场来协调，而分工程度取决于市场范围的大小。而农业领域市场范围的限制也成为农业分工有限性的一个重要原因。在我国目前现有的家庭生产经营方式下，单个农户进行农业生产必然势单力薄，农产品的交易数量、质量和交易距离都非常有限。其一，由于单个农户投资能力和农业生产经营能力有限，生产的农产品数量较少，能够用于交换的农产品数量更少，因而农产品的交易数量有限；其二，单个农户的农业技术水平难以提高，生产的农产品质量不高，难以满足日益追求高品质生活的消费者需求，市场的需求较少，交易质量不高，因而市场范围也受到限制；其三，单个农户由于农产品防腐保鲜技术不高，运输能力有限，导致交易距离也相对较短，因而导致了市场范围有限。因此家庭生产方式对农户农产品交易的市场范围的限制也导致了农业分工的有限性。

5.2　农民合作经济组织通过降低交易成本促进农业分工

贝克尔(Becker，2000)指出，分工经济是指人们知道越来越多的关于越来越小的事情。在分工经济中，人们的知识量并没有减少，反而需要不断增加学习时间，因为个体劳动需要的知识和信息随专业化程度的提高而更加专业化。分工必然会造成交易者之间的信息和知识不对称，并导致参与分工者的利益不一致，从而提高交易成本。

农业分工必然产生农产品的交易，参与分工的农户能获得多少分工净收益取决于农户从事专业化生产后的收益扣除交易成本之后的剩余。如果单个农户完全通过市场进行交易，往往要面临较高的交易成本，包括交易准备阶段的搜寻成本，交易过程中的谈判成本、交易执行成本，交易发生后的监督成本等，这使单个农户在交易过程中往往处于不利地位，重复博弈的结果会导致交易的成功率大大降低。而农民合作经济组织通过一系列规则和契约不仅对组织内部成员进行约束和协调，还能够对外形成强大的抗衡力量，可以大大节约交易成本，提高交易效率，保护农户的利益。因此，农民合作经济组织通过提高农产品交易效率扩大分工净收益从而促进农业外生分工演进。农业生产通常面临着自然、市场和政策等诸多层面的不确定性，由单个农民或农户应对这些风险通常是困难的，农民按照"农有、农治、农享"原则而构建的专业经济合作组织，可以在"集体行动"的前提下节约市场交易成本，提高谈判能力，分散外部风险，有效解决"小农户、大市场"的不对称性，可将此类方式称为专业组织推进型分工演进方式(高帆，2009)。

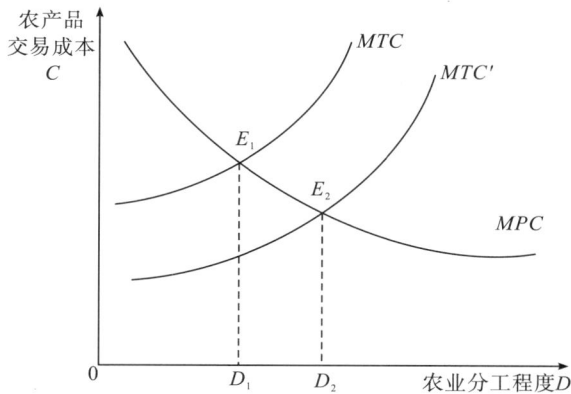

图 5-1 农产品交易效率提高促进农业分工演进

Fig. 5-1 Agricultural Transaction Efficiency Improvement Promote

Agricultural Labor Division Evolution

在图 5-1 中，C 表示农产品交易成本或农业分工成本，D 表示农业分工程度，MTC 表示农产品边际交易成本，MPC 表示农产品边际生产成本。农产品边际交易成本 MTC 随着农业分工程度的增加而增加，这是因为随着农业分工程度的增加，从事农产品专业生产的农户之间的交易依赖性更强，交易频率更高，因此交易成本更高；而且随着农业分工程度的增加，农产品交易成本的增速更快。农产品边际生产成本 MPC 随着农业分工程度的加深而降低，原因是农业分工的演进促进了农业专业化的发展，而农业专业化的发展降低了农产品生产成本。均衡的农业分工水平取决于农业分工的边际生产成本与边际交易成本的交点 E_1。如果提高农产品交易效率，边际交易成本曲线 MTC 会平移到 MTC' 的位置，均衡的农业分工水平从 E_1 点平移到 E_2 点，所对应的分工程度也由原来的 D_1 点移动到 D_2 点。说明农产品交易效率的提高能够促进分工的演进，从而扩大分工的净收益。

单个农户进行市场交易需要支付高额的交易成本，影响这些交易费用高低的因素主要是"人的因素"和"交易因素"。"人的因素"即人的有限理性和机会主义；"交易因素"主要指市场的不确定性和潜在交易对手的数量及交易的技术结构，如交易物品的技术特性，包括交易发生的频率、不确定性和资产专用性等（Williamson，1985）。农民合作经济组织可以通过降低单个农户的有限理性、交易对手的机会主义行为、市场和交易的不确定性、交易频率、资产专用性等对农户的不利影响来降低农户的交易费用，提高交易效率，从而扩大参与分工的农户的净收益，推动农业分工演进。

5.2.1 组织降低搜寻成本促进农业分工

单个农户在准备进行市场交易时往往会面临较高的搜寻成本，包括搜寻交易对手、发现交易价格、区分产品质量、对众多纷繁复杂的市场信息进行加工整理从而获得准确有效的市场信息等。单个小农户由于技术、知识、能力有限，往往在复杂的经济形式面前表现出不完全理性，对交易对手、交易价格等情况不能够充分、全面地了解和掌握，决策通常具有一定的盲目性和随机性。而信息不对称也会导致单个农户的交易对手往往会采取包括欺骗、隐瞒、"敲竹杠"等机会主义行为，使单个农户处于不利地位。市场环境的复杂多变和农户掌握的信息有限也导致了农户面临着不确定性和市场风险。而且每个农户都需要单独搜寻交易对手、交易价格以及有用的市场信息，会造成搜寻成本的重复和浪费。因此单个农户的有限理性、交易对手的机会主义行为、单个农户面临的市场不确定性等因素共同导致了其在搜寻交易对手、发现交易价格、加工处理市场信息时需要支付较高的搜寻成本。而农民合作经济组织可以在这些方面降低各种不利因素的影响，帮助单个农户降低搜寻成本，以提高交易效率，促进农业分工演进。威尔科特斯（Wilcox，1956）的研究也表明农民合作经济组织能通过为农户提供有效的农业信息促进农业专业化发展。

（1）农民合作经济组织可以帮助农户降低搜寻市场供求信息、竞争者、合作者信息的成本。绝大部分发展中国家，易于获得的农产品市场信息非常有限，作为生产者的农户很难获得最新的主导性市场价格与需求信息（Alexander et al.，1994）。农户主要通过自己到市场上了解以及与其他农户或流通商、贸易商交流获取市场信息（Goletti，1994）。而有关农产品供给、需求及价格信息在农户和贸易商之间分配是不均衡的，贸易商对市场信息的掌握远多于农户（Gebremeskel et al.，1998）。农产品市场上由于不对称信息的存在必然也会产生"柠檬"问题，从而会产生高额的交易费用进而导致市场失灵（Akerlof，1970）。由于信息成本的限制，以及对农业资源特殊属性的排他、分割和交易的难度太大，往往产生较高的交易费用。市场信息分散，单个农户由于时间精力有限难以掌握全面的市场信息，尤其是农产品的市场供求信息、竞争者、合作者信息等；而由于受教育程度不高、经验不足导致判断不准确也难以掌握准确有效的市场信息；即使农户有能力搜寻到这些信息，也会对信息进行整理和判断，甚至改变传统观念和心理习惯的高额成本。掌握更多的知识和技能的农民合作经济组织能够帮助农户搜集和整理这些信息，并在组织内部进行共享，降低单个农户搜寻市场信息的成本。

（2）农民合作经济组织可以帮助农户降低搜寻有效的市场价格信息的成本。由于农产品生产的季节性强，农产品上市时间集中而且较短，农产品价格难以在短时间内有效调节；而农产品的鲜活性又加大了农产品在区域之间、季节之间进行价格调整的难度，导致农产品市场价格波动较大。而单个农户往往难以掌握全面的农产品市场价格信息。农民合作经济组织可以有效搜集到市场的价格信息，并有能力进行合作组织内部的产品定价，降低单个农户所面临的市场风险和价格风险。农产品标准化的缺乏导致农产品在价格上很难相互比较，也加大了农户在销售农产品的过程中产生的谈判、执行、监测等交易成本（Dadi et al.，1992）。

（3）农民合作经济组织可以帮助农户降低搜寻交易对手、获取有效交易信息的成本。农户交易成功的前提是找到合适的交易对手，而单个农户往往会付出很大的成本去寻找合适的交易对手。农民合作经济组织可以通过专业市场的方式，把单个农户生产者和农产品购买者集中起来，并通过竞价的方式，帮助农户寻找合适的交易对手。农民合作经济组织也可以通过和企业签订长期购销合同，以保护价格购进生产资料，销售农产品，降低其搜寻交易对手、获取有效交易信息的成本。

5.2.2 组织降低谈判成本促进农业分工

单个农户在市场交易过程中往往要支付较高的谈判成本，包括讨价还价、签订契约等方面的成本。由于单个农户往往在谈判中处于弱势地位，自身利益难以受到保护。而农民合作经济组织通过农户之间的联合，可以形成强有力的市场抗衡力量，增强谈判能力，并有效降低单个农户的谈判成本，以提高交易效率，促进农业分工演进。

（1）农民合作经济组织可以通过减少机会主义行为来降低谈判成本。机会主义产生的重要原因是信息不对称和"小数目"（small numbers）①，即谈判地位不平等。单个农户由于无法掌握更加全面的信息，常常会遭遇交易对手的机会主义行为而受到利益损失。分散小农由于规模小、素质低、实力弱，极易成为中间商盘剥的对象。而农户通过形成农民合作经济组织，能够和交易对手形成更稳定的交易关系，增加了农户对市场信息、交易伙伴等信息的了解和把握，减少信息不对称带来的机会主义行为，增强农户在交易中的谈判地位，降低谈判成本。而且单个农户之间相互合作而形成的农民合作经济组织具有更强的抗衡力量，不再是"小数目"，可以和交易对手之间形成平等的谈判地位，增强了其讨价还价的能力，从而降低了农户的谈判成本。而农户之间的合作是建立在无限次重复博弈的基础之上的，能够形成拥有共同目标、相互信任、信息自由交流、知识创新成果共享、共同获益的长期信任机制。这种信任机制也可以减少农户之间的机会主义行为。

（2）农民合作经济组织可以通过降低资产专用性的影响来降低谈判成本。威廉姆森（Williamson，1985）定义资产专用性为"在不牺牲其价值的条件下，资产可用于不同用途和由不同使用者利用的程度"。单个农户在农业生产过程中需要进行专用性资产投资。一种农产品的生产需要与特定的自然地理环境相容，从而导致了生产中的地理区位资产专用性，如生产牛奶、蔬菜等农产品的农户容易形成地理区位资产专用性。农地长期耕种，产生了相应农产品生产的适应性，而生产农产品需要特定的机械设备，形成了物质资源的专用性。如课题组调查的重庆市涪陵区马武镇文观村的农户长期生产水稻等粮食

---

① "小数目"是指在交易中极少有可供选择的交换伙伴。因为当你别无选择时，对方就会采取抬杠、要挟等机会主义行为。而组织的产生就有助于解决交易伙伴之间存在的机会主义问题。

作物，需要购置耕地、施肥、灌溉、收割、脱粒等专用的机械设备，从而形成了物质资源专用性。农户长期生产某种农产品，形成了有关该种农产品生产的专门化知识，形成了较强的人力资本专用性。如课题组调查的重庆市璧山县农户长期生产葡萄，对葡萄栽培、管理、保鲜等形成了专门化的知识，形成了人力资本专用性。而这些农户进行专用性资产投资会产生"沉没成本(sunk costs)"，如果转换经营内容就会遭遇较大损失，因而在交易过程中容易因"锁入效应(lock-in)"受到交易对方的"敲竹杠"（hold-up）或"要挟"的机会主义行为，处于不利地位，从而支付高额交易成本。克莱因（Klein，2000）和乔斯科（Joskow，2002）认为，专用性投资容易引起潜在的"敲竹杠"问题，而这个问题通过契约安排或者垂直一体化等方式可以最大限度地被减少。

当交易中包含专用性资产时，契约各方都愿意在契约关系中建立某种交易协调保障机制，这种机制包括：对刺激所做的安排，如违约赔偿、提前终止合约惩罚等；创建某种规制结构来调解纠纷，如仲裁制等；对交易活动做一些限制性规定，如"你买我的，我也买你的"互惠联动条件等。根据威廉姆森的观点，当资产专用性较高时，不宜采用市场交易方式，而应该采取组织方式。农民合作经济组织可以使农户"共同占有"这些专用性资产，从而化解"锁入"问题。理查德森（Richardson，1960）指出，如果缺乏对资产的共同产权，存在风险的交易方会选择弱生产率但高流动性的技术类型来抵制事后"勒索"风险。罗必良等（2008）认为专业化生产要求的专用性资产投资会增加交易费用、市场风险以及不确定性，采用一体化的组织形式代替市场交易能够有效化解农户专业化生产的市场风险，降低交易成本。

（3）农民合作经济组织可以通过降低不确定性降低农户谈判成本。不确定性是指事物的属性或状态具有不稳定性或是不能确知的，这种属性或状态超过了人们的认识能力范围。不确定性是由事物的复杂性和信息不完全造成的。市场的不确定性、交易对象不确定性、交易对手行为的不确定性，交易对方产生"逆向选择"和"道德风险"的可能性加大。农民合作经济组织可以帮助农户增强农户抵抗市场价格风险、自然灾害风险等的能力，降低市场不确定性的影响。

（4）农民合作经济组织可以帮助农户减少谈判重复的次数，从而降低谈判成本。单个农户进行交易时由于谈判能力较低，往往会导致多次谈判，而谈判次数越多，所需要支付的谈判成本越高，包括时间、精力、人力、物力的重复消耗，农产品储存带来的损耗等。农民合作经济组织通过对多个农户进行联合形成有效的抗衡力量，能够增加谈判能力，减少谈判重复的次数，降低谈判成本。

5.2.3　组织降低执行成本促进农业分工

单个农户在市场交易过程中往往要支付较高的交易执行成本，包括农产品保鲜、存储成本、运输成本、合同履约成本等。农民合作经济组织可以通过降低这些交易执行成本帮助农户提高交易效率，促进农业分工演进。

（1）农民合作经济组织可以通过降低单个农户在交易执行过程中的农产品保鲜存储成本来降低交易执行成本。农产品由于具有鲜活性和易腐性的特性，不容易存储也不容易运输，交易过程的人工费和差旅费较高。农民合作经济组织通过对成员农户生产的农产品进行统一分级包装、统一保鲜存储、统一运输，能够大大减少单个小农户单独进行保鲜存储的费用重复和浪费，而且农民合作经济组织能够掌握更先进的农产品保鲜存储技术，保鲜存储效果更好、费用更低。

（2）农民合作经济组织可以通过降低单个农户在交易执行过程中的运输成本来降低交易执行成本。单个农户由于生产的农产品批量小而无法采用有效的运输工具，往往就近销售自己生产的农产品，不仅难以获得销售价格优势，而且限制了农产品销售的市场范围扩大，也限制了分工发展。农民合作经济组织通过采用更先进的运输技术，为会员农户提供统一的运输服务，不仅能够降低单位农产品运输的费用，还能够把农产品运送到更远的市场去销售，扩大了农产品销售的市场范围，促进了农业分工的发展。而且农民合作经济组织能够充分掌握市场信息，不会发生因多次往返运输而承担额外的运输费用，为农户避免了农产品腐烂等原因造成的销售损失。

（3）农民合作经济组织可以通过降低单个农户进入交易场所的费用来降低交易执行成本。单个农户进入农产品批发市场、零售农贸市场、超市等农产品交易场所进行交易时，往往需要交纳较高数额的进场费、管理费、卫生费、建设费、设施费、税费等。而且这些交易场所需要对农产品生产供应者的资质进行考核，单个农户往往会被排挤在这些规范的交易场所之外，造成农产品腐烂而给农户带来损失。农民合作经济组织可以通过创建农产品品牌，提高农产品的质量和安全性，提升自身资质，并通过和各种农产品专业销售市场长期合作，降低进入交易场所的费用来降低交易执行成本，提高交易效率。

（4）农民合作经济组织可以通过降低交易频率来降低农户的交易执行成本。农户进行市场交易的执行成本可分为最初成本和边际成本。最初成本在长期稳定的交易关系中属于固定成本，每次交易追加的成本即边际成本。农户单独进行市场交易时，由于交易关系不稳定，每发生一次交易就需要支付一次搜寻交易对手、加工整理市场信息、考察交易对手信誉、与交易对手协商、谈判、执行交易、监督履约的费用。而通过农民合作经济组织进行交易，能够和交易对手形成更稳定的交易关系，只需要支付一次最初成本，以后每增加一次交易只需要支付边际成本即可。农民合作经济组织通过把单个农户组织起来，统一进行农产品交易，降低了交易频次，减少了交易费用。假定 $x(x>1)$ 个农户到 $y(y>1)$ 个市场进行交易，则交易总次数为 xy；而农户加入农民合作经济组织后可以进行统一交易，则 x 个农户所在的农民合作经济组织到 y 个市场进行交易的总次数为 y，显然 $xy>y$。

5.2.4　组织降低监督成本促进农业分工

单个农户在交易契约达成之后往往要支付较高的监督履约成本。由于单个农户知识水平、时间、精力有限，往往处于弱势地位，需要支付较高的监督履约成本。而农民合作经济组织通过农户之间的联合，可以有效降低单个农户的监督履约成本，以提高交易效率，促进农业分工演进。

（1）农民合作经济组织可以通过实现契约的自我履行机制来降低农户的监督履约成本。契约的自我履行机制是指契约当事人依靠习惯、诚信、声誉等方式来执行契约。他依赖于两个私人惩罚条款：一是终止与交易对手的关系，给对方造成经济损失；二是使交易对手的市场声誉贬值，使与其交易的未来伙伴知道其违约前科，以至于不相信该交易者的承诺。单个农户和交易对手进行市场交易时这两个私人惩罚条款所起的作用都不大，因为单个农户的力量薄弱，无法通过终止一、二次交易而让交易对手受损，也无法在市场上给交易对手形成不良声誉。农民合作经济组织通过把单个农户组织起来，形成了强有力的市场力量，能够让这两个私人惩罚条款更好地发挥作用。在和交易对手的长期交易和博弈中，如果交易对手违约，农民合作经济组织可以采取"冷酷策略"（grim strategies）[①]，违约方不良的声誉很难再找到交易对手。从而实现契约的自我履行机制来降低农户的监督履约成本，以降低农户的交易成本提高交易效率，促进农业分工演进。

（2）农民合作经济组织可以通过降低农户交易纠纷解决费用来降低农户的监督履约成本。农户交易纠纷解决费用是指农户为了防止和解决市场交易纠纷以保障自身权益所发生的各种费用，包括纠纷交涉费用、诉讼费用以及由前两项而产生的人工费用及差旅费用。对于单个农户素质较低、经营分散、经济实力较弱，难以通过法律方式来解决交易纠纷。农民合作经济组织有更强的实力和能力通过法律方式来解决交易纠纷。而且农民合作经济组织通常是代表众多农户和交易对手签订合同，发生交易纠纷后可以一次性帮助众多农户解决交易纠纷，避免了单个农户单独诉讼的重复费用支出。

（3）农民合作经济组织还可以通过保证履约来降低监督成本，从而提高交易效率。契约履行需要交易双方的共同努力，单个农户进行交易时，交易双方违约的可能性都比较高。一方面，农户的交易对手违约会给农户带来较高的违约风险。由于单个农户谈判地位和能力较低，往往会在强势的交易对手违约面前束手无策，常常面临交易对手违约的风险。另一方面，农户违约也会给农户的交易对手带来违约风险。从单个农户的角度来看，由于合同约束力不够，违约成本较低，存在道德风险，农户往往会在自利倾向下

[①]　冷酷策略是指博弈双方开始选择守约，直到对方选择了违约，然后永远选择违约。冷酷策略又称"触发策略"，因为任何参与人的一次性不合作将触发永远的不合作。

采取机会主义行为。农户生产的农产品的购买者或中间商向单个农户签订交易合同后，如果农户单方面违约，购买者或中间商面向众多单个分散的农户追究其违约责任的成本是很高的。因此，交易双方都存在违约的可能性，都会导致交易成功率不高，而处于弱势地位的农户往往会在与购买者或中间商之间的长期博弈中受到更多的损失。农民合作经济组织通过对多个农户的有效联合，一方面可以形成抗衡力量，提高农户的谈判地位和能力，降低交易对手的违约概率；另一方面可以帮助购买者或中间商约束单个农户，提高单个农户的违约成本，保障合同的履行以及交易的成功率。从农户和交易对手买卖双方的长期博弈来看，也是对农户利益的一种有效保障。一些研究结论也证实了这一论断：农户的专用性投资少，而企业的利他性专用性投资加剧了农户事后的机会主义行为，降低了履约率（赵西亮等，2005）。农户直接与龙头企业签订的订单履约率低，而农户与专业协会、合作社等签订的订单履约率高（郭红东，2005）。

5.3 农民合作经济组织通过降低考核成本促进农业分工

农业领域由于其劳动生产过程难以监督、考核和计量，农产品品质难以考核、农艺过程难以标准化等原因使参与农业分工的单个农户往往难以支付高额的考核成本，而农民合作经济组织通过农户之间的合作和协调，把参与农业分工的单个农户的分散的农业生产活动一体化到农民合作经济组织内部，有效降低考核成本，从而促进了农业分工的深化。

5.3.1 考核成本的相关理论

1. 阿尔钦和德姆塞茨的团队生产理论

阿尔钦和德姆塞茨（Alchian，Demsetz，1972）提出了团队生产理论，他们定义团队生产为产品生产要素的投入不是简单的组合，产品也不是由各个生产要素简单地相加，生产要素归属于不同的成员而不是个别成员。他们认为生产是多项投入的合作，任何成员的行为都会影响到其他成员的生产效率，在团队生产中仅靠观察总产出很难确定各人对合作投入的产出贡献，即每个成员的边际产出都不可能被分别直接观察到，也不可能对总的产出进行精确分解，因此团队生产中基本上不可能准确地按照成员的边际贡献支付报酬，具有机会主义倾向的成员有可能因此而产生"搭便车"和偷懒的行为，从而导致组织运行效率的降低，组织费用的增大。然而团队生产的优势在于团队生产所获得的总产出大于各个成员单独生产的产出之和，且团队的总产出与各个成员单独生产的产出之和的差额足以补偿组织、监督成员的成本。因此，阿尔钦和德姆塞茨指出"如果以团队生产的方式能使生产力有净增长，扣除维持团队纪律的有关的考核成本后仍有净利，那么就应该依靠团队生产，而不依靠许多分离的个体产出的双边贸易"。

团队生产理论还提出了解决诸如偷懒类型的不合作问题的思路，即由团队中的某人专门从事监督其他成员的工作，同时享有企业的剩余索取权。在此基础上，团队生产理论解释了企业产生的原因，即只要团队生产的结果在减掉监督成本以后还优于分别进行生产的结果的总和，企业就由此产生。团队生产理论进一步解释了企业的本质，认为企业的实质是团队生产，生产团队之所以演变为企业，是因为团队生产带来的生产高效率产生了激励需求与产出难以计量这一对矛盾，企业对要素生产率和报酬的计量能力以及对内部机会主义的监督能力优于市场，能节约更多交易成本。阿尔钦和德姆塞茨（Alchian，Demsetz，1972）也对农业领域的团队生产进行了论述，假定一个农民生产小麦，农民如何种植小麦决定了考核质量变化的精确度和难度，为了更经济地评估生产率，纵向一体化可以使购买者对农民的行为加以控制。

2. 巴泽尔的考核成本理论

巴泽尔（1982）通过分析过在市场中考核不同产品品质的方法，认为考核品质总是要破费的，即产生"考核费用"。巴泽尔认为产品的品质越难以直接检验和识别，分摊考核费用的模式就越复杂；而为了有效地考核产品品质并降低考核成本，需要形成各种各样的用于考核的专家系统；而考核是容易出错的，即使专家考核也会有出错的可能，如果不能有效地减少考核出错，产品品质的生产过程就一定要受到连带影响，为了减少考核出错，包括专家考核的出错，还需要形成一些特别的组织、机制和制度。巴泽尔认为降低考核费用的有效方法是形成一体化的组织，因为一体化组织能够利用权威机制来降低有关商品的考核费用。巴泽尔指出，外部市场交易的考核费用主要是有关商品品质的考核费用，而人们却很难对商品的价值进行考核。这是因为外部市场上的交易价格主要由供求关系确定，反映的是市场上的供求关系和买卖双方讨价还价的能力，并不一定反映产品的真实价值。在价格波动较大的情况下，放弃市场体制而建立纵向一体化组织就可以较好地避开商品价值判断的问题。

5.3.2　考核成本对农业分工的影响

农业领域考核费用包括考核农产品品质的费用、考核农业生产中间产出的费用、考核农业生产工艺过程的费用、考核农业劳动力的费用等。而这些考核的困难程度往往高于工业领域的考核难度，考核费用也更高；而且这些考核比工业领域的考核更容易出错，而考核出错会导致人们以资源成本的形式转移财富，因而产生了农业领域所特有的高额考核成本。而家庭方式下单个农户参与农业分工往往无力承担这些高额考核成本，从而限制了农业分工演进。

1. 农产品品质考核费用限制农业分工

农产品由于其具有特殊生命属性，导致其品质高低取决于多种因素，而且不同种类的农产品的品质决定因素各不相同。如瓜果类农产品品质是由其外观、大小、形状、色泽、口感、糖分含量、农药残留等因素决定的，畜禽类农产品品质是由其营养成分、口感、是否存在疾病感染、是否含有激素等因素决定的。一方面，农产品品质影响因素的复杂性导致了对农产品品质的考核难度较大，不像工业产品考核那样简单。工业产品可以从规格、尺寸、材质等维度进行精确的考核。而农产品除了大小、重量、营养成分、农药残留等维度能够精确考核以外，其外观、色泽、口感等都无法精确考核，而且农产品的营养成分、农药残留等需要专业的检验机构用科学的检验方法才能进行精确考核。而这些维度往往是决定农产品品质的更关键的因素。另一方面，农产品品质影响因素的复杂性导致了对农产品品质的考核更容易存在潜在错误。因此农产品销售时往往会附加质量保证条款，如试吃、试用等。而有些诸如营养成分、农药残留之类的考核即使试吃、试用等方式也无法准确获取，需要采用化验等检验手段，这对单个农户来说无疑是一笔高额的考核费用。而且对农产品品质的考核还会导致道德风险和逆向选择等机会主义行为，使得考核出错的概率增大。如大家普遍认为越红的西红柿味道越鲜美，专门生产西红柿的农户则会使用某种甚至能够损失口感和营养元素而使西红柿更红的化肥。这样交易伙伴仅通过西红柿的色泽考核其品质就会增大考核出错的概率，而考核出错会使购买者支付更高的成本。因此农产品品质考核费用相对工业品更高。而参与农产品种类分工的农户为了满足多样化的消费需求往往需要进行交易，而农产品品质的考核费用极高也容易出错，因此在交易过程中参与农业分工的单个农户往往需要支付高额的考核成本，而这些考核成本无法从单个农户能够获得分工收益中得到补偿，农户就会选择退出农产品种类分工，转而进行多样化的农产品生产，以满足自身消费需求。因此农产品品质的高额考核费用往往会限制农产品种类分工。

2. 农业中间产出考核费用限制农业分工

由于农业生产过程往往是动植物有机体生长的连续生命过程，因此农业中间产出有时并不像工业中间产出那样具有有形产出物，而是依附于动植物生长过程的各个阶段。因此，农业中间产出的品质是直接取决于农业生产过程的，只有直接从事该农业生产过程的农户才清楚知道其品质，因此容易造成由信息不对称而产生的逆向选择，因此难以对农业中间产出进行考核和计量。而且由于农业生产过程本身是生物体的生命过程，农业中间产出也往往表现出生命特征，因此考核容易出错，造成考核费用更高。如在粮食生产过程中，从事除草环节的专业生产者能够掌握自己从事该环节的生产质量的全部真实信息，但从事收割环节的专业生产者很难获取除草环节生产质量的真实而全面的信息，仅从田间仍然存在的杂草这一表象很难分辨是因为从事除草环节的专业生产者生产质量不高而造成的杂草残留，还是因为杂草的自然生长而重新长出的杂草，因此从事收割环节的专业生产者需要对除草这一农业中间环节的生产质量考核支付较高的考核费用。而畜禽生产过程中，专门从事育苗生产环节的农业中间产出鸡苗的考核费用也较高，农户只能根据有限的信息进行决策，如观察鸡苗的外观、叫声、活动能力等特征判断鸡苗的质量高低，而这种考核出错的概率往往较高，若需要获取更准确更全面的信息则需要支付更高的考核费用，因此从事养鸡活动的农户考核鸡苗这一农业中间产出时需要支付较高的考核费用。而参与农业生产环节分工的农户为了完成农业生产的全过程往往需要进行交易，而农业中间产出的考核费用极高也容易出错，因此在交易过程中参与农业分工的单个农户往往需要支付高额的考核成本，而这些考核成本无法从单个农户能够获得分工收益中得到补偿，农户就会选择退出农业生产环节分工，转而进行农业生产全过程的自给自足的生产。因此农业中间产出的高额考核费用往往会限制农业生产环节分工。

3. 农业劳动考核费用限制农业分工

两个方面的原因造成了农业劳动考核费用较高。一是农业劳动难以计量。因为农业生产过程是自然再生产和经济再生产相交织的过程，具有季节性、周期性等特征，从而决定了农业劳动是非连续的，有农忙和农闲之分，因而对农业劳动的计量也产生了一定的困难。二是农业劳动难以监督。舒尔茨曾指出，农业决策必须现场作出，否则信息不足。可见，农产品生产决策有风险，而监督这种生产活动的成本极高。动植物的生命过程又是连续的、不可逆的，需要农业劳动者长期照料，随时观察、随时管理，也对农业劳动的监督产生了一定的困难。如给果树喷洒杀虫剂的农业劳动由于具有考核难度大、考核容易出错的特点而导致考核费用较高，因为仅从果树仍存在一定的病虫害的现象无法判断是因为从事喷洒杀虫剂的劳动者劳动投入量不够、劳动质量不高[①]而导致害虫残留，还是因为害虫本身抗药性很高而并未被有效去除。因此考核农业劳动的费用也相对更高。参与农业生产环节分工的农户为了完成农业生产的全过程往往需要进行交易，而农业劳动力的考核费用极高也容易出错，因此在交易过程中参与农业分工的单个农户往往需要支付高额的考核成本，而这些考核成本无法从单个农户能够获得分工收益中得到补偿，农户就会选择退出农业生产环节分工，转而进行农业生产全过程的自给自足的生产。因此农业劳动力的高额考核费用往往会限制农业生产环节分工。

4. 农业生产工艺过程考核费用限制农业分工

农业生产工艺过程比工业生产工艺过程考核费用更高。一方面是因为农业生产工艺过程比工业生产工艺过程更复杂，导致考核难度更大，考核费用更高。工业生产工艺过程往往是由生产线水平和质量的高低决定的，包括机器性能、工人的劳动技能和熟练程度等，因而其考核难度较低。而农业生产工艺过程包含的因素更加复杂，除了在整个生产过程中使用的农业机械的性能、从事农业生产的劳动者的农业技术、劳动熟练程度以外，还包括土壤、气候、温度、湿度、光照等一系列自然地理环境、病虫害程度、农药

---

①　如喷洒杀虫剂时不够细心，某棵果树上某些该喷洒杀虫剂的树枝没有喷洒到，即劳动质量不高；或者喷洒杀虫剂时劳动投入量不够，有些果树完全没有喷洒杀虫剂等。

和化肥的施用量和类型、农业劳动者随时看管和照料的频率和程度等各个方面，因而考核农业生产工艺过程的难度相对更大，考核费用也相对更高。另一方面是因为农业生产工艺过程相对工业生产工艺过程更难以标准化，导致考核难度更大，考核费用更高。农业生产的整个工艺过程也是动植物有机体的生命生长过程，而每个生命对象都有其特殊性，需要针对不同的品种、个体进行调整，而且不同的农户从事同样的农业生产过程也会产生差异，造成了农业生产的工艺过程无法像工业生产过程那样制定统一的标准，从而造成了对农业生产工艺过程考核的困难。

而参与农业生产环节分工的农户为了完成农业生产的全过程往往需要进行交易，而农业生产的每个环节的工艺过程的考核费用极高也容易出错，因此在交易过程中参与农业分工的单个农户往往需要支付高额的考核成本，而这些考核成本无法从单个农户能够获得的分工收益中得到补偿，农户就会选择退出农业生产环节分工，转而进行农业生产全过程的自给自足的生产。因此农业生产工艺过程的高额考核费用往往会限制农业生产环节分工。

5.3.3　农民经济组织降低考核成本促进农业分工

巴泽尔(1982)指出，考核就是信息的数量测定，通过纵向一体化能够有效降低考核成本，因为比起消费者控制种植者，一个种植者协会能以更小的代价控制他们的成员。而家庭生产是纵向一体化的极端形式，既然生产阶段都由一个人完成，就不存在考核的动因，也失去了专业化的优势。专业化使得交易中间产品的价值并不容易评估。富尔顿(Fulton，1995)也认为在农业产出和加工服务的生产过程中，如果加工服务的质量是高度可变和难以预测的，组织生产最有效的办法就是这些服务的所有者成为剩余索取者，即建立农民合作经济组织。亨尼斯也认为解决产品质量信息不对称是现代契约农业出现的重要原因。因此，在农业领域，以家庭生产方式作为农业生产经营基本形式的背景下，更有效的纵向一体化形式是农民合作经济组织，农民经济组织可以通过创立品牌、质量保证、重复购买、分享契约等方式降低考核农产品品质的费用、考核农业中间产出的费用、考核农业劳动力的费用以及考核农业生产工艺过程的费用来降低考核成本，从而促进农业分工。

1. 通过创立品牌降低考核成本促进农业分工

农民合作经济组织可以通过创立农产品品牌来降低考核农产品品质的费用，从而促进农业分工。单个农户想创立农产品品牌几乎不可能，而农民合作经济组织通过对农户进行有机联合，可以给农户提供更优质的种苗，对农户进行技术培训和指导，提高农户生产的农产品的品质，创立农产品品牌。农产品品牌能够让购买者相信同一品牌的农产品质量是相同的，而他所购买的农产品是整批农产品的代表。而作为农民合作经济组织成员的农户作为剩余索取者，为了不损失集体利益，往往会提高农产品品质从而保障品牌质量。因为降低农产品质量会使其品牌受损，最终会影响其生产的农产品的价值。而且农户还会在农业生产过程中使农产品质量保持一致，这样就能够降低单个产品的考核费用。如美国南加州水果与农产品合作社创立的新奇士品牌就是一个很好的例证。因此农民合作经济组织用农产品品牌价值来保障农产品品质，能够降低考核农产品品质的费用。这样，考核农产品品质的费用降低之后，参与农产品种类分工的农户在交易过程中扣除对农产品品质的考核费用后，其分工收益还有剩余，农户就会继续参与农产品种类分工。因此农民合作经济组织能够通过创立品牌降低农产品品质的高额考核费用从而促进农户参与农产品种类分工。

2. 通过质量保证降低考核成本促进农业分工

农民合作经济组织可以通过质量保证来降低考核农业中间产出的费用从而促进农业生产环节分工。单个农户对其农业中间产出的质量保证往往无法得到信任，而农民合作经济组织的质量保证更容易让人信赖，质量保证能够在一定程度上避免过度考核。因为过度考核容易造成农产品损失，如挑拣樱桃会损伤其他樱桃的品质。类似于售后服务，因为农业生产过程是动植物有机体的连续的生命过程，参与农业生产环节分工的农户通过交易获取农业中间产出时往往难以获取其质量的全部信息，而农业中间产出会在后续的农业生产活动中得到体现，如果发现其质量有问题，可以通过农民合作经济组织提供的质量保证进行追索。因而农民合作经济组织可以通过质量保证来降低考核农业中间产出的费用。这样，农业中间产出考核费用降低之后，参与农业生产环节分工的农户在交易过程中扣除对农业中间产出的考核费用后，其分工收益还有剩余，农户就会继续参与农业生产环节分工。因此农民合作经济组织能够降低农业中间产出的高额考核费用从而促进农户参与农业生产环节分工。

3. 通过重复购买降低考核成本促进农业分工

农民合作经济组织可以通过重复购买来降低考核农业劳动力的费用从而促进农业生产环节分工。参与农业生产环节分工的农户往往会通过交易而产生与从事不同生产环节的农户之间的协作，由于农业劳动存在监督、计量的困难，农民合作经济组织可以把参与农业生产环节分工的农户纵向一体化到组织内部，通过重复购买的方式使不同的分工主体在多次重复博弈中建立信誉，从而降低农业劳动力考核的费用。因为农户的劳动投入会直接影响农业生产工艺质量的高低，最终会带来农产品质量的差异，如果该农户有偷懒行为，会使其信誉受损，在重复购买的多次博弈中，将会被淘汰出局。理性的农户会投入更多的劳动去从事农业生产。因此农民合作经济组织通过重复购买降低了农业劳动力的考核费用。这样，农业劳动力考核费用降低之后，参与农业生产环节分工的农户在交易过程中扣除对农业劳动力考核费用后其分工收益还有剩余，农户就会继续参与农业生产环节分工。因此农民合作经济组织能够降低农业劳动力的高额考核费用从而促进农户参与农业生产环节分工。

4. 通过分享契约降低考核成本促进农业分工

农民合作经济组织可以通过建立分享契约来降低考核农业生产工艺过程的费用从而促进农户参与农业生产环节分工。农民合作经济组织把参与农业生产环节分工的农户联合到组织内部，从而把不同的农业生产环节纵向一体化到组织内部，而且通过建立分享契约来约束从事不同农业生产环节的农户。如生产水稻的整个工艺过程的不同环节在农民合作经济组织内部进行分工，对专门从事播种的农户的播种工艺过程的质量高低很难进行考核，专门从事田间管理的农户的工艺过程的质量高低也很难进行考核，专门从事收割的农户的收割工艺过程质量高低也很难进行考核，但可以在专门从事播种、田间管理、收割的农户之间建立分享契约，即水稻最终销售获取的利润按照一定的比例在这三类农户之间进行分配。从而这三类参与农业生产环节分工的农户则会提高其工艺质量以获取更多收益。从而降低了整个农业生产工艺过程的考核费用。这样，农业生产工艺过程考核费用降低之后，参与农业生产环节分工的农户在交易过程中扣除对农业生产工艺过程考核费后其分工收益还有剩余，农户就会继续参与农业生产环节分工。因此，农民合作经济组织能够降低农业生产工艺过程的高额考核费用从而促进农户参与农业生产环节分工。

5.4　农民合作经济组织通过降低协调成本促进农业分工

分析经济组织的自然的起点，是分工引起了对协调需求的认识。巴斯夏（Bastiat，1995）指出交换将引起两种现象，一是促使人们进行分工，一是将人们的力量联合起来。巴纳德（Barnard，1997）把组织定义为"有意识的协调两个以上人的活动或力量的一个体系""人们在正式组织中进行的是有意识的、有计划的、有目的的协作"。布朗（Brown，1947）指出组织就是"获得更有效而协调的努力的一种手段"。因而，农民合作经济组织可以有效降低农业领域内由分工产生的协调成本，从而提高分工净收益。

5.4.1　协调成本的内涵

贝克尔和墨菲（Becker，Murphy，1992）明确提出了劳动分工、协调成本和知识的分析框架，但对协调成本并未明确定义，他认为分工导致交换劳动产品的交易带来的成本、分工导致科层制的团队因委托代理问题而产生的成本都是协调成本。柯武刚和史漫飞（2002）也提到协调成本，但定义也比较模糊，如"运行经济系统的成本""市场中商务交易的成本，但排除运输成本""在个人与他人交往以结合他们所拥有的产权时发生的成本"等。朱富强（2001，2005）认为随着社会生产迂回度提高，分离的人类劳动之间需要加强联系和协调，间接生产链条的延伸和每个环节上新产品种类数的增加都会使协调成本增加。朗格卢瓦（Langlois，1995）认为生产成本和交易成本以一种非常微妙、复杂和基本的方式纠结在一起，协调成本则是生产成本和交易成本之间纠结的部分（王盛，2005）。理查德森（Richardson，1972）把协调分为生产中的协调（技术上的协调）和行为上的协调（承诺上的协调）两类，既可以通过企业间合作，也可以通过市场机制的调节来完成。

1. 协调成本内涵

根据以上研究，本书定义所研究的协调成本（coordination cost）是指为了使参与农业分工的主体之间能够配合得当、和谐一致的成本。

具体来说，参与农业分工的主体之间能够配合得当、和谐一致的成本包括协调参与农产品种类分工的专业生产者，保障农产品种类多样性以满足消费者不同需求的协调成本，保持农业生产环节之间的连贯性和协调性，以保证农业生产过程得以完成的协调成本。

2. 协调成本与交易成本辨析

协调成本和交易成本是两个既相互联系又有本质区别的概念。本书基于现有理论对两者的区别和联系进行系统深入地论述，以弥补现有文献的不足。

协调成本和交易成本这两个概念最核心的联系在于二者都是由分工所导致的。有分工就必然存在交易成本和协调成本。要想提高分工水平，推动分工演进，就必须有效降低交易成本和协调成本。

而协调成本和交易成本这两个概念最重要的区别就在于二者产生的机理不同。由于参与农业分工的各分工主体需要从事各自不同的专业生产活动，因而需要通过交易来满足其多样化的消费需求，而由交易所产生的一系列成本即交易成本。换句话说，为了保证交易成功所需要支付的一切成本都属于交易成本①。而由于参与农业分工的各分工主体在选择不同的专业生产活动方向时需要相互配合，以满足农业生态多样化的要求，农产品消费多样化、多层次化的需求，以及整个农业生产活动的连贯性和完整性的需要，从而产生协调成本。如参与农业分工的农户需要在不同农产品种类、不同农业生产环节的选择上进行协调。保障农产品种类多样性以满足消费者不同需求的协调成本，如每个消费者需要不同的粮食产品、蔬菜产品、水果、牲畜、水产品等。保持农业生产环节之间的连贯性和协调性，以保证农业生产过程得以完成的协调成本。以水稻种植业农业生产环节分工为例，参与农业生产环节分工的各分工主体各自选择了专门从事春耕、播种、除草或收割等各自不同的专业化生产活动。而要满足消费者最终的粮食消费需求，需要不同的专业生产者之间相互交换，因此而产生的成本即交易成本。而从事春耕、播种、除草、收割等不同农业生产环节的专业生产者需要在时间、地域、技术等方面进行有效协调。时间方面的协调不仅需要满足生产环节的先后顺序，还要满足农作物生长本

---

①　由农业分工所导致的交易成本在前文有详细讨论，此处不再赘述。

身的季节性要求；地域方面的协调需要不同的专业生产者在同一地块进行连续操作；技术方面的协调需要不同的专业生产者针对不同的作物品种和特性进行统一的技术操作。因此由这些专业生产者之间相互配合所产生的成本即协调成本。

因此，协调成本是由农业分工导致的，参与农业分工的主体由于从事不同专业方向的生产劳动而产生了协调的需求。协调成本的高低将会影响参与分工的主体获得的分工净收益的大小。有效降低协调成本能够提高分工净收益，从而促进分工水平的进一步提高，实现分工的演进。

5.4.2　协调成本对农业分工的影响

贝克尔和墨菲（Becker，Murphy，1992）指出协调成本的产生限制了劳动分工，均衡分工水平随人力资本水平上升和协调成本下降而上升。在知识水平一定的条件下，协调成本的高低制约了分工所能达到的水平以及专业化经济效果，从而也决定了经济增长的水平。当协调成本开始逐步抵消分工带来的劳动生产率时，分工就会停止。潘士远（2005）认为协调成本增加会减少用于知识生产的时间，从而降低均衡的经济增长率；协调成本的降低能够提高合作水平。云鹤等（2004）指出协调知识的增进即协调改善是经济持续增长的原动力。协调改善不仅直接贡献于经济增长，而且还通过对广义知识增进和资本系统深化的"溢出效应"来间接地贡献于经济增长。知识增进过程常常孕育出新的有效的分工来。朱富强（2001）认为在为交换而生产的商品社会中，劳动的有效性主要根源于社会劳动间的协调性，一切有助于提高劳动协调水平的活动都是创造价值的劳动。

本书认为协调成本是除了市场范围和交易成本之外，另一个影响分工水平提高的重要因素。分工水平越高，分工也越细化和深入，所需要协调的复杂程度越高、协调范围越大，协调成本过高会影响参与农业分工的主体所获得的分工净收益降低，从而阻碍分工水平的提高，因此有效降低协调成本能够提高参与农业分工的主体所获得的分工净收益，从而提高分工水平，实现分工的演进。

5.4.3　农民合作经济组织降低协调成本促进农业分工

由于农业生产的季节性，导致了农业生产要按照生物有机体生长的生命规律来进行，不能耽误农时，而且也产生了农业劳动力使用的非连续性，农忙时期对农业劳动力的需求较大，而农闲时期对农业劳动力的需求较小；而农业生产对象的生命过程的连续性和不可逆性，以及农业作业难以用标准的条款进行考核、评判等特点使得整个农艺过程的分工协调成本很高，因此播种、中耕、锄草、施肥、收割等农艺环节大多是被纵向一体化到组织内，如家庭、合作经济组织等。当这些环节被纵向一体化到家庭内部的时候，农业分工水平是低下的，所以巴泽尔在研究考核费用的时候就谈到家庭生产是纵向一体化的极端。但当这些环节通过农民合作经济组织进行纵向协调的时候，农业分工得以深化，农民合作经济组织实际上是在对家庭生产进行纵向分解以提高家庭生产的专业化水平。因而农民合作经济组织是降低协调成本促进农业分工的最优组织形式。

1. 协调成本产生的原因及影响因素

贝克尔和墨菲（Becker，Murphy，1992）认为分工的细化和专业化程度的提高产生了生产过程中不同工种之间协调的需要，从而导致协调成本的产生。协调成本的高低取决于团队人数以及团队成员之间的相互信任程度，也与协调方式、产业、区域等因素相关。制度和文化因素也决定了协调成本的高低。柯武刚（Wolfgang Kasper，2002）等也指出，当人们保有产权，即不将它用于交易时，需要支付排他成本；而当人们积极地运用其产权，即与他人交易产权或使用自己的产权与他人的产权在一个组织内相结合的时候，会发生协调成本。奥尔森的集体行动理论也指出，具有选择性激励（selective incentive）的集团更容易组织起集体行动，相互之间的监督更加容易，因而具有较低的协调成本[①]。朱富强（2001）指出市场、政府和法制作为协调机制都不可避免地面临着失灵和失败的困境，以互惠合作性为本质特征的伦理协调机制以及以"习惯性为己利他"为行为机理，容易达到合作的罗尔斯均衡[②]。云鹤等（2004）认为教育和培训对提高管理协调水平会有一定的影响。信息不对称、市场垄断、机会主义、市场的不确定性会导致行为协调的产生（王盛，2005）。潘士远（2005）认为协调成本与监督与激励、信息交流、共同知识、讨价还价等有关。分工深化使系统增加了协调的难度和协调失灵的风险（陈会广，2010）。杜马和斯赖德（Douma，Schreuder，2006）认为分工导致的专业化产生了对协调的需求，协调机制主要有两种类型：一是价格体系的协调机制，即市场；二是非价格体系的协调机制，即组织。

本书认为参与农业分工的主体之间的协调成本是由农业分工引起的。农业分工使农业领域内各分工主体需要从事不同的经济社会活动，而不同的经济社会活动之间需要相互配合、协调一致，这种协调和配合需要支付一定的费用，即协调成本。协调成本受监督与激励、信息交流、共同知识、讨价还价、信誉、技术水平等因素的影响，同时也受分工水平的限制。

2. 农民合作经济组织能有效降低协调成本

单个农户通过市场进行分工协作时，只能拥有协作伙伴的有限信息，这使其分工协作变得困难，从而产生较高的协调成本。而农民合作经济组织通过对单个农户进行有机联合，形成了相对固定的合作团队，各合作成员的信息相对充分，使其分工合作变得更

---

① 选择性激励是指对参与集体行动的个人实行区别对待，对积极参与者给予奖励，而不参与或不积极参与集体行动的个人实行惩罚。也就是说如果你不参加某一集体行动就不能得到或将失去东西，或者说集团对个人的奖励与惩罚都有其针对性，即"论功行赏"。

② 朱富强（2001）把基于为己利他行为基础上所达成的博弈均衡称为罗尔斯均衡，这是因为罗尔斯比较早地提出了合作秩序建立的思路。

容易，从而降低了协调成本。而且农民合作经济组织内部成员还会在彼此默契合作的基础上创造出协调分工的制度知识，如惯例、规章制度、组织文化、专业术语等，这些制度知识使信息交流更加通畅，协调成本也得以进一步降低。

贝克尔和墨菲（Becker，Murphy，1992）认为拥有共同知识、利他主义的文化或伦理制度、特定的制度（如生产价格制度、企业制度、合同制度、有关公司和产业组织方面的规章等）、相同产业的聚集、鼓励企业家形成的制度、团队成员之间彼此信任、合同被执行、政府提供稳定而有效的法律等因素有助于降低协调成本。根据理查德森（Richardson，1972）对协调的划分，王盛（2005）认为可以通过标准化和程序化、部门化、利用信息技术合理设计信息结构来降低技术协调成本，通过市场机制、企业科层机制、长期合作和信誉机制来降低行为协调成本。

本书认为，在我国目前的家庭生产方式背景下，单个农户参与农业分工会产生较高的协调成本，农民合作经济组织通过把分散的农户进行有机整合，能够通过建立一致的利益目标、增强信息沟通、增加共同知识、增强信誉等方式来降低农业领域的分工协调成本，从而提高分工净收益。

农民合作经济组织通过建立一致的利益目标降低协调成本。单个农户进行农业生产是以保障家庭安全为前提的效用最大化为最终目标的，因而在参与农业分工时各个农户之间往往会产生利益冲突，降低决策效率，增加协调成本。农民合作经济组织是农户之间的合作组织，能够充分保持组织利益和农户利益一致，而且能够在预期不一致时有效保护农户利益，提高决策效率，从而有效降低协调成本。

农民合作经济组织通过增强信息沟通降低协调成本。组织理论认为组织中最重要的组成部分是集中的信息交流系统。乌卢姆（Vroom，1969）认为集中的结构便于迅速地组织起来以解决问题，处于边缘位置的参与者将信息传递到网络的中心，在此做出决策，并传递到外围。这种模式一旦建立，往往高度稳定且效率较高。威廉姆森（Williamson，1975）也认为在实现信息流通的节约上，等级关系优于平等群体或其他类型的分散性交流网络。阿罗（Arrow，1975）认为，因为信息传递代价巨大，就资源特别是个体时间的耗费而言，将所有的信息全部传递到中心比将其分别传递给每一个人更便宜且效率更高。分散的小农户之间的分工协调成本较高，原因在于信息传递网络复杂，需要传递信息的链条较长，信息被扭曲的可能性较高，容易导致信息的失真。农民合作经济组织通过契约联结方式使分散的小农户形成一个有机整体，可以有效减少信息传递链条长度，保证信息的真实性，从而降低分工协调成本。

农民合作经济组织通过增加共同知识降低协调成本。由于各分工主体之间所拥有的个体知识不同，个体单个农户由于背景不同，受教育程度不同，所拥有的共同知识的参差不齐。农民合作经济组织通过对组织成员进行有效培训，有效提高合作者的知识水平，增加农民合作经济组织成员的共同知识，加强集体的认同感，从而降低协调成本。

农民合作经济组织通过建立特定的制度降低协调成本。农民合作经济组织内部的规章制度、合同制度、鼓励企业家形成的制度可以降低协调成本。贝克尔认为企业家的一个重要功能是协调不同类型的劳动和资本，政府是否提供稳定而有效的法律。

农民合作经济组织通过增加信任程度、建立信誉机制来降低协调成本。信任机制可以强化合作成员之间的共同认识和文化认同，形成共享性隐性知识和战略性资源；促进加快交易频率，形成柔性、高效的竞争优势；促进知识共享，特殊知识和隐性知识扩散，增强集体学习效应，有助于知识的外溢和扩散(周文，2009)。单个分散的农户之间彼此信任程度较低，农民合作经济组织通过增强组织成员之间的信任程度和凝聚力，降低协调成本。

5.5　农民合作经济组织通过扩大市场范围促进农业分工

斯密(Smith，1972)提出分工受市场范围限制的经典理论，认为只有通过拓宽市场，分工的全部利益才能够得以实现，因此市场范围的扩大有助于分工的深化和专业化程度的提高，进而提高资源的配置效率，促进经济增长和国民财富的增加。同理，农业分工和专业化发展也在一定程度上受农产品市场范围的限制。单个农户的营销能力、运输能力、储存和加工能力都十分有限，导致其生产的农产品市场范围受到很大的限制，而农民合作经济组织可以帮助单个农户缓解这些限制，扩大农产品市场范围，从而推动农业分工演进。

农民合作经济组织通过帮助单个农户扩大农产品市场范围，一方面使农户更直接地感受到市场的刺激，从而提高农户参与农业分工的积极性；另一方面，农产品市场范围的扩大伴随而来的是交易成本的进一步上升，而农民合作经济组织能够帮助单个农户降低这些由农产品市场范围扩大带来的高额交易成本，从而使单个农户在更大的市场范围中获得更多分工所带来的好处。

5.5.1　农业领域市场范围的涵义和特点

1. 农业领域市场范围的涵义

众多学者对于市场范围给出了不同的定义。穆勒(Mill，1991)认为市场范围受限制的因素包括：人口太少、人口太分散、住处相距太远导致相互往来不方便；缺少道路和水陆运输；居民太贫穷以及工作性质等。贝克尔和墨菲(Becker，Murphy，1992)把市场范围定义为人口规模、商品数量以及和所有商品数量相关的贸易商品数量。许多新贸易和增长模型用内生的商品数量定义市场范围(Dixit，Stiglitz，1977；Ethier，1982；Grossman，Helpman，1989)。

基于以上研究，本书定义农户生产的农产品市场范围包括地理范围和产品范围两个范畴，其中产品范围又包括产品的数量范围和产品的质量范围两类。地理范围是指农产品流通半径，即农产品销售的地域范围大小，也即农产品销售市场离农户生产地的距离远近。产品数量范围是指农产品的交易数量，通常用农产品销售量、市场的规模（Shilpi，2008）、市场的集中程度、人口规模来衡量。产品质量范围是指农产品的交易质量，通常表现在农产品种类的多样性、消费者需求多样性、多层次性和精致性等。

2. 农业领域市场范围的特点

农业的产业特征决定了农业领域的市场范围有一定的局限性。一是农产品的鲜活性和易腐性造成了农产品不易长途运输，限制了农产品的地理市场范围。二是农产品是人类生存必需品，价格弹性较小，需求量也主要由人口数量决定，限制了农产品数量市场范围。三是农业生产是动植物有机体的生命过程、技术创新和技术进步的速度有限，限制了农产品质量市场范围。

而家庭生产方式也对农产品的市场范围起到一定的限制作用。一是家庭生产方式下单个农户的运输能力有限，无法把农产品运送到更远的地方去销售，限制了农产品的地理市场范围。如单个农户的运输工具比较落后，还有一些农户通过肩挑手提的方式运输农产品，只能到最近的集镇去售卖农产品。而运输过程中的道路设施的完善程度也影响了单个农户的运输距离。二是家庭生产方式下单个农户的社会网络有限，无法建立更广的销售网络，限制了农产品的地理市场范围。三是家庭生产方式导致的土地平均分配使农地细碎化程度较高，限制了农业生产的规模，限制了农产品数量范围。四是家庭生产方式下单个农户的农业生产技术和技术能力有限，限制了农产品质量范围。

5.5.2 农民合作经济组织扩大地理范围促进农业分工

农民合作经济组织可以通过降低运输成本、提高相关技术能力等途径帮助分散的小农户扩大农产品的地理范围。

（1）农民合作经济组织通过降低运输成本扩大农产品市场的地理范围。运输成本是影响市场范围大小的一个重要因素，而运输和通信业的发展等是影响运输成本的一个直接因素（Wilcox，1956）。单个农户运输能力有限，往往要支付较高的运输成本；而且单个农户分别运输，往往会造成运输资源的浪费，增加了农户的总体运输成本。而农民合作经济组织可以采用更先进的运输工具、更科学的物流系统和更便捷的运输路线，通过统一运输的方式，节约单个农户单独运输的成本，从而通过降低运输成本扩大农产品市场的地理范围。

（2）农民合作经济组织通过提高相关技术能力扩大农产品销售的地理范围。农产品的存储、加工技术、农产品质量的测量技术、产品质量、工艺标准对地理范围有着重要影响。农产品的鲜活性、易腐性、季节性等特点对农产品交易过程中的仓储、运输等技术要求较高。单个农户的保鲜技术、存储技术、加工技术、运输技术等非常有限，往往只能在较小的地域范围中进行交易。而农民合作经济组织通过把单个农户有机结合起来，形成更强的经济实力和更充分的人力、物力，可以采取先进的保鲜、存储、加工、运输等技术对农产品进行统一保鲜、统一存储、统一加工、统一运输、统一销售，有效扩大了市场的地域范围。

5.5.2　农民合作经济组织扩大产品数量范围促进农业分工

农民合作经济组织可以通过扩大农产品交易量、辐射人口密度更高的消费市场来扩大农产品数量范围。

(1)农民合作经济组织通过扩大农产品交易量扩大市场的产品数量范围。单个农户由于生产规模较小，农产品产量较小，农产品交易数量因而也比较少。而农民合作经济组织通过农户的有机联合，一方面能够使农业生产所需的资源共享、技术推广和扩散效率更高，并能够实现规模效益，使农业生产规模扩大，增加农户的农产品产量，从而增加单个农户的农产品交易量；另一方面把分散的小农户的农产品统一组织起来进行农产品交易，使农产品交易的总量增加，从而实现市场的产品数量范围的扩大。

(2)农民合作经济组织通过辐射人口密度更高的消费市场扩大产品数量范围。单个农户由于自身能力有限，通常只会到就近的集镇或农贸市场上去销售农产品，面临的消费人群相对较小，农产品价格也不高。而农民合作经济组织可以帮助农户把农产品销售辐射到人口规模更大的消费市场中去，如人口更密集的大城市、特大城市甚至国际市场，还能够以更高的价格成交。因而农民合作经济组织能够帮助分散的小农户通过农产品消费者数量的增加带来农产品数量范围的扩大。

5.5.3　农民合作经济组织扩大产品质量范围促进农业分工

农民合作经济组织可以通过提高农产品种类的多样性以满足消费者多样化需求、提高农产品品质满足消费者多层次和精致性要求来扩大产品质量范围。

(1)农民合作经济组织通过提高农产品种类的多样性满足消费者多样化需求扩大产品质量范围。随着社会经济的发展，消费者的消费需求越来越多样化，对农产品这类生存必需品的消费需求也越来越多样化。单个分散的小农户由于自身的物质、精力、能力有限，无法提供更加多样化的农产品以满足消费者需求。而农民合作经济组织能够通过分散小农户的有机联合，生产更多样化的农产品。同一种农产品中也会有多种类型之分，如苹果有红富士、嘎拉、桑萨、红将军、津轻、金冠、红星(蛇果)、红玉、乔纳金、澳洲青苹、国光、金帅等不同的品种，不同的品种有不同的口感和外观，能够满足不同的消费者的不同消费需求。

(2)农民合作经济组织通过提高农产品品质满足消费者多层次和精致性要求来扩大产品质量范围。随着经济水平的提高，农产品市场需求也越来越向多层次和精致性方向发展，如高弹力棉花、高蛋白高韧性面粉等，这些农产品需要更专业化的技术和专业化的生产经营方式进行生产，单个的农户无论从技术水平还是经营管理、销售等方面都无法独自承担。因此对农户个人的专业化水平要求更高，并且也促使了农民组织化程度的进一步提高。单个农户的专业化生产往往离市场需求的多样性、多层次性、精致性相差甚远，需要农民合作经济组织进行协调，以满足不同的市场需求。

5.6 农民合作经济组织推动农业分工的有限性

根据本节的论述，农民合作经济组织能够通过扩大市场范围、降低交易成本、考核成本和协调成本来推动农业分工演进，但目前的现实情况使农民合作经济组织在发挥其推动农业分工的作用时受到一定的限制。

(1)加入农民合作经济组织的农户比例较低，使农民合作经济组织难以通过帮助更多的农户扩大市场范围、降低交易成本、考核成本和协调成本来推动农业分工演进。发达国家以及一些发展中国家(如印度)的农民往往是一个人加入多个农民合作经济组织，可以获取多个农民合作经济组织的生产经营服务，以扩大市场范围、降低交易成本、考核成本和协调成本，从而获取更多分工净收益，推动农业分工演进。而中国绝大多数农户对现阶段的新型农民合作经济组织缺乏正确的认识，没有加入农民合作经济组织，限制了农民合作经济组织对农业分工推动作用的发挥。

(2)农民合作经济组织的整体服务水平较低，帮助单个农户扩大市场范围、降低交易成本的能力有限，在一定程度上限制了其对农业分工的推动作用。从全国水平来看，农民合作经济组织还未成为农户进入市场的最重要的载体，通过农民合作经济组织购买的农资、销售的农产品所占的市场份额相对较低，一些农民合作经济组织主要帮助农户销售初级农产品，缺少农产品深加工和创立农产品品牌的能力。

(3)农民合作经济组织的内部治理结构不完善使其发挥降低农户之间的协调成本的作用受到一定的限制。一些农民合作经济组织主要依赖于作为领办者的农村精英能人，普通农民成员的参与度较低，组织缺乏凝聚力，也缺乏利益共享、风险共担的激励和约束机制；而一些农民合作经济组织的基本产权制度模糊，难以真正确立合作社成员的主体地位。

(4)农民合作经济组织的组织成本过高，降低了农户的能够获取的分工净收益，在一定程度上限制了其对农业分工的推动作用。农户的合作意识薄弱，缺乏合作精神和协商能力，缺少全局意识和长远观念，实践中易陷于"囚徒困境"和产生"搭便车"的投机行为，导致农民合作经济组织内部协调成本增加，降低了农户能够获得的分工净收益。

(5)信贷市场、土地使用权流转市场等要素市场的缺失和不完善以及缺乏有效的政策支持等外部环境的制约在很大程度上增加了农民合作经济组织的协调成本，严重限制了农民合作经济组织协调效率的提高，从而也在一定程度上降低了农户能够获得的分工净收益。

5.7　本章小结

本章以分工——交易成本的理论框架为基础，研究了农民合作经济组织推动农业分工演进的作用原理，基本结论可以概括为以下几个方面：

(1)农业自身的产业特点和家庭生产方式的局限决定了农业分工的有限性。由于农业的产业特性决定了其市场范围有限，而且农业分工会产生高额的交易成本、考核成本和协调成本；而家庭生产方式下单个分散的农户往往难以承担这些高额的成本，从而限制了农业分工的深化。

(2)农民合作经济组织通过降低交易成本来推动农业分工演进。单个农户分散地进行市场交易往往要面临较高的交易成本，包括交易准备阶段的搜寻成本，交易过程中的谈判成本、交易执行成本，交易发生后的监督成本等。农民合作经济组织可以通过降低单个农户的有限理性、交易对手的机会主义行为、市场和交易的不确定性、交易频率、资产专用性等对农户的不利影响来降低单个农户的交易费用，提高农户的交易效率，从而扩大参与分工的农户的净收益，推动农业分工演进。

(3)农民合作经济组织通过降低考核成本来推动农业分工演进。农民合作经济组织可以通过创立品牌、质量保证、重复购买、分享契约等方式来帮助单个农户降低考核农产品品质的费用、考核农业中间产出的费用、考核农业劳动力的费用以及考核农业生产工艺过程的费用等考核成本，使单个农户能够获得更多分工净收益，从而推动农业分工演进。

(4)农民合作经济组织通过降低协调成本来推动农业分工演进。农民合作经济组织通过把分散的农户进行有机整合，能够通过建立一致的利益目标、增强信息沟通、增加共同知识、增强信誉等方式来降低农业领域的分工协调成本，提高参与农业分工的农户的净收益，从而推动农业分工演进。

(5)农民合作经济组织通过扩大农产品市场范围来推动农业分工演进。农民合作经济组织可以通过降低运输成本、提高相关技术能力等途径帮助分散的小农户扩大农产品的地理范围；通过扩大农产品交易量、辐射人口密度更高的消费市场来扩大农产品数量范围；通过提高农产品种类的多样性以满足消费者多样化需求、提高农产品品质满足消费者多层次和精致性要求来扩大产品质量范围。一方面使农户更直接地感受到市场的刺激，从而提高农户参与农业分工的积极性；另一方面，农产品市场范围的扩大伴随而来的是交易成本的进一步上升，而农民合作经济组织能够帮助单个农户降低这些由农产品市场范围扩大带来的高额交易成本，从而使单个农户在更大的市场范围中获得更多分工所带来的好处，从而促进农业分工演进。

(6)现阶段的农民合作经济组织还存在一些问题限制了其对农业分工推动作用的发挥。如加入农民合作经济组织的农户比例较低、农民合作经济组织的整体服务水平较低、农民合作经济组织的内部治理结构不完善、农民合作经济组织的组织成本过高等，在一定程度上增加了农户参与农业分工的成本、降低了农户的分工净收益，从而限制了农民合作经济组织对农业分工推动作用的发挥。

第6章 农民合作经济组织促进农业专业化发展

本章试图以农民合作经济组织对农户专业化和家庭安全、农户兼业化与农民职业化之间的权衡为分析框架，研究农民合作经济组织促进农业专业化发展的作用原理。首先，以农业自身的产业特点和家庭生产方式限制农业专业化发展为本章的研究起点，分析了农业分工和农业专业化之间的关系；其次，通过分析农民合作经济组织如何帮助农户在专业化与家庭安全之间进行更好地权衡，以及如何改善农户兼业化和农民职业化之间的权衡，解释了农民合作经济组织促进农业专业化的作用原理；在此基础上，通过分析农民合作经济组织如何提高农户的个人专业化水平、提高农业生产迂回程度、提高农业生产标准化程度，来解释农民合作经济组织促进农业专业化发展的途径；同时，也指出现阶段农民合作经济组织存在的一些问题在一定程度上限制了其对农业专业化发展促进作用的发挥，需要合理的政策措施加以改善。

6.1 农业专业化的涵义及其特点

6.1.1 农业专业化的涵义

基于本书对农业专业化相关概念的定义，农业专业化是指参与农业分工的主体专门从事农业领域内某种(或某几种)生产经营活动，并且从事该生产经营活动的效率比其他非专业生产者更高。农业专业化是和农业多样化相对立的概念。根据本书对农业分工的概念和内涵的界定，本书的农业专业化的内涵包括农产品种类专业化和农业生产环节专业化。农产品种类专业化是指农户专门从事某种(或某几种)农产品的生产经营活动，并且从事该种农产品生产经营的效率比其他非专业生产者更高。如某农户专门从事水稻这种农产品的生产经营活动，并且该农户的水稻生产效率比那些既从事水稻生产经营又同时从事小麦、棉花、蔬菜、水果等多种农产品生产经营农户的水稻生产效率更高，即该农户实现了水稻生产专业化。农业生产环节专业化是指农户专门从事整个农业生产全过程中的某种(或某几种)农业生产环节的生产活动，并且从事该种农业生产环节的生产活动的效率比其他非专业生产者更高。如某农户专门从事水稻播种这个农业生产环节的生产活动，并且该农户的水稻播种效率比那些既从事水稻播种环节又同时从事水稻的施肥、除草、灌溉、收割等多种水稻生产环节的水稻播种效率更高，即该农户实现了在水稻播种环节的农业专业化。农业专业化水平是指参与农业分工的个体专门从事农业领域内某种生产经营活动的水平和能力，以及由此而导致的整体的农业专业化的水平和程度。个体农业专业化水平具体体现在参与农业分工的个体分配在这种专门活动上的劳动份额、对这种专门活动的专门化投入、对这种专门活动的劳动熟练程度、从事这种专门活动的技术能力、从事这种专门活动的产出效率等。而整体的农业专业化水平主要体现在整个农业生产的链条长度、整个农业生产的标准、规范、质量、安全程度等。因此本书主要通过农户个人专业化水平来衡量参与农业分工的个体的农业专业化水平，并通过农业生产迂回化程度和农业标准化程度来衡量整体的农业专业化水平。农业专业化发展是指农业专业化水平不断提升的动态过程。具体表现为参与农业分工的个体分配在某种农业生产环节上的劳动份额越来越大、对这种专门活动的专门化投入越来越多、对这种农业生产环节的劳动熟练程度越来越高、从事这种农业生产环节的技术能力越来越强、从事这种专门活动的产出效率越来越高；整个农业生产的链条越来越加长、整个农业生产的标准、规范、质量、安全程度越来越高等。这也意味着农户个人专业化水平越来越高、农业生产迂回化程度越来越强、农业生产标准化程度越来越高。

本书所探讨的农业专业化主要从农户个人专业化水平、农业迂回生产程度和农业标准化程度三个方面来体现。农户个人专业化水平是指农户个人在专业化生产某种特定农产品或专业化从事某种特定的农业生产环节的水平和能力，包括在该专业领域所花费的劳动份额、对这种专门活动的劳动熟练程度、所能达到的专业化劳动技术能力、从事这种专门活动的产出效率等。农业迂回生产程度是指农户生产最终农产品所需要的产品层系的层次数，即生产链条的长度。如图 6-1，农户在生产最终农产品 E 时的专业水平和技能(包括所花费的劳动份额、对这种专门活动的劳动熟练程度、所能达到的专业化劳动技术能力、从事这种专门活动的产出效率等)即农户生产该产品 E 的个人专业化水平；农户生产第三层次的最终农产品 E 除了需要农户花费一定的劳动份额以外还需要第二层次的两种中间产品 C 和 D，而为了生产中间产品 C 除了需要花费一定的劳动份额以外还需要第一层次的中间产品 A 和 B，最终农产品 E 生产所需的产品层系的层次数目即农业迂回生产程度。

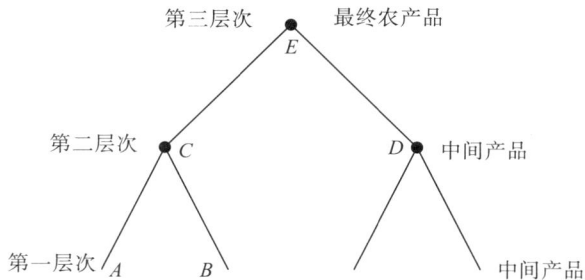

图 6-1 最终农产品生产层系图

Fig. 6-1 Final Agricultural Products Layers

6.1.2　农业专业化的特点

农业分工是农业专业化形成的基础和条件，而农业分工的有限性也导致了农业专业化的局限性。主要体现在农业的产业特征限制了农业专业化发展，以及家庭生产方式限制了农业专业化发展两个方面。

1. 农业的产业特征限制了农业专业化发展

农业消费多样化和生态安全的特性使农产品种类的专业化受到限制。农产品多样化不仅仅在于满足需求的多样化，更重要的是维护农业生态系统的生物多样性、保障生态安全。同样也是基于生态安全的考虑，农户的个人专业化水平也可能受到限制。例如轮作就是为了使用地和养地相结合，维护农田生态系统的多样性，促进土壤肥力的可持续性。

农业生产的季节性、农业劳动力利用的非连续性限制了农业专业化的发展。由于农业生产是根据生产对象也就是动植物有机体的生命过程安排生产活动的，而不同的农作物适于在不同的季节生产，而且不同的农作物的生命周期也不同，对于处在不同生命阶段的农作物需要投入的劳动量也会有差异，因此农户为了保证在不同的季节都能够有相对稳定的农业劳动投入以及相对稳定的农业收入，往往也会倾向于采用多样化的生产策略，使农产品种类专业化以及农业生产环节专业化受到限制。

随着农业生产迂回化程度的提高，尤其是农业机械的使用，大量农村劳动力离开农业，农户的兼业化程度会越来越高，限制了农业专业化发展。现代农业的发展来自于农业技术的提高以及农业机械的使用，而大量的机械代替人工导致了农村剩余劳动力的增加，迫使农业劳动力离开农业而从事非农活动。有的农户部分家庭成员从事非农活动，部分家庭成员从事农业活动；有的农户劳动力在农忙时从事农业活动，而在农闲时从事非农活动。因而劳动力的兼业化导致了农户专业化的程度不会太高，这也说明了农业生产迂回化程度的提高可能会影响到农业劳动力的个人专业化水平。

农业生物的生命特性限制了农业标准化程度的提高，从而限制了农业专业化发展。农业生产过程难以像工业生产过程那样进行标准化，农业生产劳动也难以进行监督和计量，农产品也因为其生命特性而表现出其天然特征，如色泽、口感、营养成分等，无法像工业品那样有统一的标准。因此农业生产由于其自身生命性的特点，生产过程和最终产品难以标准化。

2. 家庭生产方式限制了农业专业化发展

家庭生产方式下单个农户难以承担农业专业化带来的巨大风险，从而限制了农业专业化水平的提高。农业分工之后资产专用性程度的提高使得农户面临极大的专业化风险，而这些专业化风险往往使得专业生产某种农产品的农户遭受灭顶之灾。农产品市场价格受供求关系的影响，专业生产某种农产品的农户如果面临该种农产品由供求变化而导致的价格下降以至于销售受阻，往往会血本无归，面临生计困难。而且农产品的生产在很大程度上依赖于自然环境，而自然灾害对于专业生产某种农产品的农户的打击往往是毁灭性的。农产品短期内集中上市所造成的市场剧烈波动对专业化生产也会产生重大影响。生物生长发育过程的限制使农户的供给反应远远滞后于价格信号所造成的蛛网波动也会影响农户的专业化生产预期。

从产权角度来看，伴随着对农民行为能力的约束进而通过歧视性的法律约束，中国农民的土地权利更容易被模糊化并进而受到侵蚀。家庭经营条件下农民得到的土地的长期经营权，依然是通过国家强制的制度安排而没有经过市场途径获得，因而也会导致农地产权模糊化（罗必良，2011）。而农业由于其自然生命属性，具有外部性的特征，包括技术特征的外部性和产出成果的外部性，导致农业经营中的搭便车与寻租行为，因而产权保护的费用十分高昂。

从信息角度来看，专业化使得从事专业化生产经营的主体比其他主体了解更多该专业领域的专业知识，从而导致专业性和非专业性的信息优势和信息劣势的区分。一方面，信息的掌握决定了决策的效率。哈耶克（1991）指出"资源配置的好坏取决于决策者所掌握的信息的完全性和准确性"。西蒙（Simon，1982）也指出，对信息的拥有和掌握程度会影响决策过程的三个阶段，即探查周围环境的"情报活动"，发现、开放和分析可能的行动方案的"设计活动"，从各种可供合作的行动方案中选择一个特定方案的"选择活动"。另一方面，由于不同的专业生产者之间的信息不对称，容易产生机会主义行为，使信息劣势的一方利益受损。

从资产专用性角度来看，专业化生产必然要求农户进行专用性投资。如从事农业专业化生产的农户必然进行人力资产的专用性投资和物质资产的专用性投资。农业生产中的人力资产具有内隐性、可塑性大、核心性强的特征，往往成为专用性较强的资产，难以转作他用。而物质资产由于在专业化生产中逐渐加强其专用性投资，在转作他用时会受到很大损失。因此，将会导致敲竹杠、要挟等机会主义行为的发生。在追求准租最大化的交易中，在稳态化、不对称的专用性资产结构下，处于劣势地位的农户的准租消散危险最大（陶伟军，2004）。

从不完全契约角度来看，农业专业化必然产生专业化生产者之间的交易行为，而交易通常是在契约约束下进行的，不管这些契约是隐性契约还是显性契约，正式契约还是非正式契约。而由于个人的有限理性、外在环境的复杂性、不确定性、信息的不对称和不完全性，往往造成契约的不完全性。因此契约一方的机会主义、败德行为往往会造成契约另一方的损失，因而从事专业化生产的农户往往因为面临较高的契约风险，而影响他们是否继续从事农业专业化生产的决策。

6.2　农业分工与农业专业化的关系

分工和专业化是两个既紧密联系又相互区别的概念，本书在前人研究的基础上对农业分工和农业专业化两个基本概念的内涵和外延做了进一步的明确，并使农业分工和农业专业化之间的关系更加明确，即农业分工是农业专业化实现的必要非充分条件，从农业分工到农业专业化实现是一个渐进的过程，而从农业分工演进到农业专业化发展是质的飞跃。

6.2.1　农业分工是农业专业化的必要非充分条件

农业分工只是表示将农业领域内各种经济社会活动划分开来，为不同的专业生产者选择不同的专业化方向创造了条件，但这并不意味着不同的专业生产者一旦确定其专业化方向就立即实现了专业化；而是在农业分工的基础上，每个参与农业分工的主体在划分开来的相对独立的经济社会活动上分配一定的劳动份额，并不断重复劳动，不断积累知识和经验，不断提升劳动技能，从而在该相对独立的经济社会活动上能够获得比从事其他活动的主体更加专业的知识和能力，以及更高的产出效率，从而逐渐实现专业化。正如贝克尔和墨菲（Becker，Murphy，1992）所述，分工能够获得专业化经济效果，那些从事专门化生产的工人，可以获得比非专门化工人多的报酬。

具体来说，农产品种类分工是形成农产品生产专业化的必要非充分条件。农产品种类分工将农业领域不同种类的农产品的生产活动划分开来，为不同的专业生产者选择不同的农产品种类进行专门生产创造了条件，但这并不意味着不同的专业生产者一确定其专业生产方向（即选定某种农产品进行生产）就实现了该种农产品的专业化，而是需要在确定其专业生产方向（即选定某种农产品进行生产）之后，不断反复进行该生产活动，在熟能生巧的过程中积累专业生产知识和技能，并获得比其他非专业生产者更多的专业化知识和技能，以及更高的产出效率。如农产品种类分工将粮食生产、蔬菜生产、水果生产、畜禽生产等不同种类的农产品生产活动划分开来，为不同的专业生产者选择不同的专业生产方向创造了条件，如有的农户选择专门从事粮食生产、有的农户选择专门从事蔬菜生产、其他农户选择专门从事其他生产活动，但这并不意味着农户选择专门从事粮食生产就实现了粮食生产专业化，而需要不断重复粮食生产活动，从而积累粮食生产经验和技术，获得比其他非专业生产者更高的粮食产出效率，才能够逐渐实现粮食生产专业化。

同理，农业生产环节分工是形成农业生产环节专业化的必要非充分条件。农业生产环节分工将农业生产过程的不同生产环节划分开来，为不同的专业生产者选择从事不同的农业生产环节创造了条件，但这并不意味着不同的专业生产者一确定其专业生产方向

（即选定从事某农业生产环节）就实现了该农业生产环节专业化，而是需要不断重复该农业生产环节的生产活动，不断积累经验技能，从而获得比其他非专业生产者更丰富的专业知识和技能，以及更高的产出效率。以池塘养鱼为例，农业生产环节分工将休整池塘、培育水质、繁育鱼苗、鱼苗投放、疾病防治、饲养管理、成鱼捕捞等农业生产环节划分开来，为不同的专业生产者选择不同的专业生产方向创造了条件，如有的农户选择专门从事休整池塘生产环节、有的农户选择专门从事繁育鱼苗生产环节、其他农户选择专门从事其他生产环节，但这并不意味着农户选择专门从事繁育鱼苗生产环节就实现了鱼苗繁育专业化，而需要不断重复该生产环节，从而积累鱼苗繁育的经验和技术，获得比其他非专业生产者更高的产出效率，才能够逐渐实现鱼苗繁育专业化。

因此，通过农产品种类分工和农业生产环节分工，使农户的农业生产经营活动得以分化，农户可以在较小的农业生产经营范围内通过反复操作积累农业生产经营的经验，达到熟能生巧的目的，从而逐渐实现农业专业化，并实现农业专业化水平的不断提高。

6.2.2　从农业分工到农业专业化是渐进的过程

从农业分工到农业专业化是一个渐进的过程，是因为参与农业分工的主体一旦进行了农业分工选择，就决定了其从事农业专业化的方向，但这种选择并不意味着立即能够实现农业专业化，而是一个渐进的过程。农业专业化意味着参与农业分工的主体从事某项专门活动的个人专业化水平、农业生产迂回程度、农业生产标准化程度都能够达到一定的水平。因此，参与农业分工的主体在选择了专业化方向之后，需要通过"干中学"在不断反复的操作中熟能生巧，不断积累经验和技能，从而获得比其他非专业生产者更多的专业化知识、技能和更高的产出效率。而农业分工发生之后，农业生产迂回程度、农业生产标准化程度也需要不断的积累和提升。

与比工业和服务业专业化的发展相比，家庭生产方式使农业分工到农业专业化的渐进过程更加漫长，不确定性也更大。一方面是因为专业化风险是影响从农业分工到农业专业化渐进过程的重要因素。农业分工使参与分工的农户选择了专业化生产方向，但是一旦从事专业化生产必然面临巨大的专业化风险，而家庭生产方式下这些巨大的专业化风险往往使单个农户面临生存威胁，出于生计需要和家庭安全的考虑，农户往往倾向于多样化的生产。另一方面是因为单个农户通过熟能生巧积累经验和技能的过程更漫长。

6.2.3　从农业分工演进到农业专业化发展是质的飞跃

随着农业分工水平的提高和分工层次的深化，农业分工会不断演进，因而农业分工的演进是农业领域经济社会活动划分越来越细化、越来越深入的过程。而农业专业化发展是农业专业化水平逐步提升的动态过程，这个过程必然伴随着农业专业化的方向越来越精准，个人专业化水平越来越高、农业生产迂回程度、农业生产标准化程度越来高。因此，在从农业分工到农业专业化的渐进过程中，农业分工演进也会走向农业专业化发展的质的飞跃。

6.3　农民合作经济组织的两个权衡： 促进农业专业化发展的作用原理

一方面，农户的专业化生产会产生较强的资产专用性，进而会给农户带来巨大的专业化风险，而家庭生产方式下单个农户无力承担这些巨大的专业化风险，往往面临生存困难，严重威胁到农户的家庭安全。而出于"安全第一"考虑的理性农户宁愿放弃专业化生产可能带来的收益，也不愿意冒险承担专业化风险使家庭安全受到威胁。因此家庭生产方式下单个农户难以在专业化和家庭安全之间进行有效权衡从而限制了农业专业化发展。农民合作经济组织能够帮助单个农户在专业化和家庭安全之间进行有效权衡，从而成为促进农业专业化发展的有效途径。另一方面，农民合作经济组织能够在农户兼业化和农民职业化之间进行更好地权衡，使农户兼业化和农业专业化形成有效的统一，促进农村经济发展，并保障农村社会的稳定。

6.3.1　农户的专业化和风险生成

专业化不仅意味着农户专业技能的提升，更意味着农户资产的专用性程度提高；专业技能提升带来的是专业化经济，但资产专用性程度的提高却会导致专业化风险，其集中体现就是交易成本增加所导致的交易失败，交易失败给从事专业化生产农户的家庭安全造成的威胁更大、更具毁灭性。

1. 农户专业化的资产专用性特征

威廉姆森认为资产专用性(asset specificity)指的是为支持某项特殊交易而进行的耐久性投资。即当一项耐久性投资被用于支持某些特定交易时，所投入的资产就难以转向其他用途，进行再配置也会造成重大经济损失[①]。他把资产专用性分为六种类型：①地理专用性或区位专用性(site or location specificity)，与存货、运输费用有关；②物质资本专用性(physical asset specificity)，比如生产某零件所必须的专用模具；③人力资本专用性(human asset specificity)，与"干中学"有关，如果交易者习得的技能或知识只在与特定交易伙伴交易时才有价值，就会产生这种专用性；④专项资产(dedicated assets)，主要指根据客户的紧急要求特意进行的投资，一旦该客户终止采购，就会使这种产品的生产能力过剩；⑤品牌资产专用性或商誉专用性(brand asset specificity)，包

---

① W. Kasper 和 M. E. Streit 则把资产专用性定义为生产性资产的一种状态(如一件资本设备或一套专门知识)，而这种状态不允许将资产转用于其他用途。而 H. Bonus 采用交易专用性资源的说法，即一旦被用于某种交易中，就无法在不发生巨大损失的条件下转移到其他交易中的生产性资源。

括组织或产品的品牌和企业的商誉等；⑥时间专用性或称瞬时专用性（time asset speci-ficity），指必须在特定时间使用的专用性资产。

农户从事专业化生产会从以下几个方面提高其资产专用性程度：

一是提高农户的地理专用性程度。农业生产过程是动植物有机体的生命过程，而动植物有机体的生长过程在很大程度上依赖于一定的自然地理环境，尤其是对降水、土壤、光照、温度等条件的依赖性较强，从而形成了农业生产的地理专用性。如高原草地适于畜牧业生产而不适于种植业，缺水耕地适于旱地作物而不适于种植水稻等①。而农户从事专业化生产会提高其地理专用性程度。农户在专业化生产中对土地进行的长期反复的操作，如化肥的施用、耕作的频率和深度等，使土壤的松软程度、湿度、土质等逐渐适合种植某种农作物，如果转而用于种植其他农作物或者从事养殖等其他农业生产活动就会造成损失。而且农作物生长也具有一定的周期性，不到农作物成熟时，该农地也不能改作其他用途，否则会造成损失。

二是提高农户的物质专用性程度。农户从事某种农产品专业化生产则产生了该种农产品的物质专用性。因为农作物生长有其自然的周期，一个周期内无法改变品种和产量，这对于处于变化中的农产品需求来说，必然有较高的物质资产专用性。而农户在从事专业化的生产时会进行专业化的物质资本投资从而提高其物质专用性程度。如专门从事葡萄生产的农户在长期的葡萄生产经营过程中必然会购置葡萄生产的专用机器设备、化肥、农药以及葡萄保鲜贮藏设备等。而这种专门针对葡萄生长的化肥、农药和农用机械往往是专门针对葡萄这种农产品或葡萄生产过程中的某个生产环节设计的，几乎很难改作其他用途，从而形成了较高的物质专用性。在养殖业中则具体表现在圈舍及水域的使用。

三是提高从事专业化生产的农户的人力资本专用性程度。农户在从事专业化的生产时会不断重复操作而积累经验，并进行专业化的培训，提高自身在其所从事的专业领域的知识和技能，从而增加了其人力资本的专用性程度。如专门从事肉牛养殖的农户在长期的肉牛养殖过程中逐渐形成了肉牛喂养、照料、疾病防治等方面的专业知识，并通过培训获取了饲养优质肉牛的专业技术，而这些肉牛养殖专业生产者的肉牛养殖技术无法用在其他农业生产（如粮食生产经营）过程中，形成了较高的人力资本专用性。

四是提高农户的时间专用性。农业的产业特征决定了农产品和农业生产环节具有较强的时间专用性。如农产品生产的季节性和周期性导致农产品通常会集中上市，再加上农产品的易腐性，导致了农产品的时间专用性较强。而农业生产环节由于具有季节性和周期性以及农业生产对象的生命过程的不可逆性，导致了农业生产环节的生产活动不能

---

　　①　当然，对不同种类的农产品而言，其物质资产专用性程度也有差异。例如，用于种植蔬菜的土地的物质资产专用性程度就小于用于种植柑橘的土地的专用性程度。

耽误农时，从而具有较强的时间专用性。而农户从事专业化生产提高了其时间专用性程度。专业生产某种农产品的农户只能等到该农产品的一个生产周期结束才能再作出生产决策，而且专业户由于种植规模的扩大，一次性收获的产品数量将更多，从而面临更高的时间专用性。

五是提高农户的商誉资产专用性。从事专业化生产的农户长期从事某种农产品或某种农业生产环节的生产经营能够形成商誉资产专用性。如通过建立农产品品牌、提高农产品品质、建立良好的声誉等提高商誉资产专用性程度。

2. 农户资产专用性对风险的影响

由于从事专业化生产的农户具有更高的资产专用性程度，容易产生更大的专业化风险。

农户的专业化生产带来的较高的物质资产专用性和时间专用性使农户面临更大的风险。由于农产品价格和供求变动频繁，而农户的物质资本专用性和时间专用性较高，无法随时根据农产品价格和供求的变动作出相应调整，往往会面临更大的市场风险。如专业生产某种农产品的农户需要在该农产品成熟之后再进行决策是否继续生产该种农产品或者生产多少该种农产品。如果决定不继续生产或者减少生产该种农产品数量，则投入的专用性的化肥、农药、农业机械设备等物质资产将会受到损失。而农产品的集中上市和农产品的易腐性使农户在面对农产品价格和供求变动时面临的市场风险更大。

农户的专业化生产带来的较高的地理资产专用性和人力资产专用性使农户面临更大的风险。由于专业农户的地理专用性较强，转作其他用途往往会遭受损失，面临更大的风险。如专业生产水稻的农户使用的农地通常是易于灌溉、保水性和保肥性较高的土壤，而且处于光照充分、含氧丰富的环境中，这种地理环境很适合水稻的生长，能够提高水稻生长和产出的效率。但如果要改为种植其他农作物或者改为其他用途，如建鱼塘、猪圈等，就会造成很大损失。而农户的人力资产专用性不是一朝一夕形成的，改变用途所遭受的损失更大。如专业种植葡萄的农户长期以来形成了葡萄种植的丰富的经验，但如果需要种植蔬菜，之前积累的葡萄种植经验就无法得到应用，需要重新学习种植蔬菜的经验，而这个学习的过程也是漫长的，需要付出更高的学习成本。

农户的专业化生产带来的商誉资产专用性使农户面临更大的市场风险：①农户的商誉资产对农户的农业生产过程以及农产品质量提出了更高的要求，不符合标准的农业生产环节和农产品会给农户的商誉带来难以挽回的损失。如一旦农户生产的某农产品品质不符合要求，包括农药残留超标、外观漂亮但内部变质腐烂等，会严重损害品牌声誉。②农户的商誉资产专用性对农户具有锁定效应，更高的的农业生产过程以及农产品质量标准导致农业生产投入成本更高，农户更容易受到机会主义行为的威胁，从而导致风险的产生。如有绿色食品认证的土鸡商品，需要从鸡苗、饲料、宰杀、运输、包装等一系列生产环节上进行高标准、严要求，如果某一个环节不符合标准会导致整个生产过程不符合要求，造成更大的损失。③农户在对商誉资产进行投入时需要承担大量风险。农产品品牌的建立、申请农产品绿色认证等需要大量的投入，单个农户想建立品牌或申请绿色认证是极其困难的，往往会面临一系列的市场风险。

6.3.2　组织改善农户在专业化和家庭安全之间的权衡

分散的小农户具有一定的脆弱性，而农民合作经济组织通过把分散的小农户有机组织起来，为农户提供各项农业生产经营服务，不仅能够降低农户所面临的各种风险，还能够改善和提高农户的风险规避能力，从而在一定程度上保障农户的家庭安全。而农户在家庭安全得以保证的基础之上，会倾向于从事专业化的农业生产，以期望获得更多专业化经济收益。因此，农民合作经济组织能够改善农户在专业化和家庭安全之间的权衡，从而促进农业专业化发展。

1. 组织帮助农户降低面临的风险

根据波普金（Popkin，1979）的"理性小农"理论，农户会根据个人的偏好和价值观评估他们行为选择的后果，然后做出他认为能够最大化他的期望效用的选择。而利普顿（Lipton，1968）的"风险厌恶"理论指出风险厌恶是贫穷的小农的生存需要。还有很多学者认为农户的生产决策是基于多目标的，即除了传统的利润最大化目标以外，同时还考虑诸如规避风险、减少劳动力投入等优化目标（Bazzani，2005；Bartolini et al.，2007）。并且由于经济发展、外界政策干预等因素的存在，农户追求的目标可能随时间而有所变化（Huylenbroeck，Vanslembrouck，2001）。研究表明，签订生产合约是一项有效的风险管理手段；鼓励农户建立合作经济组织，比分散农户更能降低信息不对称和资产专用性造成的风险（罗必良等，2008）；农民组织化程度的提高，特别是专业农协的发展有利于降低市场风险（姚寿福，2004）。

如前所述，单个分散的小农户进行农业生产经营往往会面临一系列风险，包括农户家庭成员健康风险、自然风险、市场风险、政策风险、社会风险等。而农民合作经济组织往往可以在很大程度上帮助加入组织的成员农户降低这些风险。在农户农业生产过程前期，农民合作经济组织为会员提供统一的生产资料供应，如帮助成员农户统一购买种子、农药、农业机械等，而农民合作经济组织通过和农业生产资料供应商谈判，通常能够以相对较低的价格购进这些农业生产资料，从而降低了单个农户由于信息不对称所面临的交易对手搜寻风险、价格风险、产品质量风险等。在农户农业生产过程中期，农民合作经济组织为会员提供农业技术指导和培训、农业机械服务、植物保护或动物防疫等技术服务、田间管理指导或服务等，降低农户由于农业知识少、农业技术低带来的生产风险，以及由于农户劳动力不足所带来的风险。在农户农业生产过程后期，农民合作经济组织为会员提供统一收割服务、统一包装和保鲜技术、统一存储、运输、加工、销售等服务，降低农户销售农产品的价格风险、市场信息风险、农产品腐烂损耗风险等。此外，农民合作经济组织还为会员提供信贷支持，降低农户的融资风险；为会员提供农业保险服务，以降低农户在农业生产经营过程中面对自然风险所遭受的损失；农民合作经济组织还通过提高农户的收入水平、提高农户的农业生产技能，减轻农户的农业劳动强度等，降低农户家庭成员的健康风险。

2. 提高农户风险规避能力

研究表明尽管大多数农民在大多数时间都是风险规避的，但这并不意味着他们拒绝承担风险（Hardaker et al.，2004）。储蓄和借款是绝大多数中国农户的风险处理策略（陈传波，丁士军，2005）。有着较高收入或较富裕的农户家庭，即使做出了很有风险的决策，也能够较好地承受可能由风险带来的损失（Binswanger，Sillers，1983；Hamal，Anderson，1982）。获得政府补贴、保险赔偿等的机会可以降低风险规避程度，因为在发生灾难时可以获得保障（Binswanger，1980）。农民合作经济组织有助于提高农户生产经营的整体规模效益与抗风险能力，同时减少单个农户因信息不对称与供给主体规模太小而面临的市场风险（屈小博，2008）。

农民合作经济组织不仅可以帮助降低农户面临的风险，还能提高农户规避风险的能力：①农民合作经济组织可以给其成员农户提供更丰富、更完善、更精准的农业生产经营所需的信息，提高农户的风险规避能力。单个农户对农业信息的掌握和加工能力有限，无法根据及时准确的信息规避风险，而农民合作经济组织可以通过提供信息帮助其成员农户提高风险规避能力，如农产品价格变化、农产品供求变化、自然环境变化时，农户可以提前掌握准确的信息，从而对未来的不确定性做出准确的预测，提前采取相应的应对措施，避免或降低损失。②农民合作经济组织可以通过对其成员农户提供培训和指导，提高农户的风险规避能力。单个农户掌握的农业生产技术有限，而且其技术采纳成本较高，而农民合作经济组织更容易通过农业技术推广，使其会员农户掌握更先进的农业生产经营技术，提高农业生产效率，从而提高其风险规避能力。③农民合作经济组织更容易通过改善农户农业生产经营环境，降低农业生产的辛苦程度，提高农户的风险规避能力。如改善其会员农户农业生产经营所需的农田水利等基础设施，减轻农户进行农业劳动时的劳动强度，用机械代替人工，这样农民不再需要付出艰辛的劳动以致透支身体健康，用更少的劳动投入获得更多的农业收益。从而提高农户的风险规避能力。④农民合作经济组织可以通过提高农民收入、改善农户生活水平，来提高农户的投资能力，增强农民抵抗各种风险的能力。农民合作经济组织之所以对农户有着较强的吸引力，最重要的原因在于能够提高农户收入，如通过降低农业生产成本、提高农产品品质、解决农产品销售等问题提高农户收入水平，从而使农户有更雄厚的资金实力来抵御农业生产经营风险。⑤农民合作经济组织可以为其会员农民提供一定的金融信贷支持、保险支持等，使农户有足够的资金保障，可以增强农户抵御自然风险的能力。农户抵御风险除了自身收入水平提高之外，更重要的资金来源在于借贷。单个分散的农户通常依靠自身社会网络进行非正规信贷，但数额有限，而正规信贷在农村地区又往往受到各种限制。农民合作经济组织正好解决了这一难题，通过为其会员农民提供一定的金融信贷保险支持增强农户规避风险的能力。

3. 提高农户专业化经济收益

钱德勒(Chandler)指出，组织通过有效率的管理，可以更有效地配置资源，提高生产效率，使产出大于投入，进而实现规模报酬递增的目的。合作组织通过使生产者剩余和成员消费者剩余的最大化，可以实现其成员和社会福利的最大化(Helmberger，Hoos，1962)，并通过获得大量的经营业务以达到规模经济(Sexton，1986)。

农民合作经济组织可以帮助从事专业化生产的农户降低生产成本、提高生产效率，从而获得更多专业化经济收益。单个农户进行农业生产经营时由于各方面因素的作用往往会产生较高的生产成本。如单个农户农业生产技术不高，农业投资有限，抵抗农业生产中各项风险的能力较弱，而且每个农户都会对自己所从事的少量农产品生产的整个过程进行精细管理而花费大量时间和精力。因此，农民合作经济组织通过把分散的小农户有机联合起来，往往可以通过降低这些因素的负面影响，从而降低农户生产成本，实现专业化经济收益。如农民合作经济组织可以通过统一购买生产资料，以相对更低的价格购进质量更高的生产资料，从而降低农户的生产资料采购成本。农民合作经济组织可以通过统一提供农业机械服务，减少农户不必要的农业机械购买成本，降低农户单独购买时的购进成本和消耗成本。农民合作经济组织可以通过提供农业生产经营中的公共物品，如大型水利设施建设、农业信息提供等，降低农户的生产成本。农民合作经济组织通过对农户的有机联合，可以扩大生产经营规模，实现规模效益。农民合作经济组织可以通过对农户的技术培训指导，降低农户的劳动强度，提高农户劳动效率，提高农产品品质，增加农业专业化收益。

6.3.3　组织改善农户兼业化和农民职业化之间的权衡

农户兼业化是在不同国家都普遍存在的现象，而且也是工业化过程中农业发展的不可消除的现象。农民合作经济组织有助于改善农户兼业化和农民职业化之间的权衡，从而促进农业专业化发展。

1. 农户兼业化和农民职业化的理论分析

家庭生产方式在一定程度上促使了农户兼业化的产生。农业生产具有周期性和季节性的特征而导致了农业劳动投入的不连续性，而家庭生产方式下农地规模过小，使农业生产者存在大量的隐性失业现象，农业生产者通过兼业来保障家庭收入稳定就成为农业劳动力的必然选择。有研究表明，从事有较强季节性作物种植的农户农外兼业更为普遍，而以牧业、渔业养殖等为主的农户则很少参与非农活动(Ilbery，Bowler，1993)。而速水佑次郎和拉坦(2000)的研究进一步表明，基于家庭效用最大化考虑，兼业农户往往不愿放弃所持有的土地,形成普遍的"兼业化滞留"。贺振华(2005)认为兼业的发展是农村劳动力迁移的一个必经过程,在目前这个阶段,兼业有利于农户资本的积累,有利于社会的稳定,也有利于以后农村劳动力的彻底迁移。本书认为兼业过程作为农户在既定约束下理性选择的结果,促进了各种生产要素的优化组合,促进了社会的分工和分化,但也在一定程度上阻碍了农业专业化的发展。

一些学者对农户兼业化产生的原因进行了研究。罗(Low,1986)注意到农户内部成员之间劳动力比较优势是造成兼业的原因之一。速水佑次郎和神门善久(2003)认为三个原因导致了农户兼业化的产生:①工业和服务业的发展使农民兼业的机会迅速增加;②减轻劳动强度的小型机械的使用使没有青壮年劳动力的农户也能持续经营农业,使一些兼业农户的寿命得到延续,老年人和妇女在农业劳动力中的比例上升;③人均寿命的延长。推力-拉力学说认为,兼业的存在程度直接与农外就业机会的多少呈正相关,而与农业中机会的多少呈负相关(Fuguitt,1959;Kilic et al.,2009)。其推力因素包括:①经营农业机会有限或收入不足以维持较好的生活水平;②扩大农场规模有困难;③节省劳力的农业技术的广泛采用,导致了家庭劳动时间或劳动力的剩余;④妇女农场外就业方面更积极的参与;⑤农场家庭成员教育水平的提高,提高了劳动力的机会成本。拉力因素包括:①工业化和城市化的迅速扩展,使得农村人口的非农就业机会日益增多;②交通运输的发展减少了通勤的时间;③大众媒介的普及,使农村劳动力更容易获得非农就业的信息;④劳动制度的改变(如记时工的出现)和劳动条件的改善。

也有一些学者对农户兼业化的影响进行了分析,他们认为农户兼业化可以帮助农户规避风险、增加农户家庭收益。如富勒(Fuller,1990)认为农户兼业化可以充分利用家庭闲置资源(例如劳动力、设备、建筑物等)或通过改变其用途以获取更多收入,也可以通过扩大家庭收入来源以分散农业经营风险。贾尔斯(Giles,2006)指出农户兼业化既为农户提供了收入来源,也构成了农户风险规避的重要手段。速水佑次郎和神门善久(2003)研究发现日本农户兼业化在改变农户与非农户收入差距上的作用是显著的。国内学者韩俊(1988)和冯海发(1988)较早地指出,农户兼业化有助于土地资源向种植大户转移,扩大家庭农业经营规模,提高农民农业生产收益,也有助于农户分享非农经济部门增长的成果。李实(1999)研究发现,有外出劳动力的农户中的非外出劳动力的边际劳动生产率要高于非外出劳动力农户中的非外出劳动力的边际劳动生产率。也就是说,外出劳动力不仅能够获得更高的劳动报酬,而且他们的转移或兼业还会对家庭中其他继续务农劳动者的劳动报酬率的提高产生积极影响。钱忠好(2008)认为农户兼业化行为保证了农业家庭内部农业生产与非农产业之间劳动力资源合理配置,可以实现家庭收益最大化。

也有学者对农户兼业化和专业化之间的关系进行了论述。如向国成(2005)认为农户兼业化是家庭内个体层面的专业化与家庭整体层面的专业多样化的统一,农户的兼业化在家庭承包土地一定的前提下扩大了家庭成员中继续从事农业者的土地经营规模，提高了农业经营者的专业化程度，使其劳动力资源在农业中得到更充分的利用。从家庭层面来看，农户从事的专业就不仅仅是农业，也包括非农业，专业多样化程度得到发展。所以，兼业化是一定约束条件下家庭内的分工发展形式。

本书认为农户兼业化和农业专业化之间是有一定的矛盾的，农户兼业化意味着农户家庭从事多样化的生产活动，既包括从事多样化的农业生产活动，也包括从事多样化的农业和非农业生产活动，这与农业专业化是背道而驰的。但是，农户兼业化对于家庭生产方式下单个分散的农户而言是其理性选择的结果，因而也是现阶段难以消除的现象。而在农户兼业化的背景下农户家庭内部成员也能实现农民的职业化或专业化，从而促进农业专业化的发展。农民合作经济组织能够有效改善农户兼业化和农民职业化之间的权衡，从而在保持农户家庭兼业化的背景下促进农民职业化或专业化的发展，进一步促进农业专业化发展。

2. 组织改善农户兼业化和农民职业化之间权衡的原理

农民合作经济组织能够改善农户兼业化和农民职业化之间的权衡，从而促进农业专业化发展，主要体现在以下三个方面。

首先，农民合作经济组织通过对农村土地的整合改善农户兼业化和农民职业化之间的权衡。农户兼业化使留在农村从事农业生产经营的农业生产者拥有了更多的土地资源，为留在农村从事农业生产经营的农民提高农业生产规模、从事农业专业化生产创造了更好的条件。农户加入农民合作经济组织之后，可以把土地交给合作社，通过土地入股的形式成为合作社成员。农民合作经济组织通过把农户入股的小块农地进行有效整合，形成规模较大的农地。一方面可以把整合之后的大规模农地承包给有生产经营能力的农业生产大户，农地入股的农户可以获得土地分红收入；另一方面也可以把整合之后的大规模农地承包给企业或者科研院所，建立农业生产示范基地，并雇佣农地入股的农民进行某些农业生产环节的生产，使其可以获得从事农业生产劳动的工资收入。这样，农民合作经济组织就可以实现通过对农村土地的整合来改善农户兼业化和农民职业化之间的权衡，通过提高兼业农户中留在农村继续从事农业生产的农民的农业专业化程度，来促进农业专业化发展。

其次，农民合作经济组织通过对农村劳动力的联合改善农户兼业化和农民职业化之间的权衡。农户兼业化的发展使农户家庭劳动力中从事农业劳动的劳动力数量减少了，而且留在农村继续从事农业生产经营活动的更多是妇女和老人，他们更需要生产合作。农民合作经济组织通过对这些农业生产者的互惠联合，能够帮助兼业农户中留在农村的劳动力更好地从事农业生产经营活动。如农民合作经济组织可以在农忙时节帮助这些兼业农户提供农业务工信息，给这些农业劳动力数量减少的农户提供农业劳动力的租赁服务信息，降低其搜寻成本，减少其信息不对称带来的损失。这样，农民合作经济组织就可以实现通过对农村劳动力的联合来改善农户兼业化和农民职业化之间的权衡,通过提高兼业农户中留在农村继续从事农业生产的农民的农业专业化程度,来促进农业专业化发展。

第三,农民合作经济组织通过为农村劳动力提供农业机械和农业技术服务改善农户兼业化和农民职业化之间的权衡。农户兼业化使留在农村从事农业劳动的劳动者需要使用更多的农业机械和农业技术。农民合作经济组织通过对这些农业生产者提供农业机械和农业技术服务,帮助兼业农户中留在农村的劳动力更好地从事农业生产经营活动。如单个农户不需要或者无力购买大型的农业机械设备,而农民合作经济组织可以为这些兼业农户中的农业生产者提供大型农业机械服务。而兼业农户中的农业生产者需要农业技术以提高农业生产率,农民合作经济组织可以给这些农民提供农业技术培训和指导。这样,农民合作经济组织就可以实现通过为农村劳动力提供农业机械和农业技术服务来改善农户兼业化和农民职业化之间的权衡,通过提高兼业农户中留在农村继续从事农业生产的农民的农业专业化程度,来促进农业专业化发展。

6.4　农民合作经济组织促进农业专业化发展的途径

有研究表明,农民合作经济组织能够促进农业专业化发展(Bachev,2004;Wilcox,1956;Chisholm,1979)。本书主要从提高农户个人专业化水平、提高农业生产迂回程度、提高农业生产标准化程度等方面探讨农民合作经济组织在提高农业专业化发展能力方面所起的作用。

6.4.1　组织提高农户的个人专业化水平

农民合作经济组织通过把分散的小农户有机组织起来,为农户提供各项农业生产经营服务,包括金融信贷等方面的服务,提高农户投资能力、提升农户专业技术能力,从而提高农户的个人专业化水平,使农户能够获得更多专业化经济收益。这意味着农民合作经济组织从提高农户的个人专业化水平的角度增强了农业专业化发展的能力。

1. 提高农户农业投资能力和水平

农户投资是指农户为追求自身效用极大满足而投入资金以及形成相应资本的过程。农户投资包括物质资本投资与人力资本投资两种形式。农户物质资本是指农户在生产经营过程中所使用的一切生产资料,如化肥、农药、地膜、农家肥、自留种等,也包括土地和固定资产,如牲畜、大中型铁木农具、水利灌溉机械、生产用房等。农户人力资本是指对农户家庭成员的教育投资、技术培训、健康投资而形成的凝结在人体中能使价值增值的知识、体力和技能的总和。

农业投资水平的高低决定了农业生产的可持续性和农业再生产的规模和收益。单个小农户的弱质性往往限制了其投资能力，农业投资水平不高。农民合作经济组织可以帮助农户提高其人力资本投资能力和水平：①农民合作经济组织通过对其会员农户进行农业生产经营的培训和指导，并通过在农业生产过程中的"干中学"不断积累知识和经验，提高农户的农业科学技术水平和农业生产经营的知识水平，从而提高农户成员与农业生产经营相关的人力资本水平。②农民合作经济组织通过帮助农户进行专业化和规模化的农业生产经营，并采用现代化的市场营销手段，使农民能够和外界联系，开阔视野，提升自身的素质，增加其人力资本水平。

农民合作经济组织还可以帮助农户提高其物质资本投资能力和水平：①农民合作经济组织可以给其会员农户提供更优惠便捷的金融信贷等资金支持，通过提高农户的资金实力提高农户的投资能力和水平。如农民合作经济组织可以在组织内部设立农业生产基金，或者通过以组织资产担保的形式与银行、信用社等金融信贷机构洽谈，帮助有资金困难或资金需求的农户解决投资资金困难。②农民合作经济组织通过统一购买种子、化肥、农药、农业机械等生产资料，可以使会员农户获得更多价格优惠，提高农户的投资能力。③农民合作经济组织通过统一购买机器设备，如灌溉设备、插秧机、联合收割机等，通过租赁方式有偿给会员农户使用，解决了单个农户无力购买或不必要购买大型机器设备的问题，增加了农户的固定资产投资能力。④农民合作经济组织通过提高农户的农业生产经营收益，增加其收入，提高农户的农业投资能力。⑤农民合作经济组织通过提供专业的农业生产经营服务，如专业插秧队、机械服务队、植物保护专业队，为农户提供专业的技术服务，帮助农户提高农业投资水平。

2. 提升农户专业技术能力和水平

农民合作经济组织比单个分散的小农户获取技术的能力更强，这是因为相对于单个分散的小农户而言，农民合作经济组织拥有的人员资源、物质资源和社会资源更丰富，获取农业生产技术的途径更广泛、能力更强。而农民合作经济组织能够帮助其成员农户提升专业技术能力和水平，主要体现在以下几个方面：①未加入农民合作经济组织的农民主要通过市场或媒体获取技术信息和新技术，而农民合作经济组织内部的成员农户主要通过组织管理机构或组织中的技术能人获取技术信息和新技术，更有针对性、更有效；②没有加入农民合作经济组织农民的技术传播方式仅限于个人与个人之间的传播，而农民合作经济组织的技术同化和传播方式更丰富，包括团体与团体之间、团体与个人之间、个人与个人之间等，因而技术传播更快捷、更有效；③农民合作经济组织和能人大户的示范作用使农民合作经济组织引入的新技术和新品种较多，农业技术传播的周期缩短，提高了其技术同化能力；④农民合作经济组织通过采用行动学习法改善组织内成员农户之间的沟通，从而使农民更好地了解技术、传播技术，促进农民不断应用新技术；⑤农民合作经济组织通过技术培训和技术服务相结合的方式，使可物化技术如新品种、化肥、农药和机械等与相应的非物化技术如农作物种植技术、管理技术、施肥技术、农机使用技术等综合起来应用，即"良种良法"配套来提高技术应用水平。

3. 降低学习成本提升农户人力资本

农户人力资本提升是农户个人专业化水平提高的另一个重要保障。中国农村劳动力素质不高是农业发展的一个重要制约因素。农户人力资本提升依赖于两种方式，一种方式是通过精耕细作使农户在不断重复劳动中积累经验和技能，另一种方式是通过教育和培训提升农户的科学文化素质。传统农业生产状态下，精耕细作是形成农户人力资本提升的主要方式，但随着农业科技水平的提高，当农业生产的状态由传统农业向现代农业转化时，农户人力资本提升的方式将更多地依赖于农户文化程度的提高。

单个分散的农户在农业生产经营过程中往往是通过不断重复操作、熟能生巧来进行知识和技能的积累，需要支付较高的学习成本，而且人力资本积累速度缓慢，人力资本整体水平不高。农民合作经济组织可以从以下几个方面降低农户的学习成本提升农户的人力资本：①农民合作经济组织通过其组织文化制度建设提高其成员农户的整体文化道德素质，提升其人力资本。农民合作经济组织通过对农户的有机联合，形成集体凝聚力和农户的集体荣誉感，以组织的文化熏陶和感染其成员农户，以组织的制度规范其成员农户，从提升农户整体文化道德素质的角度提升农户的人力资本。②农民合作经济组织通过对其成员农户进行统一的技术培训和指导，能够加快农户知识和技能的积累的速度，降低农户的学习成本。单个农户技术采纳成本较高，需要支付较高的学习成本，农民合作经济组织通过技术培训降低单个农户的学习成本，使农户能够通过不断重复"干中学"快速积累经验，提高学习能力，提高农户的技术能力。③农民合作经济组织通过培训和指导还能使成员农户能够在分工协作、组织管理、市场营销、对外交往、民主决策方面得到锻炼，并能够通过提高农户的市场意识、科技意识、民主意识、合作意识、自我组织、自我服务、自我管理能力，来全面提高农民素质，提升农户的人力资本。

6.4.2　组织提高农业生产迂回化程度

奥地利学派庞巴维克（Bohm-Bawerk，1964）认为迂回生产是通过资源的专业化或资产专用性进行的间接生产，他定义迂回生产为使用生产的生产资料或资本品的服务，与原始的生产要素即劳动和土地相结合进行生产活动的方法。杨格认为经济发展过程就是在初始生产要素与最终产品消费者之间插入越来越多的生产工具、中间产品、知识的专门化等生产部门，使分工变得越来越细。他认为迂回生产方式又称为间接的生产方式，是指人类的生产活动的资源不是直接投入到对消费资料的生产上，而是先投入到对生产资料的生产上，通过生产资料生产的发展去转而促进消费资料生产的发展。

农民合作经济组织主要通过提高农业机械化程度、新农业技术的使用程度、新的优良品种的使用程度、化肥等中间产品的投入程度等方面来提高农业生产迂回程度。

1. 提高农业机械化程度

农民合作经济组织能够帮助单个农户更大程度地实现农业机械的使用，使初始生产要素和最终产品之间插入了更多的生产工具，从而提高农业生产迂回程度，促进农业专业化发展。农业机械对于单个农户而言属于固定资产投资，受到家庭规模的限制。单个农户虽然有能力购买中小型农业机械，却难以支付大型农业机械的购买成本、维护成本和保养成本。而大型农业机械集成了更多的生产环节和更高的科学技术水平，因此大型农业机械的使用可以使农业生产更加迂回。而农业机械具有物质资产专用性，以及因使用时间的限制而导致的较强的时间资产专用性，会给单个农户带来专业化风险。农民合作经济组织通过农户之间的联合，有更强的经济实力购买、维护和保养大型的农业机械，并降低单个农户面临的专业化风险。如单个农户进行家庭生产经营时通常使用镰刀割小麦，而农民合作经济组织可以购买联合收割机统一收割小麦。联合收割机的生产比镰刀的生产更复杂，使用之前还需要进行专业培训，因而产生了迂回生产效果。因此农民合作经济组织促进了农业生产经营过程中机械逐渐代替人工，资本密集程度更高的工具使生产过程变得更加迂回，从而促进了农业专业化发展。

2. 提高农业技术水平

农民合作经济组织能够帮助单个农户获取更专业的高水平技术服务，使初始生产要素与最终产品之间插入越来越多的专门化知识的生产部门，从而提高农业生产迂回程度，促进农业专业化发展。单个农户因信息不对称、交易成本过高、技术采纳能力有限等原因很难获取专业的高水平技术服务，而农民合作经济组织可以和高水平的科研机构或科研院校合作，为其成员农户提供更专业更高水平的技术服务，降低单个农户的技术采纳成本。而单个分散的农户往往无法获得国家一些高水平技术服务项目支持，需要有农民合作经济组织作为依托，如农业部的测土配方施肥项目不可能接受单个的农户申请，需要有组织地进行。因此农民合作经济组织可以通过多种渠道帮助单个农户获取更专业的高水平技术服务，从而提高农业生产迂回程度，促进农业专业化发展。

3. 促进优良品种的使用

农民合作经济组织能够帮助单个农户获取科技含量更高品质更优良的种苗，使生产资料服务与原始的生产要素即劳动和土地相结合进行生产，从而提高农业生产迂回程度，促进农业专业化发展。由于农产品生产是生物有机体的生命生长过程，因此决定农产品品质的核心因素是种苗质量的好坏，而优质的种苗往往集成了更丰富的科技、研发、制种等生产环节，因此优良品种的使用会使农业生产变得更加迂回。但单个分散的农户往往无力支付优良品种所需的高额成本，也难以承担生产经营过程中的高额风险，而农民合作经济组织可以帮助农户实现优良品种的使用，并降低其生产经营中的高风险。如畜产品养殖领域中，种公畜的基因和品质直接决定了成品畜产品品质的高低，而优质的种公畜配种的费用很高，而且这些优良品种的畜产品的生产过程所需的专业技术很高、面临的市场风险也很高，往往超出了单个农户能够承受的范围，而农民合作经济组织可以为其成员农户提供优良品种的种公畜配种服务，并提供相关的生产技术服务以及销售服务，从而保证农户采用优质种苗，提高农业生产迂回程度，促进农业专业化发展。

4. 促进合理的化肥施用

农民合作经济组织能够帮助单个农户更合理地进行化肥施用，使生产资料服务与原始的生产要素即劳动和土地相结合进行生产，并使初始生产要素与最终产品消费者之间插入越来越多的中间产品，从而提高农业生产迂回程度，促进农业专业化发展。对于种植业来说，化肥的施用对农产品的品质也起着重要作用。单个分散的农户购买和施用化肥往往要支付较高的购买成本、考核成本和技术成本，而农民合作经济组织可以帮助单个农户采用无公害和环保化肥施用，并提供化验和验证，降低单个农户的购买成本、考核成本和技术成本，从而提高农业生产迂回程度，促进农业专业化发展。

6.4.3　组织提高农业生产标准化程度

有学者研究表明，农业标准化必须以市场为导向，让农户按标准运作必须具备两个基本条件：一是需要帮助和指导农户按标准运作；二是需要保证农户按标准运作之后有更高的收益(宋明顺等，2007)。单个分散的农户由于其弱质性，难以形成标准化的农业生产，农民合作经济组织则可以帮助和指导农户按标准运作，并保证农户的收益。具体来说，农民合作经济组织可以通过帮助农户实行农业生产过程标准化、农产品标准化、品牌标准化、农业技术标准化等来提高农业生产标准化程度。提高农业生产标准化程度有利于降低考核成本，从而促进农业分工进一步演进。

1. 提高农业生产过程标准化程度

单个农户进行农业生产时，只需要按照农作物的生产周期和生长特性进行操作和管理，其具体操作过程具有一定的随意性。农户没有必要也没有动力对其农业生产过程进行规范化和标准化。而现代农业的重要特征就是专业化、标准化。农业生产过程标准化程度提高是农业生产专业化的一个重要指标，能够带来农业效率的提高和农业经济的增长。农民合作经济组织通过对其成员农户进行统一的规范和要求，能够提高农业生产的标准化程度。如农民合作经济组织通过对农业生产环节的分化，针对每一个农业生产环节进行规范化和标准化，指导和帮助农民按照规范和要求从事每个农业生产环节的活动。如统一供种、统一购买化肥、统一耕种、统一提供机械服务、统一施肥、统一收割、统一包装、统一加工处理、统一销售等。而且农民合作经济组织可以采取选择性激励的方式促使农户实行规范化标准化的农业生产经营，对于符合规范和标准的农户进行一定的物质和精神奖励，而对于不符合规范的成员农户进行一定的惩罚。在此基础上，农民合作经济组织还可以帮助建立农产品追溯体系，将农产品生产、销售等全过程的信息衔接起来，加强农产品安全信息供给，并根据各环节信息明确农产品生产、销售各环节的责任，使农产品安全由信任品转化为搜寻品。因此，农民合作经济组织可以通过对其成员农户的农业生产过程进行规范和统一，提高农业生产过程的标准化程度。

2. 提高农产品质量标准化程度

由于农产品质量差异较大，而且造成这些差异的因素并不能很好地进行人为控制，因此需要对农产品质量进行标准化和分级处理(Jesness，1933)。农产品的分级标准化使得批量农产品的买卖双方在交易时不需要进行大量的检测工作，促进了农产品的流通效率(Hunter，1994)。农产品质量标准化分级还可以引导农户进行选种和种植(或养殖)，并通过病虫害的控制，生产出适销对路的产品，以提升农产品质量(Jesness，1933)。农产品质量标准化分级还可以降低生产和采购活动的成本(Mehren，1961；Shaw，1961)、降低运输成本(Jesness，1933)、降低农产品交易过程的不确定性(Zusman，1967)、降低交易成本、提高市场的资源配置效率(Waite，1934；Kohls，Uhl，1998)，满足消费者不同层次和多元化的质量偏好差异、提供信息、促进技术进步、农民增收(赵卓，2009)。

单个农户从事农产生产经营活动时，没有足够的动力和能力进行农产品的标准化处理。即使有些农户在就近零售农产品时有一些初级的农产品质量分级意识，如把外表光鲜亮丽、个头更大的果实挑出来以更高的价格出售，而把外型不够美观、个头更小的果实以较低价格出售等。但这样简单的农产品分级离真正意义上的农产品标准化还有一大段距离。而农民合作经济组织通过对其成员农户进行培训指导和制度规范，能够提高其农产品标准化程度。具体方式包括：①通过对其成员农户生产的农产品制定统一的规范和标准，如果实的外形、大小、颜色、光泽度、糖度、脆度等，统一农户生产的农产品品种和品质；②对其成员农户生产出来的农产品进行质量分级的标准化处理，如根据果实直径制定统一的果实大小分类标准、并针对果实颜色制定统一的果实颜色分类标准，按统一的标准进行分类、分级；③对其成员农户生产出来的农产品在质量分级的基础上根据不同类别和级别的农产品进行统一包装和统一定价。而农民合作经济组织通过这些方式提高农产品标准化程度，可以满足不同消费者的不同消费需求，包括消费者多层次、多样性、精致性、安全性等需求；也可以给消费者提供可靠的农产品的质量信息，降低信息不对称给消费者带来的损失；还能够形成良好的声誉，促进农产品的销售，降低交易成本，提高农户的专业化经济收益。

3. 提高农产品品牌标准化程度

众多学者研究表明，建立农产品品牌可以在市场上提供差异产品、与顾客建立长期良好的关系、增加社员收益，有利于农产品市场营销(Beverland，2007)，便于消费者识别商品的出处、便于宣传推广农产品、有利于建立稳定的顾客群、有利于市场竞争(杨全顺，2004)，促进了农户增收和产业增效(王立群，2008)。

农产品品牌的建立是一个长期的投入很大的过程，单个农户建立农产品品牌几乎是不可能的。而农民合作经济组织可以通过建立农产品品牌，提高农产品品牌标准化程度。如美国的新奇士橙，已经成为高品质、高信誉的橙类代名词。品牌标准化意味着该农产品的品质规范，不仅能够给消费者提供农产品质量的标准化语言，还能够通过提高品牌价值带来更高的农产品销售效率和效益。虽然农民合作经济组织所创建的集体品牌下存在农户的机会主义和败德行为，但学者认为农户在合作经济组织中更珍视个人声誉的心理将促进个人声誉与组织声誉的互动，约束农户自发维护集体品牌（浦徐进等，2011）。而且也可以通过农产品生产追溯体系控制农户的机会主义行为，保证农产品的品质、维护共有的品牌声誉。

4. 提高农业生产技术标准化程度

以标准为核心的技术要求是农户需要的稀缺要素。单个分散的小农户在农业技术采纳时，往往受到自身经济水平、风险规避能力、受教育高低等因素的限制，难以实现农业技术的标准化。农民合作经济组织通过对其成员农户所需的农业技术进行标准化和规范化的制度要求，并对其成员农户进行统一的农业技术培训和指导，不仅可以提高农业生产过程标准化程度，也可以提高农产品标准化程度，提高农户的专业化经济收益。具体包括：①农民合作经济组织统一培训和指导农业机械使用技术，如山地和丘陵地区统一购买和使用微型耕种机械，平原地区统一提供大型耕地和收割机械服务等；②农民合作经济组织统一引进先进的农作物种植和田间管理技术、农业养殖和病虫害防治技术，并进行统一培训和指导；③农民合作经济组织统一引进和推广果实保鲜、加工、包装、运输技术，并进行统一培训和指导。

6.5　农民合作经济组织促进农业专业化发展的有限性

根据本节的论述，农民合作经济组织能够通过帮助农户更好地在专业化和家庭安全之间进行权衡以帮助农户获得更多专业化经济净收益，并改善农户兼业化和农民职业化之间的权衡以保证社会稳定，来促进农业专业化发展。但目前的现实情况使农民合作经济组织在发挥其促进农业专业化发展的作用时受到一定的限制。

（1）农民合作经济组织的合作领域受到一定的限制，在一定程度上阻碍了其对农业专业化促进作用的发挥。目前的农民合作经济组织主要是在购买生产资料、利用农业设施、销售农产品等方面实现农户之间的合作，而没有实现农户最急需的金融合作，使其提高农户的抗风险能力、帮助农户规避风险的能力受到一定的限制，从而在一定程度上限制了其对农业专业化促进作用的发挥。

（2）农民合作经济组织资金来源渠道单一，主要以内部资金为主，产权结构不清晰，"一股独大"现象严重，盈余分配制度不规范，绝大部分还没有产生"资本报酬有限，盈余按交易额分配"这样的概念和原则。在信息严重不对称的情况下，组织虽然在一定程度上提高了其会员农户的收益，但并没有遏制住农民利益不断流失的现象，普通会员除了按和约规定的交易额和交易价格获得交易收益外，无法参与组织的盈余分配，在一定程度上限制了农户所能够获得的专业化收益的提高，从而限制了农民合作经济组织对农业专业化促进作用的发挥。

（3）农民合作经济组织的资金实力有限，在市场上与其他主体进行竞争的能力较弱。如在公司与合作经济组织博弈中，合作经济组织往往处于弱势地位，谈判能力有限，节省交易费用的大部分节余实际上流向了公司。由于合作经济组织的资金规模有限，无法提供对农户获利最多的加工增值服务，农户不能从合作社获得更多的利润返还，这减弱了合作社对于农户增加收入的吸引力。

6.6　本章小结

本章以农民合作经济组织对农户专业化和家庭安全、农户兼业化与农民职业化之间的权衡为分析框架，研究了农民合作经济组织促进农业专业化发展的作用原理，基本结论可以概括为以下几个方面：

（1）农业消费多样化和生态安全的特性使农产品种类的专业化受到限制；农业生产的季节性、农业劳动力利用的非连续性限制了农业专业化的发展；随着农业生产迂回化程度的提高，尤其是农业机械的使用，大量农村劳动力离开农业，农户的兼业化程度会越来越高，限制了农业专业化发展；农业生物的生命特性限制了农业标准化程度的提高，限制了农业专业化发展。家庭生产方式下单个农户难以承担农业专业化带来的巨大风险，限制了农业专业化水平的提高。

（2）农业分工是农业专业化实现的必要非充分条件，从农业分工到农业专业化实现是一个渐进的、不断积累知识和熟能生巧的过程，而从农业分工演进到农业专业化发展是质的飞跃。

（3）农业专业化的发展取决于农户对家庭安全和专业化经济的权衡，随着农业分工越来越细，农户的专业化水平越来越高，所面临的风险也越来越大。如果农户通过专业化生产所获得的专业化经济收益在保证家庭安全的基础上还有剩余，农户就会继续从事专业化生产，否则就会逐渐转向多样化的生产以规避风险。因此农业专业化的发展必然建立在保证家庭安全以及提高专业化经济收益的基础之上。

（4）农民合作经济组织通过对农村土地的整合、对农村劳动力的联合、为农村劳动力提供农业机械和农业技术服务等方面来改善农户兼业化和农民职业化之间的权衡，从而促进农业专业化发展。

（5）农民合作经济组织通过提高农户个人专业化水平、提高农业生产迂回程度、提高农业生产标准化程度来实现农业专业化发展。农民合作经济组织能够通过提高农户农业投资能力、提升农户专业技术能力、降低学习成本提升农户人力资本来提高农户个人专业化水平；农民合作经济组织通过提高农业机械化程度、农业技术水平、促进优良品种使用、合理化肥施用来提高农业生产迂回程度；农民合作经济组织能够通过帮助农户提高农业生产过程标准化程度、农产品标准化程度、农产品品牌标准化程度、农业技术标准化程度等来提高农业生产标准化程度。

(6)现阶段的农民合作经济组织还存在一些问题，限制了其对农业专业化促进作用的发挥。如农民合作经济组织的合作领域受到一定的限制，资金来源渠道单一、产权结构不清晰、盈余分配制度不规范，资金实力有限、在市场上与其他主体进行竞争的能力较弱等，在一定程度上限制了农户能够获得的专业化经济收益，从而限制了农民合作经济组织对农业专业化发展促进作用的发挥。

第7章 农民合作经济组织促进农业分工和专业化的实证分析

本章通过实证分析来论证农民合作经济组织对农业分工和专业化发展的促进作用，主要从以下三个方面展开：一是农民合作经济组织对农业分工和专业化的作用分析，主要研究农民合作经济组织对农户参与农业生产环节分工、农户的农业专业化生产意愿和行为等方面的影响；二是农民合作经济组织对农业分工和专业化的作用原理分析，主要研究农民合作经济组织的哪些功能特征能够有效促进农业分工和专业化发展；三是农民合作经济组织与农业分工和专业化的经济效应分析，主要研究农民合作经济组织与农业分工和专业化发展对农户农业收入的影响。

7.1 研究背景

家庭联产承包责任制的实行极大地调动了农民的生产积极性，促进了中国农业生产力的提高，但随着市场经济的发展和国际竞争的加剧，这种制度安排的局限性逐渐开始显现出来：分散农户的小生产与大市场的矛盾日益尖锐，农产品市场波动日趋频繁，农户面临的风险不断增加，而抵御风险的能力并未得到有效提高。虽然农业分工和专业化发展是农业经济发展的重要动力，但是家庭生产方式下单个农户参与农业分工和进行农业专业化生产时难以承担高额的交易费用和巨大的专业化风险，从而在一定程度上限制了农业分工和专业化发展。在这种背景下，以农户互惠合作为基本原则，以节约农户交易成本、降低专业化风险、提高农户风险规避能力为功能特征的农民合作经济组织逐渐兴起，成为兼顾农业生产经营长期激励并促进农业分工和专业化发展的有效途径。然而，农民合作经济组织是否能够促进农业分工和农业专业化发展？农民合作经济组织的哪些功能特征能有效促进农业分工和专业化发展？农民合作经济组织、农业分工和农业专业化发展是否能够带来农民收入的提高和农村经济的发展？现有研究并未给出这些问题的明确答案。本章旨在利用来自中国6个省(市)农村的微观调查数据建立计量经济模型进行实证分析来回答上述问题，以此完善农民合作经济组织与农业分工和专业化发展的研究框架，充实农民合作经济组织与农业分工和专业化发展的研究内容。

7.2　数据来源

本章所使用的抽样调查数据来自于本人在 2010 年发起的"农民合作经济组织和农业专业化情况"抽样调查。调查问卷分为农户问卷、组织问卷和村问卷三个部分，农户问卷内容涉及农户基本情况、农户生产经营情况(包括农户参与农业分工、农户专业化生产意愿和行为、农户收入等)、农户加入农民合作经济组织情况等；组织问卷内容包括农民合作经济组织基本情况、农民合作经济组织经营管理情况、农民合作经济组织服务情况等；村问卷内容包括村基本情况(包括生产经营、基础设施等)、村农民合作经济组织发展情况等。

调查组于 2010 年 6 月在重庆市进行了预调查以对问卷进行测试。为了降低地区差异对调查结果的影响，在对调查问卷进行修改和完善后，于 2010 年 7 月初到 9 月初在重庆市、云南省、贵州省、四川省、河北省、甘肃省 6 个省(市)进行了正式的调查。调查采用分层随机抽样的方法，随机抽取这 6 个省(市)中有农民合作经济组织的村，然后在被调查村中随机抽取 1～2 个农民合作经济组织，再在该村中随机抽出 5～10 个参加了该农民合作经济组织的农户和 5～10 个未参加该农民合作经济组织的农户。本次调查共发放问卷 650 份，回收有效问卷 465 份，有效回收率达到 71.5%。这 465 份有效问卷包括 25 份村问卷、45 份农民合作经济组织问卷以及 395 份农户问卷。调查样本县(市、区)分布如表 7-1 所示。

表 7-1　样本县(市、区)分布

Tab. 7-1　Sample Counties (Cities, Districts) Distribution

省(市)	样本(市)区、县分布
重庆	璧山县、江北区、南川区、綦江区、涪陵区、荣昌县、石柱县、万州区、合川区、北碚区
云南	(红河州)蒙自县、(红河州)建水县、(红河州)弥勒县、(玉溪市)峨山县
四川	(成都市)双流县、(乐山市)峨眉山市
贵州	(贵阳市)开阳县、(贵阳市)息烽县、(六盘水市)水城县
河北	(承德市)隆化县
甘肃	(天水市)秦州区

注：括号内为样本县(市、区)所在的地级市。

7.3　农民合作经济组织对农业分工和专业化的作用

为了回答农民合作经济组织是否能够促进农业分工和专业化发展的问题，本节利用上述微观调查数据中的农户问卷数据和村问卷数据的合并数据，分析农民合作经济组织对农户参与农业分工以及农业专业化生产意愿和行为的影响。经过数据清理后共得到

395 个有效样本。

7.3.1 研究设计

根据前文的理论研究，农民合作经济组织能够帮助农户在分工和交易费用之间进行有效权衡，通过降低参与农业分工农户的交易成本、考核成本、协调成本等一系列成本，并扩大农产品市场范围来促进农业分工。而农民合作经济组织还能够帮助农户在专业化和家庭安全之间进行有效权衡，通过降低农户面临的专业化风险、提高农户的抗风险能力来促进农业专业化发展。为了验证以上研究结论，本节基于上述微观调查数据，通过变量的描述性统计分析，以及建立计量经济模型研究农民合作经济组织对农户参与农业分工、农户农业专业化生产意愿和行为的影响。

根据本书对农业分工和农业专业化的定义，并结合问卷中的相关问题，本节选取了三个度量农业分工和专业化的变量作为实证研究的因变量：一是农户参与农业生产环节分工程度变量，二是农户的农业专业化生产意愿变量，三是农户的农业专业化生产行为变量。农户参与农业生产环节分工变量用农户是否通过雇工的方式减少自己所从事的农业生产环节来度量。农户参与农业生产环节分工程度变量是取值不小于 0 的数值型变量，取值为 0 表示农户未参与农业生产环节分工，取值越大则表示农业生产环节分化的程度越高，即农户参与农业生产环节分工的程度越高[①]。农户的农业专业化生产意愿变量用农户是否愿意减少农产品生产品种数来度量。农户的农业专业化生产意愿变量是取值为 0 或 1 的二分类变量，取值为 1 表明农户愿意进行农业专业化生产，取值为 0 则表示不愿意进行农业专业化生产。由于分工是和自给自足相对立的一个概念，因此可以用农户生产的农产品的商品化率，也就是农户生产的农产品中用于交换而不是自给自足的农产品的比例，来度量农户的农业专业化生产行为的程度。商品化率是取值为 0 到 100％的连续型数值变量，取值越大说明农户的专业化生产程度越高。

在此基础上，本书选取该农户是否加入农民合作经济组织作为主要关心的自变量。除此以外，还选取了户主性别、年龄、是否党员、家庭是否有人外出打工、家庭劳动力数量、家庭高中以上学历人数、家庭人均农地面积、家庭是否转入农地、家庭是否转出农地等十个变量作为农户层面的控制变量，并选取村市场距离、村是否提供信息、村是否帮助农户议价等三个变量作为村级层面的控制变量。变量说明如表 7-2 所示。

[①] 在问卷中的具体问题为"您家的哪些农活是您花钱请雇工完成的"，若选择"全部是自己完成，没有请雇工"，则该变量取值为 0，若选择了其他选项，则计算请雇工完成的农活的种类数作为该变量的具体取值。

表 7-2 模型变量说明及描述统计

Tab. 7-2 **Description and Statistics of Variables in Model**

变量名称	变量定义	均值	方差
因变量			
专业化意愿	农户愿意更多地生产主要农产品=1；不愿意=0	0.56	0.5
专业化行为	农户生产的农产品中销售出去的农产品所占比重（单位：%）	68.12	30.58
生产环节分工程度	农户的农业生产环节全部由自己承担=0；农户的农业生产环节有 n 项由雇工完成=n	1.09	1.47
自变量			
是否加入组织	农户加入了农民合作经济组织=1；未加入=0	0.53	0.50
农户控制变量			
户主性别	男性=1；女性=0	0.94	0.23
户主年龄	户主的年龄（单位：岁）	45.68	10.41
户主是否党员	户主是党员=1；户主不是党员=0	0.10	0.31
有人外出打工	农户家中有人在外打工=1；无人在外打工=0	0.48	0.50
家庭劳动力数量	农户家中具有劳动能力的人数（单位：人）	2.94	1.00
高中以上学历人数	农户家中具有高中及其以上学历的人数（单位：人）	0.80	0.74
家庭人均农地面积	农户家庭人均农地面积（单位：亩/人）	2.78	5.41
是否转入土地	农户有租入农地=1；农户无租入农地=0	0.36	0.48
是否转出土地	农户有租出农地=1；农户无租出农地=0	0.15	0.36
村控制变量			
村市场距离	农户所在村委会到最近的农贸市场的距离（单位：公里）	4.91	6.38
村是否提供信息	农户所在村为农户提供市场和技术信息服务=1；否则=0	0.87	0.34
村是否帮农户议价	农户所在村帮助农民在农资购买时进行议价=1；否则=0	0.37	0.48

根据以上变量设置，针对三个不同的因变量分别设置了三个不同的回归模型：

第一个模型中，由于农户的专业化生产意愿是取值为 0 和 1 的两分类因变量，因此本书建立 Probit 回归模型来进行检验，模型形式如下：

$$y = \boldsymbol{\beta}' \boldsymbol{x} + \varepsilon \tag{7.1a}$$

其中，y 的取值为 0 或 1 的两点分布概率为

$$\begin{cases} P(y=1 \mid \boldsymbol{x}) = F(\boldsymbol{x}, \boldsymbol{\beta}) \\ P(y=0 \mid \boldsymbol{x}) = 1 - F(\boldsymbol{x}, \boldsymbol{\beta}) \end{cases} \tag{7.1b}$$

而 $F(\boldsymbol{x}, \boldsymbol{\beta})$ 为标准正态的累积分布函数，即

$$P(y=1 \mid \boldsymbol{x}) = F(\boldsymbol{x}, \boldsymbol{\beta}) = \Phi(\boldsymbol{\beta}'\boldsymbol{x}) = \int_{-\infty}^{\boldsymbol{\beta}'\boldsymbol{x}} \varphi(t) \mathrm{d}t = \int_{-\infty}^{\boldsymbol{\beta}'\boldsymbol{x}} \frac{1}{\sqrt{2\pi}} \mathrm{e}^{-\frac{t^2}{2}} \mathrm{d}t \tag{7.1c}$$

该模型中 y 为农户的专业化生产意愿变量，$\boldsymbol{x}$ 是包括是否加入农民合作经济组织自变量和其他控制变量在内的向量，$\boldsymbol{\beta}$ 为待估计的参数向量。

第二个模型中，由于用农户生产的农产品的商品化率度量的农户农业专业化生产行为变量是取值范围为 0 到 100％的数值型因变量，属于双边断尾数据，因此需要建立 Tobit 模型来进行检验，模型形式如下：

$$y^* = \boldsymbol{\beta}' \boldsymbol{x} + \varepsilon \tag{7.2a}$$

其中

$$Y = \begin{cases} 0, & y^* \leq 0 \\ y^*, & 0 < y^* < 1, \ \varepsilon \sim N(0, \ \sigma^2) \\ 1, & y^* \geq 1 \end{cases} \tag{7.2b}$$

该模型中 y^* 为不可观测的隐藏变量，Y 为可以观测到的变量，即用农户生产的农产品的商品化率度量的农户农业专业化生产行为变量，$\boldsymbol{x}$ 是包括是否加入农民合作经济组织自变量和其他控制变量在内的向量。

第三个模型中，由于农户参与农业生产环节分工程度变量是取值为 0 到 n 的非负整数，需要建立泊松回归（poisson regression）模型来进行检验，设被解释变量为 Y_i，假设观测值来自参数为 λ_i 的泊松分布：

$$P(Y_i = y_i \mid x_i) = \frac{e^{-\lambda_i} \lambda_i^{y_i}}{y_i!} (y_i = 0, \ 1, \ 2, \ \cdots) \tag{7.3a}$$

其中，$\lambda_i(\lambda_i > 0)$ 为泊松到达率（poisson arrival rate），由解释变量 x_i 所决定。泊松分布的期望和方差都等于泊松到达率，即

$$E(Y_i \mid x_i) = Var(Y_i \mid x_i) = \lambda_i \tag{7.3b}$$

为了保证 λ_i 非负，假设 Y_i 的条件期望函数为

$$E(Y_i \mid x_i) = \lambda_i = \exp(x_i' \boldsymbol{\beta}) \tag{7.3c}$$

因此，

$$\ln \lambda_i = x_i' \boldsymbol{\beta} \tag{7.3d}$$

该模型中 Y 为被解释变量，即农户参与农业生产环节分工程度，$\boldsymbol{x}$ 为包括是否加入农民合作经济组织自变量和其他控制变量在内的向量，$\boldsymbol{\beta}$ 为模型待估计的参数向量。

7.3.2　样本描述统计分析

在建立计量经济模型进行回归拟合之前，可以根据调查问卷中的具体问题对农户专业化生产意愿及其原因、农户参与农业生产环节分工的方式和途径、未参与农业生产环节分工的原因等内容进行描述统计分析。

首先，分析农户专业化生产意愿及其原因，结果如表 7-3 所示。从该表中可以看出：参加了农民合作经济组织的农户中，愿意从事农业专业化生产的农户所占比例更大，初步说明农民合作经济组织对农户专业化生产意愿有正向影响。而在参加了农民合作经济组织的农户中，愿意从事专业化生产的农户大多认为从事专业化的农业生产能获

得更多的收入，而且也有能力从事专业化的生产；而不愿意从事专业化生产的农户大多认为从事专业化的农业生产缺乏必要资金支持，而且风险太大，农产品生产技术和销售都是困难。这些结论表明，农业专业化能够带来较高的专业化经济收益的预期是农户从事农业专业化生产的最大动力，但是农户从事农业专业化生产给农户带来的包括农业技术匮乏、农产品销售困难、农用资金短缺等一系列问题为表象的专业化风险成为了农户从事农业专业化生产决策的重要限制因素，而农民合作经济组织能够帮助农户在专业化和家庭风险之间进行更好的权衡，因而能够促进农户从事农业专业化生产。

表 7-3　农户专业化生产意愿及其原因

Tab. 7-3　**Farmers Specialized Production Willingness and Reason**

农户专业化生产意愿和原因	参加组织的农户		未参加组织的农户		农户数合计
	个数	比例/%	个数	比例/%	
愿意	143	66.82	71	33.18	214
原因：更省事	32	52.46	29	47.54	61
更赚钱	86	78.18	24	21.82	110
有足够的经验	43	65.15	23	34.85	66
不愿意	60	37.97	98	62.03	158
原因：不靠务农维持生活	9	21.43	33	78.57	42
没有资金	18	50.00	18	50.00	36
没有技术	10	40.00	15	60.00	25
销路不好	7	50.00	7	50.00	14
风险太大	14	38.89	22	61.11	36
其他（如劳动能力有限等）	8	66.67	4	33.33	12
合计	214	54.18	181	45.82	395

注：本描述分析是基于 395 个农户样本得出的结论，由于数据有部分缺失，所以农户合计数有少许差异，但并不影响分析结果。

其次，分析农户参与农业生产环节分工的方式和途径、未参与农业生产环节分工的原因等内容。根据已有的调查数据可知，在被调查的 395 个农户中，有 176 个农户参与了农业生产环节分工，即请了雇工帮助完成部分农业生产活动。在这 176 个参与了农业生产环节分工的农户中，128 个农户参加了农民合作经济组织，48 个农户未参加农民合作经济组织。还有 219 个农户的农业生产环节全部都由自己完成，没有请雇工，即这些农户并未参与农业生产环节分工。在这 219 个未参与农业生产环节分工的农户中，86 个农户参加了农民合作经济组织，133 个农户未参加农民合作经济组织。这一结果显示出参与农业生产环节分工的农户大多都是参与了农民合作经济组织的农户，而未参与农业生产环节分工的农户大多都是未参与农民合作经济组织的农户。这意味着农民合作经济组织能够从一定程度上促进农户参与农业生产环节分工。

对于农户未参与农业生产环节分工原因的分析，结果见表 7-4。从该表中可以看出：70.83％的农户没有请雇工的原因都是"农活不多，自己能干，没必要雇工"，说明绝大多数农户还未实现从自给自足到分工的转变，这可能是由农户所拥有的农地规模过小和农地可交易性限制所导致的；24.53％的农户没有请雇工的原因是"雇工太贵，不划算"，说明农户参与农业分工的交易费用过高，无法从其分工收益中得到补偿。而未参加组织的农户中选择"农活不多，自己能干，没必要雇工"的比例比参加组织的农户中选择该项的比例更高，同样，未参加组织的农户中选择"雇工太贵，不划算"的比例比参加组织的农户中选择该项的比例更高，这也可以说明农民合作经济组织减弱了农户自给自足的倾向性，而且能够帮助农户在参与农业分工和由此而产生的交易费用之间进行更好地权衡，从而促进了农户参与农业生产环节分工。

表 7-4　农户未参与农业生产环节分工的原因

Tab. 7-4　Reason of Farmer's not Participation in Labor Division of Agriculture Production Links

没有请雇工的原因	参加组织的农户		未参加组织的农户		农户合计	
	户数	比例/％	户数	比例/％	户数	比例/％
农活不多，自己能干，没必要雇工	36	67.92	66	72.53	102	70.83
不知道去哪儿找雇工	2	3.77	0	0.00	2	1.39
雇工农活干得不好	2	3.77	2	2.20	4	2.78
雇工太贵，不划算	13	24.53	23	25.27	36	25.00
合计	53	100.00	91	100.00	144	100.00

注：由于有些农户未回答该问题造成部分数据缺失，而且有的农户有多重选择，因此数据合计有些偏差，但不影响整体分析结果。

对于农户参与农业生产环节分工的方式和途径的分析，结果见表 7-5。从该表中可以看出：72.16％的农户请雇工的方式都是自己通过自己的社会关系网络找亲戚朋友或者在市场上请雇工帮助承担部分农业生产活动，这说明农户虽然参与了农业生产环节分工，但协调分工的方式还不够成熟和稳定，不确定性较大；而参与农民合作经济组织的农户中有 34.38％的农户可以借助于农民合作经济组织请雇工帮助承担部分农业生产活动，同时，通过自己的社会关系网络找亲戚朋友或者直接在市场上请雇工的比例仅为 64.07％，相对于未参加农民合作经济组织的农户 93.75％的比例而言明显降低，这表明农民合作经济组织是一种协调农业分工的有效方式，而且比通过市场方式协调农业分工更稳定、更有效。

表 7-5　农户参与农业生产环节分工的方式

Tab. 7-5　Method of Farmers' Participation in Labor Division of Agriculture Production Links

请雇工的方式	参加组织农户		未参加组织的农户		农户合计	
	户数	比例/%	户数	比例/%	户数	比例/%
自己找亲戚、朋友	70	54.69	40	83.33	110	62.50
自己找雇工	12	9.38	5	10.42	17	9.66
通过村里统一安排	0	0.00	0	0.00	0	0.00
通过农民合作经济组织安排	44	34.38	0	0.00	44	25.00
找专门开展这类服务的门店	2	1.56	3	6.25	5	2.84
合计	128	100.00	48	100.00	176	100.00

注：由于有些农户未回答该问题造成部分数据缺失，而且有的农户有多重选择，因此数据合计有些偏差，但不影响整体分析结果。

对于农户参与农业生产环节分工的合同方式的分析，结果见表 7-6。从该表中可以看出：75％的参与农业生产环节分工的农户请雇工承担部分农业生产活动时只有口头协议，这表明参与农业生产环节分工的农户的交易契约通常是非正式契约，更容易面临违约风险并支付较高的契约履行成本；但是参加农民合作经济组织的农户中只有口头协议的农户比例为 67.97％，相对于未参加组织的农户中该比例为 93.75％明显更低，这表明农民合作经济组织有助于降低参与农业生产环节分工的农户的违约风险以及契约履行成本；而参加农民合作经济组织的农户中签订集体协议的农户比例为 23.44％，这表明农民合作经济组织可以帮助参与农业生产环节分工的农户签订约束力更强、更正式的契约，降低农户面临的违约风险和较高的契约履行成本。这些结果充分表明：农民合作经济组织协调分工的方式比市场协调分工的方式更能够保证契约的有效性、对契约双方的约束力、契约关系的稳固性，从而降低了农户面临违约风险的概率，降低了其交易风险和交易成本，能够促进农业分工的深化。

表 7-6　农户参与农业生产环节分工的合同方式

Tab. 7-6　Contract Form of Labor Division of Agriculture Production Links

雇工合同方式	参加组织农户		未参加组织农户		农户合计	
	户数	比例/%	户数	比例/%	户数	比例/%
只有口头协议	87	67.97	45	93.75	132	75.00
签订意向协议	4	3.13	0	0.00	4	2.27
签订详细书面服务合同	1	0.78	0	0.00	1	0.57
村委会签订的集体协议	0	0.00	0	0.00	0	0.00
农民合作经济组织签订的集体协议	30	23.44	0	0.00	30	17.05
有时签，有时又没签	1	0.78	0	0.00	1	0.57
没有签合同	5	3.91	3	6.25	8	4.55
合计	128	100.00	48	100.00	176	100.00

7.3.3 模型实证结果

根据以上变量的选择和模型设定，利用 STATA11.0 软件分别建立 Probit、Tobit、Poisson 回归模型进行实证分析的回归结果如表 7-7 所示：

表 7-7 农民合作经济组织对农业分工和专业化作用的实证结果
Tab. 7-7 Results of Organization's Impact on Agricultural Labor Division and Specialization

变量	模型 1 农业专业化意愿	模型 2 农业专业化行为	模型 3 生产环节分工程度
是否加入组织	0.398 ***	10.334 ***	0.661 ***
	(2.624)	(3.204)	(4.153)
户主性别	−0.211	1.498	0.460 *
	(−0.682)	(0.235)	(1.867)
户主年龄	−0.020	0.605	0.071
	(−0.449)	(0.626)	(1.565)
户主年龄平方	0.000	−0.008	−0.001 *
	(0.076)	(−0.874)	(−1.769)
户主是否党员	0.108	5.158	0.203
	(0.424)	(0.990)	(1.273)
有人外出打工	0.008	−10.962 ***	0.041
	(0.049)	(−3.406)	(0.292)
家庭劳动力数量	−0.007	3.604 **	−0.041
	(−0.086)	(2.154)	(−0.513)
家庭高中及以上学历人数	0.141	−0.103	0.137 *
	(1.423)	(−0.048)	(1.693)
家庭人均农地面积	0.093 **	−0.049	0.024 ***
	(2.084)	(−0.154)	(4.500)
转入土地	0.373 **	16.236 ***	0.395 ***
	(2.299)	(4.718)	(2.915)
转出土地	−0.103	−10.085 **	−0.010
	(−0.513)	(−2.430)	(−0.053)
村市场距离	0.029 **	1.243 ***	0.005
	(2.088)	(5.134)	(0.515)
村提供信息	0.122	7.441 *	−0.045
	(0.590)	(1.671)	(−0.210)
村帮助农户议价	0.237	1.423	0.379 ***
	(1.602)	(0.456)	(2.722)
常数项	0.260	27.196	−2.761 ***
	(0.234)	(1.133)	(−2.626)
观测值个数	395	395	395
卡方值	73.045	133.640	201.518
拟合优度	0.138	0.038	0.149

注：*、**、*** 分别表示在 10%、5%、1% 的显著性水平上统计显著。

根据以上三个模型的回归结果可知，第一个模型中，农户加入农民合作经济组织能够显著促进农户的专业化生产意愿，第二个模型中，农户加入农民合作经济组织能够显著促进用农户生产的农产品商品化率表征的农户的专业化生产行为[①]，第三个模型中，农户加入农民合作经济组织能够显著促进农户参与农业生产环节分工程度，这些结果意味着农户加入农民合作经济组织能够显著促进农业分工和专业化。除此以外，农户特征也对农业分工和专业化发展有着显著影响。第一个模型中家庭人均农地面积的增加以及农户家庭中有转入土地能够显著增加农户的农业专业化生产意愿，这表明农户土地资源禀赋能够显著促进农户的专业化生产意愿。第二个模型中有人外出打工能够显著降低用农产品的商品化率表征的农业专业化生产行为，家庭劳动力数量的增加能显著增加用农产品的商品化率表征的农业专业化生产行为，这表明农户的劳动力资源禀赋能够显著促进农户的农业专业化生产行为；而农户家庭中有转入土地能够显著增加用农产品的商品化率表征的农业专业化生产行为变量、转出土地则显著降低用农产品的商品化率表征的农业专业化生产行为变量，表明农户的土地资源禀赋能够促进农户的专业化生产行为。第三个模型中户主性别、家庭高中及以上学历人数的增加、家庭人均农地面积的增加、农户家庭中有转入土地能显著促进农户参与农业生产环节分工程度，这表明农户拥有的劳动力禀赋和土地禀赋能促进农户参与农业分工并提高农业分工水平。此外，农户所在村的一些特征也对农业分工和专业化有显著影响。第一个模型和第二个模型中村市场距离对农户的专业化生产意愿变量和用农产品的商品化率表征的农业专业化生产行为变量有显著正向影响，这一结论与文献中市场范围扩大促进农业专业化发展的结论一致；而第二个模型中村向农户提供市场和技术信息能够显著增加用农产品的商品化率表征的农业专业化生产行为变量，说明农户掌握充分的市场和技术信息能够降低农户面临的市场风险、价格风险、技术风险、交易风险等一系列风险，保证农户的家庭安全，从而促进农业专业化。第三个模型中村能够帮助农户议价能显著促进农户参与农业生产环节分工，表明农户谈判地位上升、交易成本降低能够使农户获得更多分工净收益，从而促进农业分工深化。

综上所述，农民合作经济组织能够显著促进农户参与农业生产环节分工程度并促进农户的农业专业化生产意愿和行为，从而促进农业分工和专业化发展。从农户层面来看，农户人力资本禀赋和物质资本禀赋能够显著促进农户参与农业生产环节分工以及农户的农业专业化生产意愿和行为，这表明农户的抗风险能力增强以及分工和专业化经济收益的提升能够促进农业分工和专业化发展；而从村级层面来看，农产品市场范围、农业信息的获取、农产品销售中价格谈判能力的增强也能显著促进农户参与农业生产环节

[①] 这一结论与已有的研究结论一致，Francesconi 和 Heerink(2011)研究表明农民合作经济组织能够提高农产品商品化程度。

分工程度，以及农户的农业专业化生产意愿和行为，这表明农户的交易成本降低、面临的专业化风险降低能够促进农业分工和专业化发展。因此，农民合作经济组织能够扩大农产品市场范围、降低交易成本，帮助农户在分工和交易费用之间更好地权衡，并能降低农户面临的专业化风险、提高农户的抗风险能力，帮助农户在专业化和家庭安全之间更好地权衡，从而促进农业分工和农业专业化发展。因而这三个模型从实证的角度验证了农民合作经济组织能够促进农业分工和专业化发展的命题。

7.4　农民合作经济组织促进农业分工和专业化的作用原理

为了回答农民合作经济组织的哪些功能特征能有效促进农业分工和专业化发展的问题，本节利用上述调查中的农户问卷和组织问卷中的合并数据建立计量经济模型进行研究。因为回收的 465 份有效问卷中，有 45 份组织问卷、395 份农户问卷，而这 395 份农户问卷包括参加了农民合作经济组织的 214 份农户问卷和未参加组织的 181 份农户问卷。根据本节的研究需要，仅选取参加组织的 214 份农户问卷，并与其所对应的 45 份农民合作经济组织问卷进行匹配合并。经过数据清理后得到有效样本数 214 个，该样本的地区分布如表 7-8 所示。

表 7-8　样本地区分布

Tab. 7-8　Sample Area Distribution

	地区						合计
	重庆市	云南省	四川省	贵州省	河北省	甘肃省	
农户样本数/户	95	39	20	30	20	10	214
百分比/%	44.39	18.22	9.35	14.02	9.35	4.67	100
组织样本数/个	21	8	4	6	4	2	45
百分比/%	46.67	17.78	8.89	13.33	8.89	4.44	100

注：本样本地区分布表中的农户样本仅为参加了农民合作经济组织的 214 个农户，以及这些农户所加入的 45 个农民合作经济组织。

7.4.1　研究设计

根据前文的理论研究，农民合作经济组织能够帮助农户在分工和交易费用之间进行有效权衡，通过降低参与农业分工农户的交易成本、考核成本、协调成本等一系列成本，并扩大农产品市场范围来促进农业分工。而农民合作经济组织还能够帮助农户在专业化和家庭安全之间进行有效权衡，通过降低农户面临的专业化风险、提高农户的抗风险能力来促进农业专业化发展。为了验证以上研究结论，本节利用上述微观调查数据通过变量的描述性统计分析并建立计量经济模型研究农民合作经济组织的哪些功能特征能够促进农户参与农业分工、并促进农户的农业专业化生产意愿和行为。

根据本书对农业分工和农业专业化的定义，并结合问卷中的变量设计，本书选取了三个分别度量农业分工和专业化的变量作为模型的因变量：一是农户是否参与农业生产环节分工的变量，二是农业农户的农业专业化生产意愿变量，三是农户的农业专业化生产行为变量。农户参与农业生产环节分工变量用农户是否通过请雇工帮助干部分农活的方式减少自己所从事的农业生产环节来度量。农户参与农业生产环节分工变量是取值为0或1的二分类变量，取值为0表示没有请雇工，即农户未参与农业生产环节分工，取值为1则表示请了雇工帮助干部分农活，意味着农户参与了农业生产环节分工。农户的农业专业化生产意愿变量用农户是否愿意减少家庭主要农产品生产品种数来度量。农户的农业专业化生产意愿变量是取值为0或1的二分类变量，取值为1表明农户愿意进行农业专业化生产，取值为0则表示不愿意进行农业专业化生产。由于分工是和自给自足相对立的一个概念，因此可以用农户生产的农产品的商品化率，也就是农户生产的农产品中用于交换而不是自给自足的农产品的比例，来度量农户的农业专业化生产行为的程度。商品化率是取值为0到100％的连续型数值变量，取值越大说明农户的专业化生产程度越高。

并在此基础上，选取包括户主性别、年龄、家庭是否有人外出打工、家庭人均农地面积、家庭是否转入农地、家庭是否转出农地等变量在内的农户特征变量，选取包括生产规模扩大、销售距离更远、价格更有保障、机械化程度提高、农产品质量提高等在内的反映农户加入农民合作经济组织后的变化的特征变量，以及包括组织有企业、组织有统一生产标准、组织统一安排生产、组织有技术指导、组织帮助销售、组织有政府支持等变量在内的组织特征变量作为自变量，建立回归模型进行分析。并根据以上变量设置，针对三个不同的因变量分别设置了三个不同的回归模型。

第一个模型中，由于农户的专业化生产意愿是取值为0或1的两分类因变量，因此本书建立 Probit 回归模型来进行检验，模型形式如下：

$$y = \boldsymbol{\beta}' \boldsymbol{x} + \varepsilon \tag{7.4a}$$

其中，y 的取值为0或1的两点分布概率为

$$\begin{cases} P(y=1 \mid \boldsymbol{x}) = F(\boldsymbol{x}, \boldsymbol{\beta}) \\ P(y=0 \mid \boldsymbol{x}) = 1 - F(\boldsymbol{x}, \boldsymbol{\beta}) \end{cases} \tag{7.4b}$$

而 $F(\boldsymbol{x}, \boldsymbol{\beta})$ 为标准正态的累积分布函数，即

$$P(y=1 \mid \boldsymbol{x}) = F(\boldsymbol{x}, \boldsymbol{\beta}) = \Phi(\boldsymbol{\beta}' \boldsymbol{x}) = \int_{\infty}^{\boldsymbol{\beta}' \boldsymbol{x}} \varphi(t) \, dt = \int_{\infty}^{\boldsymbol{\beta}' \boldsymbol{x}} \frac{1}{\sqrt{2\pi}} e^{-\frac{t^2}{2}} \, dt \tag{7.4c}$$

该模型中 y 为农户的专业化生产意愿变量，$\boldsymbol{x}$ 是包括农户特征变量以及农民合作经济组织特征变量在内的向量，$\boldsymbol{\beta}$ 为待估计的参数向量。

第二个模型中，由于用农户生产的农产品的商品化率度量的农户农业专业化生产行为变量是取值范围为0到100％的数值型因变量，属于双边断尾数据，因此需要建立

Tobit 模型来进行检验，模型形式如下：

$$y^* = \boldsymbol{\beta}' \boldsymbol{x} + \varepsilon \tag{7.5a}$$

其中

$$Y = \begin{cases} 0, & y^* \leqslant 0 \\ y^*, & 0 < y^* < 1, \ \varepsilon \sim N(0, \ \sigma^2) \\ 1, & y^* \geqslant 1 \end{cases} \tag{7.5b}$$

该模型中 y^* 为不可观测的隐藏变量，Y 为可以观测到的变量，即用农户生产的农产品的商品化率度量的农户农业专业化生产行为变量，$\boldsymbol{x}$ 是包括农户特征变量以及农民合作经济组织特征变量在内的向量。

第三个模型中，由于农户是否参与农业生产环节分工是取值为 0 或 1 的两分类因变量，因此本书建立 Logit 回归模型来进行检验，模型形式如下：

$$y = \boldsymbol{\beta}' \boldsymbol{x} + \varepsilon \tag{7.6a}$$

其中，y 的取值为 0 或 1 的两点分布概率为：

$$\begin{cases} P(y=1 \mid \boldsymbol{x}) = F(\boldsymbol{x}, \ \boldsymbol{\beta}) \\ P(y=0 \mid \boldsymbol{x}) = 1 - F(\boldsymbol{x}, \ \boldsymbol{\beta}) \end{cases} \tag{7.6b}$$

而 $F(\boldsymbol{x}, \ \boldsymbol{\beta})$ 为"逻辑分布"（logistic distribution）的累积分布函数，即

$$P(y=1 \mid \boldsymbol{x}) = F(\boldsymbol{x}, \ \boldsymbol{\beta}) = \Lambda(\boldsymbol{\beta}' \boldsymbol{x}) = \frac{e^{\boldsymbol{\beta}' \boldsymbol{x}}}{1 + e^{\boldsymbol{\beta}' \boldsymbol{x}}} \tag{7.6c}$$

该模型中 y 为农户是否参与农业生产环节分工变量，$\boldsymbol{x}$ 为包括农户特征变量以及农民合作经济组织特征变量在内的向量，$\boldsymbol{\beta}$ 为待估计的参数向量。

7.4.2 样本特征描述

在建立计量经济模型进行回归分析之前，可以先从样本的描述统计分析中得出一些初步结论。如从 214 份农户调查问卷可以看出，参加了农民合作经济组织的农户具有如下特征：

(1)农户专业化生产意愿。在 214 个农户样本中，有 146 个农户愿意更多地生产家庭主要农产品，占 68.2%，说明参加了农民合作经济组织的农户中有三分之二以上的农户愿意进行专业化的农业生产。

(2)农户专业化生产行为。214 个农户的平均农产品商品化率为 76.3%，标准差为 25.8%，样本分布为 0~100%，说明参加了农民合作经济组织的农户平均的农产品商品化率都比较高，接近 80%。

(3)农户是否参与农业生产环节分工。214 个农户中，有 133 个农户都请了雇工承担家庭的部分农活，占 62.1%，说明参加了农民合作经济组织的农户中有近三分之二的农户都通过请雇工帮助承担部分农业生产活动实现了农业生产环节的分工。

（4）户主性别。在 214 个农户样本中，有 203 个农户的户主为男性，占 95％；女性户主仅有 11 户，占 5％。说明在被调查区域，参加农民合作经济组织的绝大多数农户的户主都是男性。

（5）户主年龄。样本总体平均年龄为 45.5 岁，标准差为 10.1 岁，样本分布为 27～81 岁。说明这些户主以中、青年人居多，户主在 60 岁以上的仅有 18 户，仅占到 8.4％。

（6）农户家庭有人外出打工。214 个样本农户中有 90 户农户家庭中有人在外打工，占总样本农户的 42％；有 124 户农户家庭中没有人外出打工，占总样本农户的 58％。而这些有人在外打工的农户中，有 1 人在外打工的农户有 51 户，占有人在外打工的农户总数的 56.7％；有 1 人以上在外打工的农户有 39 户，占有人在外打工的农户总数的 43.3％。而这些有人在外打工的农户中，最远在省外打工的农户有 34 户，占有人在外打工的农户总数的 37.8％；最远在省内打工的农户有 56 户，占有人在外打工的农户总数的 62.2％。说明参加了农民合作组织的农户中有近一半的农户有家庭成员在外打工，而且有近一半的农户家庭中不只 1 人在外打工，并且有三分之一以上的农户的外出打工者的最远打工地点是跨省的。

（7）家庭人均农地面积。214 个样本农户的平均人均农地面积为 4.13 亩，标准差为 6.98 亩，样本分布在 0～50.8 亩。其中有 50.5％的农户有转入农地，12.6％的农户有转出农地。说明参加农民合作经济组织的农户有一半以上的农户有转入农地，而很少部分的农户有转出土地。

（8）农户加入农民合作经济组织后的变化。在加入农民合作经济组织后，214 个农户样本中，有 72.4％的农户的农产品销售范围扩大了，表明农民合作经济组织能够帮助参与农业分工的农户扩大市场范围；有 52.80％的农户农产品运输成本降低了，表明农民合作经济组织能够帮助参与农业分工的农户降低交易成本；有 74.30％的农户生产规模扩大了，表明农民合作经济组织能够帮助参与农业分工的农户降低协调成本；有 84.11％的农户农产品质量提高了，表明农民合作经济组织能够帮助参与农业分工的农户降低考核成本，并提高农户能够获得的分工净收益；有 67.76％的农户的农产品销售价格更有保障了，表明农民合作经济组织能够帮助参与农业分工和从事农业专业化生产的农户降低交易成本并降低专业化风险；有 90.19％的农户农业收入提高了，表明农民合作经济组织能够使参与农业分工的农户获得更多分工净收益；有 46.73％的农户生产的农产品品种减少了，表明农民合作经济组织能够帮助从事农业专业化生产的农户提高农产品品种专业化的程度；有 87.38％的农户农业生产技术水平提高了，表明农民合作经济组织能够帮助从事农业专业化生产的农户提升个人专业化水平；有 71.50％的农户农业生产的标准化程度提高了，表明农民合作经济组织能够帮助从事农业专业化生产的农户提升其农业生产标准化程度；有 35.51％的农户农业机械化程度提高了，表明农民合作经济组织能够帮助从事农业专业化生产的农户提升其农业生产迂回程度；有82.71%的农户生活更有保障了，表明农民合作经济组织能够帮助从事农业专业化生产的农户提高规避风险的能力，保障其家庭安全。总之，这些结果充分说明绝大多数农户都能通过加入农民合作经济组织扩大农产品市场范围，降低交易成本、协调成本、考核成本，降低专业化风险并提高规避风险的能力来保障家庭安全，提升个人专业化水平、农业生产迂回程度和农业生产标准化程度、农产品专业化，并能获得更多农业分工和专业化经济净收益。

表 7-9 农户加入农民合作经济组织后的变化

Tab. 7-9 Farmer's Change after Participating in Organization

农户加入农民合作经济组织后的变化	农户数	农户比例/%	农户加入农民合作经济组织后的变化	农户数	农户比例/%
农业生产投入增加	135	63.08	农产品销售范围更远	155	72.43
农产品运输成本降低	113	52.80	农产品销售价格更有保障	145	67.76
生产规模扩大	159	74.30	生产标准化程度提高	153	71.50
农业收入提高	193	90.19	农业机械化程度提高	76	35.51
农业生产技术水平提高	187	87.38	农产品质量提高	180	84.11
农产品生产品种减少	100	46.73	农户生活更有保障	177	82.71

注：本表中的农户样本仅为参加了农民合作经济组织的 214 个农户。

（9）农民合作经济组织样本特征。从对应的 45 份农民合作经济组织问卷可以看出，77.78%的农民合作经济组织对会员的生产过程进行监督，表明农民合作经济组织具有减少农户机会主义行为降低参与农业分工农户之间的协调成本的特征；71.11%的农民合作经济组织对会员农户生产的产品进行检验，表明农民合作经济组织具有降低参与农业分工农户之间的考核成本的特征；93.3%的农民合作经济组织在会员农户面临农产品销售困难时采取了相应措施帮助其解决困难，表明农民合作经济组织具有降低交易成本从而促进农业分工演进的特征；28.89%的农民合作经济组织兴办了自己的企业或工厂，表明农民合作经济组织具有提高农业生产迂回程度从而促进农业专业化发展的特征；37.78%的农民合作经济组织有自己的农产品品牌，表明农民合作经济组织具有提高农产品品牌标准化从而促进农业专业化发展的特征；75.56%的农民合作经济组织给会员制定了统一的生产标准，表明农民合作经济组织具有提高农业生产过程标准化从而促进农业专业化发展的特征；88.89%的农民合作经济组织统一安排会员农户的用种、肥料、病虫害防治、饲料、防疫等生产行为，表明农民合作经济组织具有提高农业生产过程标准化从而促进农业专业化发展的特征；28.89%的农民合作经济组织请了技术专家对会员进行技术指导，表明农民合作经济组织具有提高从事农业专业化生产农户的个人专业化水平的特征；86.67%的农民合作经济组织享受过政府的诸如财政补助或补贴、贷款支持、土地或其他物质支持、税收优惠等支持，表明农民合作经济组织具有提高农户风险规避能力的特征。总之，根据以上分析结果可知，绝大多数农民合作经济组织都具有降低单个农户的交易成本、协调成本、考核成本，降低农户面临的风险、提高农户风险规避能力，提高农户个人专业化水平、农业生产标准化程度、农业生产迂回程度等特征。

表 7-10　农民合作经济组织的功能特征

Tab. 7-10　Farmer Cooperative Economic Organization's Function

农民合作经济组织的功能或特征	组织个数/个	组织比例/%
兴办自己的企业或工厂	13	28.89
有自己的农产品品牌	17	37.78
制定统一的生产标准	34	75.56
统一安排会员的农业生产行为	40	88.89
对会员的生产过程进行监督	35	77.78
对会员生产的产品进行检验	32	71.11
对产品不符合组织或客商的质量要求的会员进行惩罚	17	37.78
聘请技术专家为会员作技术指导	13	28.89
帮助会员解决农产品销售困难	42	93.33
组织享受政府支持项目	39	86.67

注：本表中的组织样本合计为 45 个。

7.4.3　实证研究结果

为了进一步检验具有何种特征的农民合作经济组织能够显著影响农户的专业化生产意愿和行为，需要把农户问卷和组织问卷进行匹配并进行合并，经过整理后得到 214 个有效样本。根据以上的变量选择和模型设定，利用 STATA11.0 软件分别建立 Probit、Tobit、Logit 三个回归模型得到如下回归结果。

表 7-11　农民合作经济组织特征对农业分工和专业化作用的实证结果

Tab. 7-11　Regression Results of Organization Characteristic Impact

Agricultural Labor Division and Specialization

变量	模型 1 农业专业化生产意愿	模型 2 农业专业化生产行为	模型 3 是否参与农业生产环节分工
户主性别	−0.125	3.915	−0.131
	(−0.247)	(0.547)	(−0.168)
户主年龄	−0.085	1.160	−0.185
	(−1.192)	(1.072)	(−1.505)
户主年龄平方	0.001	−0.013	0.002*
	(0.964)	(−1.267)	(1.691)
农户家庭有人外出打工	0.170	−8.804**	0.206

变量	模型 1 农业专业化生产意愿	模型 2 农业专业化生产行为	模型 3 是否参与农业生产环节分工
	(0.752)	(−2.560)	(0.557)
家庭人均农地面积	0.159 * * *	0.164	0.346 * * *
	(2.941)	(0.612)	(3.759)
农户有转入土地	−0.114	7.838 * *	0.568
	(−0.500)	(2.230)	(1.496)
农户有转出土地	−0.273	−14.725 * * *	0.241
	(−0.807)	(−2.978)	(0.415)
生产规模扩大	0.641 * * *	2.785	1.072 * *
	(2.671)	(0.708)	(2.556)
销售距离更远	0.242	4.615	0.007
	(0.913)	(1.112)	(0.016)
价格更有保障	0.800 * * *	12.784 * * *	−0.691
	(3.294)	(3.306)	(−1.632)
机械化程度提高	−0.072	6.098	0.910 * *
	(−0.282)	(1.602)	(2.055)
农产品质量提高	−0.447	15.220 * * *	−1.758 * * *
	(−1.414)	(3.147)	(−3.104)
组织有企业	0.122	−4.622	0.817 *
	(0.479)	(−1.229)	(1.916)
组织有统一生产标准	−0.282	−6.388	0.461
	(−1.023)	(−1.556)	(1.033)
组织统一安排生产	0.631 *	14.469 * * *	0.100
	(1.861)	(2.602)	(0.173)
组织有技术指导	−0.324	−1.231	0.518
	(−1.307)	(−0.322)	(1.248)
组织帮助销售	0.194	0.961	2.148 *
	(0.272)	(0.118)	(1.947)
组织有政府支持	0.011	1.646	−0.089
	(0.032)	(0.321)	(−0.154)
常数项	1.511	12.326	1.098
	(0.728)	(0.404)	(0.327)
观测值个数	214	214	214
卡方值	61.362	101.014	67.049
拟合优度	0.229	0.055	0.236

注:*、* *、* * *分别表示在10%、5%、1%的显著性水平上统计显著。

通过以上分析可以看出:在模型1中,农户基本特征变量中,家庭人均农地面积对农户的专业化生产意愿有显著正向影响,这表明农户的物质资本禀赋通过提高农户的抗风险能力促进农业专业化；而农民合作经济组织特征变量中，农户加入农民合作经济组织后农产品生产规模扩大、农产品销售价格更有保障，以及农户所在的农民合作经济组织统一安排会员的用种、肥料、病虫害防治、饲料、防疫等生产行为等变量都会对农户的专业化生产意愿有显著正向影响，这表明农民合作经济组织通过扩大农户的农业生产规模提高农户的抗风险能力、保障农户的农产品销售价格降低农户的销售风险、对农户的农业生产过程进行规范化和标准化来降低农业生产环节之间的协调成本、降低农业生产劳动的考核成本、提高农户的专业化水平等来促进农业专业化发展。在模型 2 中，农户基本特征变量中，农户家庭有人外出打工和农户有转出土地对农户的农产品商品化率表征的农业专业化生产行为有显著负向影响，表明农户家庭生产的多样化倾向及其对农业生产专业化的限制，以及农户的人力资本禀赋对农业专业化的促进作用；而农户有转入土地对农户的农产品商品化率表征的农业专业化生产行为有显著正向影响，这表明农户的物质资本禀赋通过提高农户的抗风险能力促进农业专业化；而农民合作经济组织特征变量中，农户加入农民合作经济组织后农产品销售价格更有保障、农户的农业机械化程度提高、农户生产的农产品质量提高，以及农户所在的农民合作经济组织统一安排会员的用种、肥料、病虫害防治、饲料、防疫等生产行为等变量都会对用农户的农产品商品化率表征的农业专业化生产行为有显著正向影响，这表明农民合作经济组织通过保障农户的农产品销售价格降低农户的销售风险、提高农户的农业机械化程度提高农业生产的迂回化程度、提高农户的农产品质量提高农户的专业化收益、对农户的农业生产过程进行规范化和标准化来降低农业生产环节之间的协调成本、降低农业生产劳动的考核成本、并提高农户的专业化水平来促进农业专业化发展。在模型 3 中，农户基本特征变量中，家庭人均农地面积对农户是否参与农业生产环节分工有显著正向影响，这表明农户的物质资本禀赋通过提高农户的抗风险能力促进农业分工；在农民合作经济组织特征变量中，农户加入农民合作经济组织后农产品生产规模扩大、农户的农业机械化程度提高，以及农户所在的农民合作经济组织兴办了自己的企业或工厂、农户所在的农民合作经济组织在农户销售困难时采取措施帮助解决困难等变量都会对农户是否参与农业生产环节分工有显著正向影响，这表明农民合作经济组织通过扩大农户的生产规模提高农户的分工收益、提高农户的农业机械化程度提高农业生产的迂回化程度、兴办自己的企业或工厂为农户提供专业化的农业生产经营服务、帮助农户解决销售困难降低农户的交易风险和交易成本来促进农业分工演进。

综上所述，通过微观调查数据建立计量经济模型进行实证分析的结论表明，农民合作经济组织主要通过帮助农户节约交易费用、降低考核成本、协调成本并获得更多分工收益来促进农业分工演进，同时还通过降低专业化风险、提高农户的抗风险能力的方式帮助农户获得更多的专业化经济收益，促进农业专业化发展。从农户层面来看，农户的人力资本禀赋和物质资本禀赋通过提高农户的抗风险能力促进了农业专业化；从组织层面来看，农民合作经济组织通过扩大农户的农业生产规模提高农户的抗风险能力、通过保障农户的农产品销售价格降低农户的销售风险、通过提高农户的农业机械化程度提高农业生产的迂回化程度、通过提高农户的农产品质量提高农户的专业化收益、通过对农户的农业生产过程进行规范化和标准化来降低农业生产环节之间的协调成本以及农业生产劳动的监督考核成本、通过兴办自己的企业或工厂为农户提供专业化的农业生产经营服务、通过帮助农户解决销售困难降低农户的交易风险和交易成本，来促进农业分工演进和农业专业化发展。

7.5 农民合作经济组织与农业分工和专业化的经济效应

为了回答农民合作经济组织、农业分工和农业专业化是否能够带来农民收入提高和农村经济发展的问题，本节利用上述调查中的农户问卷和组织问卷中的相关数据对农民合作经济组织、农业分工和专业化对农户的农业收入的影响进行实证分析。

7.5.1 研究设计

前文的理论研究表明，农民合作经济组织能够给参与农业分工的农户提供专业化的交易服务以及包括技术服务、信息服务、营销服务等在内的其他服务，从而能够帮助农户提高交易效率、协调效率来提高专业生产者经济收益以及效用水平。为了验证该理论结论，本节利用微观调查数据建立计量经济模型进行实证验证。为了更加深入细致地研究农民合作经济组织、农业分工和专业化对农户的农业收入的影响，本节利用两组数据分别进行回归分析。首先，利用 395 份农户问卷的调查数据研究农户是否加入农民合作经济组织、农户是否参与农业生产环节分工、农户的农业专业化生产意愿和行为对农户农业收入的影响；其次，利用参加组织的 214 份农户问卷与 45 份农民合作经济组织问卷的调查数据进行匹配合并，研究农民合作经济组织、农业分工和专业化对农户的农业收入的影响，目的是把农民合作经济组织特征对农户的农业收入的影响也纳入回归模型中。

在第一组数据分析中，选用农户的农业收入作为因变量，农户是否加入农民合作经济组织、农户是否参与农业生产环节分工、农户的农业专业化生产意愿、农户的农业专业化生产行为自变量，并控制农户特征变量，建立回归模型进行分析。由于农户的农业收入为收入区间的分类变量，因此需要建立有序 Probit 模型。在第二组数据分析中，同样选用农户的农业收入作为因变量，农户是否参与农业生产环节分工、农户的农业专业化生产意愿、农户的农业专业化生产行为自变量，并控制农民合作经济组织特征变量和农户特征变量，建立回归模型进行分析。由于农户的农业收入为收入区间的分类变量，因此也需要建立有序 Probit 模型。

有序 Probit 模型是一种受限因变量模型(limited dependent variable model),是通过建立模型用可观测的有序反映数据来研究不可观测的潜变量变化规律的方法,其模型形式为

$$y^* = \boldsymbol{\beta}' \boldsymbol{x} + \varepsilon \tag{7.7a}$$

$$y = \begin{cases} 1 & , \quad if \quad y^* < \alpha_1 \\ 2 & , \quad if \quad \alpha_1 \leqslant y^* < \alpha_2 \\ \cdots & \cdots \\ j & , \quad if \quad \alpha_{j-1} \leqslant y^* < \alpha_j \\ \cdots & \cdots \\ J & , \quad if \quad y^* \geqslant \alpha_{J-1} \end{cases}, \quad \varepsilon \sim N(0, 1) \tag{7.7b}$$

其中 y^* 作为被解释变量是一个潜在变量,无法观测到其具体取值,但 y 是可观测的变量, $\boldsymbol{x}$ 是可观测的解释变量组成的向量, $\boldsymbol{\beta}$ 是待估计的参数组成的向量, J 是状态参数, α_i 是区间的分界点(cut point)。

7.5.2　模型实证结果

首先利用 395 份农户问卷研究农民合作经济组织、农业分工和专业化对农户的农业收入的影响,利用 STATA11.0 软件进行实证检验回归结果如表 7-12 所示。

表 7-12　组织对农户农业收入影响的回归结果

Tab. 7-12　Regression Results of Impaction from Organization to Farmer's Rural Income

变量	模型 1 农户农业收入	模型 2 农户农业收入	模型 3 农户农业收入	模型 4 农户农业收入
农户是否加入农民合作经济组织	0.381***	0.381***	0.340***	0.218*
	(3.128)	(3.129)	(2.742)	(1.726)
农户农业专业化生产意愿	0.606***			0.484***
	(5.158)			(4.030)
农户农业专业化生产行为		0.015***		0.013***
		(6.968)		(6.082)
农户是否参与农业生产环节分工			0.478***	0.463***
			(3.988)	(3.829)
户主性别	0.253	0.228	0.165	0.219
	(1.051)	(0.943)	(0.684)	(0.905)
户主年龄	0.069*	0.065*	0.064	0.075*
	(1.771)	(1.659)	(1.642)	(1.927)
户主年龄平方	−0.001**	−0.001**	−0.001**	−0.001**
	(−2.075)	(−1.986)	(−2.007)	(−2.184)

变量	模型1	模型2	模型3	模型4
	农户农业收入	农户农业收入	农户农业收入	农户农业收入
户主婚姻状况	−0.144	−0.112	−0.180	−0.063
	(−1.124)	(−0.856)	(−1.403)	(−0.484)
户主是否党员	0.115	0.055	0.088	0.025
	(0.619)	(0.298)	(0.474)	(0.134)
户主受教育状况	−0.166*	−0.178**	−0.142*	−0.144*
	(−1.959)	(−2.103)	(−1.680)	(−1.690)
家庭劳动力人数	0.181***	0.150**	0.171***	0.161***
	(3.066)	(2.524)	(2.906)	(2.706)
家庭成员高中学历以上人数	0.160*	0.182**	0.154*	0.121
	(1.879)	(2.134)	(1.800)	(1.400)
农户家庭有人外出打工	−0.307***	−0.143	−0.303**	−0.179
	(−2.582)	(−1.177)	(−2.552)	(−1.460)
家庭人均农地面积	0.076***	0.075***	0.074***	0.059***
	(5.358)	(5.330)	(5.193)	(4.218)
农户有转入土地	0.844***	0.759***	0.870***	0.729***
	(6.725)	(5.999)	(6.961)	(5.723)
农户有转出土地	−0.378**	−0.295*	−0.442***	−0.322**
	(−2.372)	(−1.838)	(−2.776)	(−1.987)
观测值个数	395	395	395	395
卡方值	237.022	259.818	226.260	290.583
拟合优度	0.167	0.184	0.160	0.205

注：①*、**、***分别表示在10%、5%、1%的显著性水平上统计显著。②为了解释三个不同的农业分工和专业化变量对农业收入的影响，先让这三个变量单独进入回归模型，再全部进入回归模型。

通过以上回归结果可以看出：四个模型都表明加入农民合作经济组织、农业分工和农业专业化能够显著增加农户的农业收入[①]。模型1中，农户加入农民合作经济组织、农户愿意从事农业专业化生产能够显著增加农户的农业收入，这表明农民合作经济组织、农业专业化能够有效促进农户的农业增收。除此以外，家庭劳动力人数、家庭成员中高中以上学历人数对农户的农业收入有显著正向影响，家庭有人外出打工对农户的农业收入有显著负向影响，表明农户的人力资源禀赋能够有效促进农业收入的提升；而农户家庭人均农地面积、农户有转入农地对农户的农业收入有显著正向影响，农户有转出

---

① 这一结论与现有的研究结论一致，农民合作经济组织能够使其成员农户获得更多经济收益(Falco et al.，2008)，并减少贫困(Word Bank，2008；Francesconi，Heerink，2011)。

农地对农户的农业收入有显著负向影响，表明农户的土地资源禀赋能够有效促进农业收入的增加。模型 2 中，农户加入农民合作经济组织、用农户生产的农产品的商品化率表征的农户专业化生产行为能够显著增加农户的农业收入，这也表明农民合作经济组织、农业专业化能够有效促进农户的农业增收。除此以外，家庭劳动力人数、家庭成员中高中以上学历人数对农户的农业收入有显著正向影响，表明农户的人力资源禀赋能够有效促进农业收入的提升；而农户家庭人均农地面积、农户有转入农地对农户的农业收入有显著正向影响，农户有转出农地对农户的农业收入有显著负向影响，表明农户的土地资源禀赋能够有效促进农业收入的增加。模型 3 中，农户加入农民合作经济组织、农户参与农业生产环节分工能够显著增加农户的农业收入，这也表明农民合作经济组织、农业分工能够有效促进农户的农业增收。除此以外，家庭劳动力人数、家庭成员中高中以上学历人数对农户的农业收入有显著正向影响，家庭有人外出打工对农户的农业收入有显著负向影响，表明农户的人力资源禀赋能够有效促进农业收入的提升；而农户家庭人均农地面积、农户有转入农地对农户的农业收入有显著正向影响，农户有转出农地对农户的农业收入有显著负向影响，表明农户的土地资源禀赋能够有效促进农业收入的增加。模型 4 中，农户加入农民合作经济组织、农户愿意从事农业专业化生产、农户从事专业化生产、农户参与农业分工能够显著增加农户的农业收入，这表明农民合作经济组织、农业专业化能够有效促进农户的农业增收。除此以外，户主年龄对农业收入的影响呈倒 U 型、家庭劳动力人数对农户的农业收入有显著正向影响，表明农户的人力资本禀赋能够有效促进农业收入的提升；而农户家庭人均农地面积、农户有转入农地对农户的农业收入有显著正向影响，农户有转出农地对农户的农业收入有显著负向影响，表明农户的土地资源禀赋能够有效促进农业收入的增加。

综上所述，农户加入农民合作经济组织、农户参与农业分工、农户从事农业专业化生产的意愿和行为能够显著促进农户的农业收入增加，而农户的人力资本禀赋和以土地为代表的物质资本禀赋也对农户的农业收入增加起到了积极的作用，从而验证了前文理论分析中得出的农民合作经济组织能够提高专业生产者经济收益以及效用水平的结论。

为了进一步证实农民合作经济组织通过何种途径提高专业生产者经济收益以及效用水平的结论，本节进一步采用参加组织的 214 份农户问卷与 45 份农民合作经济组织问卷的调查数据进行匹配，研究农民合作经济组织特征、农业分工和专业化对农户的农业收入的影响，利用 STATA11.0 软件进行实证检验回归结果如表 7-13 所示。

表 7-13　组织特征对农户农业收入影响的回归结果

Tab. 7-13　Regression Results of Impaction from Organization Characteristic to Farmer's Rural Income

变量	模型 5 农户农业收入	模型 6 农户农业收入	模型 7 农户农业收入	模型 8 农户农业收入
农户的专业化生产意愿	0.582***			0.522***

变量	模型5 农户农业收入	模型6 农户农业收入	模型7 农户农业收入	模型8 农户农业收入
	(3.305)			(2.923)
农户的专业化生产行为		0.008＊＊		0.006＊
		(2.254)		(1.739)
是否参与农业生产环节分工			0.335＊＊	0.310＊
			(2.039)	(1.879)
户主性别	0.201	0.138	0.196	0.159
	(0.597)	(0.408)	(0.584)	(0.473)
户主年龄	0.060	0.044	0.057	0.060
	(1.182)	(0.863)	(1.115)	(1.170)
户主年龄平方	−0.001	−0.001	−0.001	−0.001
	(−1.386)	(−1.076)	(−1.387)	(−1.388)
农户家庭有人外出打工	−0.156	−0.070	−0.140	−0.100
	(−0.977)	(−0.432)	(−0.877)	(−0.613)
家庭人均农地面积	0.054＊＊＊	0.058＊＊＊	0.055＊＊＊	0.049＊＊＊
	(3.917)	(4.203)	(3.911)	(3.513)
农户有转入土地	0.614＊＊＊	0.547＊＊＊	0.570＊＊＊	0.537＊＊＊
	(3.738)	(3.301)	(3.462)	(3.206)
农户有转出土地	−0.221	−0.138	−0.243	−0.157
	(−0.963)	(−0.591)	(−1.060)	(−0.670)
生产规模扩大	0.096	0.218	0.150	0.022
	(0.509)	(1.180)	(0.793)	(0.116)
销售距离更远	0.132	0.120	0.158	0.102
	(0.715)	(0.649)	(0.857)	(0.550)
价格更有保障	0.196	0.255	0.379＊＊	0.181
	(1.059)	(1.391)	(2.104)	(0.958)
机械化程度提高	0.297＊	0.241	0.251	0.203
	(1.721)	(1.384)	(1.441)	(1.152)
农产品质量提高	0.601＊＊＊	0.399＊	0.594＊＊	0.592＊＊
	(2.598)	(1.707)	(2.552)	(2.455)
观测值个数	214	214	214	214
卡方值	117.803	111.932	111.005	124.465
拟合优度	0.151	0.143	0.142	0.159

注：①＊、＊＊、＊＊＊分别表示在10%、5%、1%的显著性水平上统计显著。②为了解释三个不同的农业分工和专业化变量对农业收入的影响，先让这三个变量单独进入回归模型，再全部进入回归模型。

通过以上回归结果可以看出：加入农民合作经济组织、农户参与农业分工、农户从事专业化生产意愿和行为能够显著促进农户的农业收入增加，而农民合作经济组织的一系列特征也起到了显著的促进作用。模型 5 中，农户的专业化生产意愿能够显著增加农户的农业收入，农户家庭人均农地面积、农户有转入农地对农户的农业收入也有显著正向影响，加入农民合作经济组织后农业机械化程度提高和农产品质量提高也显著增加了农户的农业收入。模型 6 中，用农户生产农产品的商品化率表征的农户专业化生产行为能够显著促进农户的农业收入增加，农户家庭人均农地面积、农户有转入农地对农户的农业收入也有显著正向影响，加入农民合作经济组织后农产品质量提高也显著增加了农户的农业收入。模型 7 中，农户参与农业生产环节分工能够显著增加农户的农业收入，农户家庭人均农地面积、农户有转入农地对农户的农业收入也有显著正向影响，加入农民合作经济组织后农产品价格更有保障、农产品质量提高也显著增加了农户的农业收入。模型 8 中，农户参与农业生产环节分工、农户从事专业化生产意愿和行为能够显著增加农户的农业收入，农户家庭人均农地面积、农户有转入农地对农户的农业收入也有显著正向影响，加入农民合作经济组织后农产品质量提高也显著增加了农户的农业收入。

综上所述，农户加入农民合作经济组织、农户参与农业分工、农户从事农业专业化生产的意愿和行为能够显著促进农户的农业收入增加，而农户的人力资本禀赋和以土地为代表的物质资本禀赋也对农户的农业收入增加起到了积极的作用，而农民合作经济组织能够帮助农户保障销售价格、提高农业机械化程度、提高农产品质量也显著促进了农户的农业收入增加，从而验证了前文理论分析中得出的农民合作经济组织能够给参与农业分工的农户提供专业化的交易服务以及包括技术服务、信息服务、营销服务等在内的其他服务，从而能够帮助农户提高交易效率、协调效率来提高专业生产者经济收益以及效用水平的结论。

总之，通过对两组数据进行实证分析表明，农民合作经济组织、农业分工和专业化能够显著促进农户的农业收入增加。而农民合作经济组织对农户农业收入的促进作用体现在农民合作经济组织具有帮助农户保障农产品销售价格、提高农产品质量、提高农户农业机械化程度等一系列功能，因而能够帮助农户降低分工产生的交易成本、提高农业生产迂回化程度、并提高农户的专业化生产水平，帮助农户获得更多的分工收益和专业化经济效益。

7.6　本章小结

本章利用来自中国 6 个省（市）农村的微观调查数据建立计量经济模型进行实证分析来回答了一系列问题：农民合作经济组织是否能够促进农业分工和农业专业化发展？农

民合作经济组织的哪些功能特征能有效促进农业分工和专业化发展？农民合作经济组织促进农业分工和专业化发展的作用原理是什么？农民合作经济组织、农业分工和农业专业化发展是否能够带来农民收入的提高和农村经济的发展？从而对前文的理论研究结论逐一进行了实证验证，主要研究结论可以归纳为如下三点：

(1)农民合作经济组织能够显著促进农户参与农业生产环节分工程度并促进农户的农业专业化生产意愿和行为，从而促进农业分工和专业化发展。从农户层面来看，农户人力资本禀赋和物质资本禀赋、农业收入都能够显著促进农户参与农业生产环节分工以及农户的农业专业化生产意愿和行为，这表明农户的抗风险能力增强以及分工和专业化经济收益的提升能够促进农业分工和专业化发展；而从村级层面来看，农产品市场范围、农业信息的获取、农产品销售中价格谈判能力的增强也能显著促进农户参与农业生产环节分工程度以及农户的农业专业化生产意愿和行为，这表明农户的交易成本降低、面临的专业化风险降低能够促进农业分工和专业化发展。因此，农民合作经济组织能够扩大农产品市场范围、降低交易成本，帮助农户在分工和交易费用之间更好地权衡，并能降低农户面临的专业化风险、提高农户的抗风险能力，帮助农户在专业化和家庭安全之间更好地权衡，从而促进农业分工和农业专业化发展。

(2)农民合作经济组织主要通过帮助农户节约交易费用、降低考核成本、协调成本获得更多分工收益来促进农业分工演进，同时还通过降低专业化风险、提高农户的抗风险能力的方式帮助农户获得更多的专业化经济收益来促进农业专业化发展。从农户层面来看，农户的人力资本禀赋和物质资本禀赋通过提高农户的抗风险能力促进了农业专业化；从组织层面来看，农民合作经济组织通过扩大农户的农业生产规模提高农户的抗风险能力、通过保障农户的农产品销售价格降低农户的销售风险、通过提高农户的农业机械化程度提高农业生产的迂回化程度、通过提高农户的农产品质量提高农户的专业化收益、通过对农户的农业生产过程进行规范化和标准化来降低农业生产环节之间的协调成本以及农业生产劳动的监督考核成本、通过兴办自己的企业或工厂为农户提供专业化的农业生产经营服务、通过帮助农户解决销售困难降低农户的交易风险和交易成本，来促进农业分工演进和农业专业化发展。

(3)农民合作经济组织、农业分工和专业化能够显著促进农户的农业收入增加。农民合作经济组织对农户农业收入的促进作用体现在农民合作经济组织具有帮助农户保障农产品销售价格、提高农产品质量、提高农户农业机械化程度等一系列功能，因而能够帮助农户降低分工产生的交易成本、提高农业生产迂回化程度、提高农户的专业化生产水平，帮助农户获得更多的分工收益和专业化经济效益。

第8章 农民合作经济组织促进农业分工和专业化的案例分析

本章通过案例分析方法进一步深入剖析农民合作经济组织促进农业分工和专业化发展的作用机理。通过在重庆地区选取分别以水果生产、粮食生产、家禽养殖为主要经营内容的三类农民合作经济组织作为典型代表，采用深入访谈的形式获取一手资料，研究农民合作经济组织促进农业分工和专业化发展的作用机理。

8.1 研究背景

农业生产的自然再生产和经济再生产相交织的特性决定了农业生产需要长期激励，在这种背景下家庭生产方式无疑是一种有效的农业生产经营组织形式，但随着市场经济的发展和国际竞争的加剧，小农户和大市场的矛盾日益突出，以农地细碎化、生产规模超小化为特征的农户家庭生产经营不仅增加了单个农户的交易成本，而且使单个农户难以承担巨大的专业化风险，限制了农业分工和专业化的发展。在经历了农业生产组织形式的一系列历史变革之后，以家庭生产方式为基础的农民合作经济组织作为兼顾解决上述问题的有效途径，逐渐成为现阶段理论和实践关注的焦点。从1980年中国出现第一个农村专业技术协会开始，到2007年《农民专业合作社法》的正式实施，农民合作经济组织逐渐成为现阶段更适合农村经济社会发展的新型农村经营组织制度。然而家庭生产方式下农民合作经济组织如何能够促进农业分工和专业化发展，正是本章需要回答的问题。

实证分析可以根据抽样调查数据中的变量关系分析农民合作经济组织对农业分工和专业化发展的作用，而典型案例分析更能够清晰透彻地研究农民合作经济组织促进农业分工和专业化发展的具体作用机理。调查组在2010年发起的"农民合作经济组织和农业专业化情况"调查过程中，有针对性地选取了位于重庆市"一圈两翼"不同区域的8个农民合作经济组织进行了典型调查。本章研究内容选取了以水果生产为主要经营内容的"重庆市璧山县腾飞葡萄种植农民专业合作社"、以粮食生产为主要经营内容的"重庆市涪陵区文观大米专业合作社"、以家禽养殖为主要经营内容的"重庆市南川区南平镇水丰畜禽养殖专业合作社"这 3 个农民合作经济组织作为典型代表[①]，深入分析农民合作经济组织促进农业分工和专业化发展的作用机理。

8.2 重庆市璧山县腾飞葡萄种植农民专业合作社案例分析

重庆市璧山县腾飞葡萄种植农民专业合作社是以葡萄生产为主要经营内容的农民合作经济组织。葡萄生产的特点在于：土壤是葡萄生产中最重要的生产要素；而且葡萄生长对气候、环境等自然生态条件依赖性较强，尤其对温度、湿度、光照、降水等条件要求严格；葡萄生产对种植技术措施的要求也很严格，而且葡萄具有集中上市、易腐烂、不耐贮藏等特点，因而具有较高的资产专用性，尤其是具有较高的地理专用性、人力资本专用性和时间专用性；同时葡萄专业化生产的收益比较高，但也会使农户面临较高的家庭风险。在这种背景下，该种水果生产更适合进行专业化生产，因而对交易和合作的需求更强烈。本节基于重庆市璧山县腾飞葡萄种植农民专业合作社的产生和发展状况，深入分析该农民合作经济组织促进水果生产的农业分工和农业专业化发展的作用机理。

8.2.1 组织产生和发展状况

1. 组织产生背景

重庆市璧山县腾飞葡萄种植农民专业合作社成立于 2008 年 12 月，位于重庆市璧山县大兴镇。璧山县大兴镇位于重庆市以西，处于缙云山和巴岳山之间，系丘陵地带，海拔在 270～400 米，属于中亚热带湿润季风气候区，气候湿润，雨量充沛，光照充足，热量丰富，四季分明，种植葡萄已有 20 多年的历史。近 10 年来，全镇葡萄种植面积已超过 1 万亩，向社会提供葡萄果品 2 万多吨，创农业产值 1 亿多元，农户种植葡萄亩收入达 7000～12000 元，葡萄产业已成为大兴镇的支柱产业和农民增收的重要产业。但随着葡萄种植规模的逐步扩大和产量的逐年增加，出现了一系列亟待解决的问题：葡萄的种植管理技术跟不上；大批量的葡萄丰收后，果农都争先恐后地挤占销售市场，形成了互相杀价销售的恶性竞争，从而造成葡萄增产不增收的局面，大大挫伤了果农的种植积极性。为了解决这一系列问题，葡萄种植户们萌发了成立葡萄合作社的想法。因此，由璧山县大兴镇的葡萄种植大户尹国刚牵头，其他种植户自愿联合，并经过工商注册登记，成立了重庆市璧山县腾飞葡萄种植农民专业合作社。组织成立之初仅有 15 户葡萄种植社员，经过 1 年多时间的努力，通过组建机构、合理分工并切实开展工作，通过落实章程和各项管理制度，通过全方位给社员提供产前、产中、产后一条龙服务，截至课

---

① 案例内容主要来自于调查组的调查访问，同时还参阅了重庆市农业委员会 2010 年内部资料，在此表示感谢。

题组调查结束，合作社已发展社员 268 户，带动果农 750 多户，各类葡萄种植面积达 1754 亩。

2. 组织发展情况

璧山县腾飞葡萄种植农民专业合作社主要从规范组织的管理制度、完善组织的内部治理结构、健全组织的职能机构、采用合理的利益分配方式等方面使组织能够规范运作、健康发展。不仅制定了一系列的组织章程和内部管理制度，包括民主管理制度、营销管理制度、利益分配制度、财务制度、社员管理制度等，确保组织管理制度公开透明、组织管理规范到位；还设立了社员大会，民主选举产生了理事会和监事会，并明确了各自的活动范围、责任和权利。而且在组织内部分设了营销部、技术服务部、财务部等不同的职能部门，分别负责不同的运营事务。营销部负责联络客商，开拓市场，建立销售网络；技术部采取技术培训和技术指导的方式负责葡萄种植的日常管理及提高社员的生产技能等方面的工作；财务部负责财务账目、成本核算与资金管理等工作，并接受业务主管部门和社员监督。在此基础上，组织的利益分配方式主要采取销售利润加股金分红的方式。成员内部销售产品时派人监督，单批产品销售完毕扣除必要费用后作为支付提供产品的成员货款；每销售 0.5 公斤葡萄产品，合作社提取 0.05 元的服务费；当年经营盈利按 20% 的标准提取公积公益金和风险准备金，然后按社员与合作社的业务交易额进行比例返还，返还总额不低于可分配盈余的 60%，最后经社员大会讨论后进行股金分红。

璧山县腾飞葡萄种植农民专业合作社经过近几年的迅速发展，已初步形成了"供、产、销一条龙"的产业新格局，在提高农户农业收益，实现农产品生产、品牌、品质的标准化，有效推广先进农业科技，提高农民组织化程度，实现组织文化创新发展等方面取得了一定成效。而且组织不断发展壮大，获得了一系列荣誉和奖励，呈现出良好的发展态势和广阔的发展前景。种植的葡萄品种以蜜莉为主，同时还引进了多个适合本地种植发展的葡萄优良品种，如藤稔、金手指、美人指等新品种。在合作社的带动下，2009 年产葡萄 2630 多吨，产值达到 1048 万元，其中销售优质葡萄 2350 吨，葡萄鲜果销售率达 89%，社员和果农实现销售收入 940 多万元。其中，社员种葡萄纯收入最高能达到 20 万元以上，最低也能实现 1 万元以上的纯收入，社员人均纯收入比 2008 年增长 500 多元。合作社也通过为社员采购农业投入品、销售葡萄、服务非成员果农积累收入 3.5 万元。璧山县腾飞葡萄种植农民专业合作社在成立的短短 2 年多时间内，取得了一系列成绩与荣誉。2010 年被评为重庆市农民专业合作社示范社，2011 年被评为璧山县优秀农民专业合作社。而且组织不断发展壮大。2010 年 6 月 25 日，由璧山县腾飞、密妮、正和、骏扬等 6 个葡萄种植农民专业合作社联合成立了奇佳联合葡萄专业合作社。该葡萄联合社注册资金 66.05 万元，由璧山县大兴、璧城、青杠、丁家、正兴等街镇的 127 名成员自愿组成。成立后的葡萄联合社种植面积近 6000 亩，年产葡萄约 1.2 万吨，销售额近 1 亿元。组织也不断重视文化创新发展。2009 年在大兴镇的葡萄基地举办了"重庆优质葡萄之乡"开园仪式。2010 年 6 月 26 日，奇佳葡萄联合社以"浪漫绿岛，风情璧山"为主题召开了首届露德葡萄文化节。并参与建设万亩葡萄风情园，打造都市现代农业典范。

8.2.2　组织对农业分工的促进作用

从重庆市璧山县腾飞葡萄种植农民专业合作社的案例中可以得出农民合作经济组织主要从以下几个方面促进农业分工。

(1)组织通过降低单个农户的交易成本并提高交易效率促进农业分工。①通过统一生产资料供应，降低单个农户农资采购的谈判成本、运输成本，来降低单个农户的交易费用，使农户获得更多分工净收益，从而促进农业分工。如合作社通过合川的生物化肥厂商为其成员农户统一提供低毒、低残留的农药和化肥，而且价格远远低于市场销售价格。2009 年为社员节省种植成本 2.5 万元。从而降低了单个农户购买农资的交易成本。合作社按一定比例从中提取手续费，用于开展服务工作，同时直接把化肥、农药从厂家运送到合作社。从而降低了单个农户购买农资的运输成本。②通过提高农户的谈判地位降低农户的交易成本。组织通过掌握葡萄种植的核心技术，并作为内部"知识产权"进行保护，合作社的产品在上市之前，就可以大致决定葡萄的售价。由联社牵头，规范种植技术，销售方式，统一核定指导价格。降低了农户在交易执行过程中的谈判成本、降低农户面临敲竹杠的风险，从而降低交易成本，促进农业分工。③通过契约方式降低了交易的执行和监督成本，从而降低农户的交易成本，促进农业分工。合作社在葡萄采收季节前，确定最低保护价与社员签订供货合同，统一收购时若市价高于保护价就按市价收购，若低于保护价则按保护价收购，同时社员的葡萄必须达到合作社规定标准才予以收购，极大地调动起社员按无公害要求生产和交售产品的积极性。为社员的葡萄销售提供了可靠保障，确保了社员的利益，同时也保障了果品市场的足量供应。

(2)组织能够降低单个农户的考核成本，提高分工净收益，促进农业分工。①通过降低农产品品质考核成本促进农业分工。2009 年璧山县腾飞葡萄种植农民专业合作社申请注册了葡萄商标"土老坎"，2010 年申请注册了葡萄酒商标"露德红"，并于 2010 年通过无公害农产品认证。农产品由于其特殊的生物性决定了其品质考核成本较高。腾飞葡萄种植农民专业合作社通过创立葡萄产品品牌和葡萄酒品牌，以及通过无公害农产品认证，为其产品提供了品质信息和保证，降低了产品品质考核成本，从而提高了分工净收益，促进了农业分工。②通过降低农业生产过程考核成本促进农业分工。农业生产过程由于其自然生命属性决定了难以标准化和规范化，腾飞葡萄种植农民专业合作社通过对葡萄种植和生产过程进行统一规范、统一指导、统一管理，降低了农业生产过程的考核成本，从而促进了农业生产环节分工。

(3)组织能够降低单个农户的协调成本提高分工净收益。腾飞葡萄种植农民专业合作社通过健全制度、建立一致的利益目标、增强信息沟通、增加共同知识、形成信任机制等方式降低协调成本提高参与农业分工的农户的分工净收益。腾飞葡萄种植农民专业合作社通过建立健全组织规章制度；并以民办、民管、民受益为原则，实现了组织和农户利益一致的目标；并通过对农户进行持续、系统的培训增加成员农户的共同知识；并通过组织文化建设形成了有效的信任机制，从而降低了协调成本，促进农业分工演进。

(4)组织能够通过扩大单个农户生产的农产品的市场范围来促进农业分工。①通过提高农产品数量和质量来扩大市场范围。组织通过提升农产品质量，满足高层次精致性需求以扩大农产品市场需求范围从而促进农业分工演进。为提高葡萄鲜果的品质和档次，增加产品的附加值，有效占有销售市场，组织统一为社员代购农用生产资料，免费为社员提供葡萄无公害生产技术咨询和服务，落实专业技术员采用分片包干的方式，到田间实地指导社员的葡萄种植技术，指导社员合理施肥用药，提高农产品的数量和质量。②通过扩大市场销售的地域范围促进农业专业化发展。合作社首先加强了对葡萄营销队伍的培养。6名营销员在理事长尹国刚带领下积极为社员牵线搭桥，加强与市内外水果销售市场、诸多葡萄酒厂的沟通与合作。2009年合作社与四川威远国友果业有限公司及多个重庆市场的水果销售商家签订了购销合同，建立了稳定的营销关系。

8.2.3　组织促进农业专业化发展

从重庆市璧山县腾飞葡萄种植农民专业合作社的案例中可以得出农民合作经济组织促进农业专业化发展主要体现在以下几个方面。

(1)组织通过提高单个农户的农业收入增强农户的抗风险能力，保障农户家庭安全，促进农业专业化发展。重庆市璧山县腾飞葡萄种植农民专业合作社成立以来，带领社员和果农实现销售收入940多万元，社员种葡萄纯收入可达1万元以上，最高能达到20万元以上。2009年，组织成员人均纯收入比2008年增长500多元。组织也通过为其成员农户采购农业生产资料、销售葡萄、服务非成员果农积累收入3.5万元。2010年，组织实现年产葡萄4160多吨，销售优质葡萄3686吨，鲜果销售率达89%，年产值达到2500多万元，社员和果农实现销售收入2000多万元，组织积累6万多元。因此，重庆市璧山县腾飞葡萄种植农民专业合作社通过有力提高农户的农业收益，增强了农户的风险承担能力，从而有力保障了农户的家庭安全，促进了农户的专业化生产意愿和行为，促进了农业专业化发展。

(2)组织通过降低单个农户面临的专业化风险，保障农户家庭安全，促进农业专业化发展。腾飞葡萄种植农民专业合作社通过为农户提供全面的市场信息降低农户面临的市场风险和价格风险，并通过提高农户的农业收益增强农户规避风险的能力；通过统一购买生产资料降低了农户的生产成本，通过统一为农户提供技术指导提高了农户的技术效率，通过对农户的培训提升农户人力资本，从而提高农户的生产效率，促进农业专业化发展。

（3）提高农户专业技术水平，促进农业专业化发展。璧山县腾飞葡萄种植农民专业合作社通过对其成员农户进行培训，提高农户的葡萄种植和管理水平，通过提高单个农户的葡萄专业生产技术水平使农户获得更多专业化经济，从而促进农业专业化发展。如璧山县腾飞葡萄种植农民专业合作社注重对农户进行技术宣传和培训，提高农户的葡萄种植、管理、采摘、保鲜等技术水平，有效实现了葡萄种植的先进农业科技推广。2010年11月，璧山县腾飞葡萄种植农民专业合作社申报了2011年度农业综合开发市级集中科技推广费项目——"葡萄霜霉病综合防治技术示范推广"，成为推广先进农业科技的示范组织。为了提高组织成员中营销骨干、技术骨干的经营管理水平与葡萄种植管理技术水平，提高广大社员的葡萄生产水平和增强合作理念，调动广大社员和果农生产葡萄的积极性，璧山县腾飞葡萄种植农民专业合作社通过聘请西南农业大学的专家教授、合川生物肥料厂的农资销售商、县农技中心多经科和大兴镇农技服务中心的技术专家到合作社授课，以及组织理事、监事会成员和"三部"负责人主动参加县里的合作社专题培训等方式，让社员们学到了葡萄种植、施肥、用药、疏花、疏果、病虫害防治等技术知识与合作知识，还让营销骨干和技术骨干学到了如何对合作社进行规范化管理和经营运作等相关知识。

（4）组织通过提高农业生产迂回程度促进农业专业化发展。腾飞葡萄种植农民专业合作社进行葡萄深加工——葡萄酒生产，延长了产业链条，增加了农业生产迂回化程度，促进农业专业化发展。腾飞葡萄种植农民专业合作社通过为其成员农户提供专业的机械化服务，同时增加了农业生产迂回化程度，促进农业专业化发展。

（5）提高农业生产标准化程度，促进农业专业化发展。①提高农业生产过程标准化程度。组织要求其成员农户严格按照无公害葡萄生产标准进行种植，确保葡萄的优质无公害，并通过统一农业生产资料的采购和供应，统一标准化生产，统一宣传培训，统一分级、包装和销售，统一农产品加工来提高农业生产过程的标准化程度。②提高农产品质量标准化程度。在璧山县农委的指导下，每户农户都拥有《璧山县无公害葡萄生产管理年历》，严格按照要求生产产品。次品一律不准销售，各专业合作社都订制了统一的包装，制订产品的质量标准。不符合质量标准的次品，一律不准销售。璧山县腾飞葡萄种植农民专业合作社于2010年通过无公害农产品认证，也实现了农产品品质的标准化。③提高农产品品牌标准化程度。2009年璧山县腾飞葡萄种植农民专业合作社申请注册了葡萄商标"土老坎"，2010年申请注册了葡萄酒商标"露德红"，实现了农产品品牌的标准化。合作社千方百计打造和宣传"蜜莉葡萄"和"土老坎"品牌。在大兴政府的支持下，合作社通过各大媒体宣传大兴"蜜莉葡萄"，还通过网络加强与外地有关单位、专家的联系，向外推介大兴的"蜜莉葡萄"。④提高农业技术标准化程度。璧山葡萄基地里的种的是密丽品种，经过多年的探索，果农摸索出了一套种植核心技术，这套技术种出来的葡萄，不仅产量稳定，更主要的是品质与众不同。

8.3 重庆市涪陵区文观大米专业合作社案例分析

重庆市涪陵区文观大米专业合作社是以大米生产为主要经营内容的农民合作经济组织。大米生产的特点在于，土壤是最重要的生产要素，农作物生长对环境和气候等自然生态条件依赖性较强，粮食作物是人类生存必须的消费品，需求弹性较低，经济效益相对较低。虽然大米生产的资产专用性不是太高，但优质大米生产的资产专用性、人力资本专用性则大幅度提高，同时商誉专用性和地理专用性对优质大米的生产非常重要。本节主要基于重庆市涪陵区文观大米专业合作社的产生和发展状况，深入分析该农民合作经济组织促进大米生产的农业分工和农业专业化发展的作用机理。

8.3.1 组织产生和发展状况

1. 组织产生背景

重庆市涪陵区文观大米专业合作社位于重庆市涪陵区马武镇文观村和惠民村。粮食作物作为民生基本消费品，是不可或缺的。而在重庆这样人多地少、良田有限的地区，如何调动农民的种粮积极性，确保粮食生产是一项极其艰巨的任务。目前农民个体传统农业生产模式规模小、产品结构千姿百态，进入市场广度、深度不够，无法形成有力的综合竞争态势；而农民素质参差不齐，参与市场竞争的能力不足；生产规模小造成生产成本重置浪费，同时难以做到深加工，产业链无法延伸，附加值不高，农民收益不明显。而随着市场经济的发展，消费者要求农产品品质上乘，安全健康，提倡绿色食品；买方市场决定农民只有发展市场对路的产品，不断降低生产成本、管理成本及综合成本，走规模化、专业化、机械化的道路；市场对初级农产品的需要是有限的，提高农产品附加值是大势所趋。2006 年 6 月，由农民自发组织、马武镇农业服务中心引导，成立了重庆市涪陵区文观大米专业合作社。合作社成立之初只有 100 余户成员，注册资金 2.3 万元，其中 100 户农民土地承包经营权入股 1 万元、成员现金入股 1.3 万元。之后逐渐吸纳更多会员，每户入社需交纳身份股 10 元，截至调查组调查为止，合作社共有会员 1123 户，其中农民成员 1119 户，成员出资 500 万元。

2. 组织发展情况

重庆市涪陵区文观大米专业合作社的组织运作模式主要包括以土地入股作为组织契约联结方式、实行统分结合的双层经营机制、采取合理的利益分配方式保证农户基本利益、完善组织治理结构等。涪陵区文观大米专业合作社主要通过农民土地承包经营权入股，让农民成为股东的方式形成农民之间相互合作的契约组织。涪陵区文观镇农民以规划区内土地承包经营权，按每亩稻田 1000 元折价入股加入合作社。按照与农户达成的合作协议，对农户入股的稻田实行统一组织生产、劳务分户承包的合作经营模式，建立 4300 亩优质稻核心示范基地。合作社对入股土地统一进行种植规划，并实施统一的技术方案，并在此基础上将生产管理等劳务承包给相关农户。涪陵区文观大米专业合作社与其成员农户签订种植协议，种子、肥料、农药和技术由合作社提供，耕种、田间管理和收割由农户承包。涪陵区文观大米专业合作社保证按政策规定由相关农户享受粮食直补、大户奖励，并保证土地入股农户每亩保底收入 500 元，种植承包户按产量每亩支付 400～500 元劳务费。而且，涪陵区文观大米专业合作社保证统一销售产品及相关收益的 60% 按股份分配。涪陵区文观大米专业合作社设立了社员大会，对于组织的重大问题决策，通常采取召开会员大会民主决定，并实行一人一票的原则。社员大会作为全体社员的民主决策机构，能够充分代表全体社员的民心民意，使农民合作经济组织利益和成员农户的利益一致，保证农民合作经济组织能够为其成员农户提供更好的服务。

合作社成立初期规模较小，只限于技术指导服务，吸引力不大，带动作用小。为了增强对成员的增收带动作用，合作社改变经营服务方式，与农民建立紧密的经济关系和利益联接机制。如合作社以涪陵区龙潭米业公司为龙头，通过"公司＋专业合作社＋农户"的模式，走优质稻大米的产、供、销产业化经营之路，一条龙服务，最终使农民得到实惠，合作社和企业发展壮大。全乡定购优质稻种子 3670 亩，产量 1800 吨以上，成为涪陵区优质稻核心示范基地。合作社按照统一规划、集中连片的原则，发动农民以地入股加入合作社，合作发展优质稻。2008 年 11 月，在马武镇文观村、惠民村规划优质稻示范区，与农户达成土地股份合作协议，893 户农民以规划区内的 4315.69 亩稻田的承包权入股合作社，作价 431.57 万元，并吸收成员现金入股 68.43 万元。2009 年，涪陵区文观大米专业合作社统一销售稻谷获纯收入 5 万多元，提取必要的积累后，按成员交售优质稻数量二次返利 3 万元，合作社水稻种植户每户增收 700 元左右，承包种植劳务农民加入合作社种植水稻每亩增收 160 元，每户增收 1200 元左右。惠民村农民冉瑞孝在合作社承包种植 37 亩水稻，其中自家承包稻田 15 亩，收入共计 27 739 元，包括劳务费 18 500 元、承包地保底收益 7500 元、种粮大户奖励 1739 元，除去种子、农药、肥料等费用后，纯收入 19 980 元，比以前只种自家承包稻田收入翻了一番。

8.3.2 组织对农业分工的促进作用

从重庆市涪陵区文观大米专业合作社的案例中，可以得出农民合作经济组织促进农业分工主要体现在以下几个方面。

(1)组织通过有效降低交易成本，提高交易效率，促进农业分工。合作社通过与龙潭米业公司签订种子供应合同，由龙潭米业公司免费向农民提供优质稻种子 3670 公斤，而且获得更优惠的种子购买价格和更有利的大米销售价格，农民购种时按低于市场价格供应，收割后，谷子按市场价格收购，每卖 500 公斤优质稻返还 1 公斤种子款，折计让利农户 10 万元。2009 年合作社统一销售稻谷获纯收入 5 万多元。年终按照合作社章程规定，提取必要的积累后，按成员交售优质稻数量二次返利 3 万元，每户平均增收 50 元。一方面不仅避免了单个农户搜寻交易对手面临的价格风险、信息风险，还降低了交易频率，从而降低了交易成本；另一方面提高了单个农户的谈判地位，保障了农户的利益，提高了企业和农户双方的违约成本，保证了契约履行。

(2)组织能够降低单个农户的考核成本，提高分工净收益，促进农业分工。①通过降低农产品品质考核成本促进农业分工。农产品由于其特殊的生物性决定了其品质考核成本较高。重庆市涪陵区文观大米专业合作社通过创立"文观"大米品牌以及通过无公害农产品认证，为其产品提供了品质信息和保证，降低了产品品质考核成本，从而提高了分工净收益，促进了农业分工。②通过降低农业中间产出的考核费用降低单个农户的考核成本促进农业分工。2009 年，合作社统一采购冈优和渝优 1 号优质稻种 4400 公斤，统一育成秧苗后，提供给有关农户种植，为农户节约种子和育苗费用每亩 30 元左右。③通过降低农业生产过程考核成本促进农业分工。农业生产过程由于其自然生命属性决定了难以标准化和规范化，重庆市涪陵区文观大米专业合作社通过对水稻种植过程进行统一规范、统一指导、统一管理，降低了农业生产过程的考核成本，从而促进了农业生产环节分工。

(3)组织通过降低单个农户的协调成本提高分工净收益。组织通过健全制度、建立一致的利益目标、增强信息沟通、增加共同知识、形成信任机制等方式降低协调成本提高分工净收益。重庆市涪陵区文观大米专业合作社建立健全了组织规章制度；并以民办、民管、民受益为原则，实现了组织和农户利益一致的目标；并通过对农户进行持续、系统的培训增加成员农户的共同知识；并通过组织文化建设形成了有效的信任机制，从而降低了协调成本，促进农业分工演进。

8.3.3　组织促进农业专业化发展

从重庆市涪陵区文观大米专业合作社的案例中可以得出农民合作经济组织主要从以下几个方面促进农业专业化发展。

(1)组织通过降低单个农户面临的风险、提高农户的风险规避能力，在一定程度上保障农户家庭安全，促进农业专业化发展。重庆市涪陵区文观大米专业合作社通过为农户提供全面的市场信息降低农户面临的市场风险，并通过提高农户的农业收益增强农户规避风险的能力，促进了农业专业化发展。

(2)组织通过对会员农户进行技术培训指导，提高会员农户的个人专业化水平。涪陵区文观大米合作社通过对农户的技术指导和培训，降低了农户的学习成本，使农户能够有效地掌握先进的水稻生产技术和技能，提高了农户的个人专业化水平。2009 年，合作社组织召开优质水稻技术院坝培训会9次、参加培训农民2000余人次、印发技术明白纸8000余份。在合作社技术人员指导下，示范区内种植户严格按标准窝行距插秧，每亩保证栽插15000窝左右，做到增窝增苗，为增产奠定基础。

(3)组织积极提供大米生产经营过程中必须的各项服务，促进农业生产迂回化程度的提升。①通过提供机械服务提高农业生产迂回化程度。合作社购置85台机动喷雾器，安排专业机防员成立病虫害防治机防队，按照统一时间、统一药剂、统一技术、统一机防的原则，对病虫害实施统防统治。2008年5月，组建了一支拥有100台机动喷雾器和100名机手的植保专业队。合作社成员通过农机补贴政策购买了765台微耕机、12台插秧机、1台收割机，成立了机耕机收服务队，统一组织协调使用农业机械。2009年，示范基地机插秧达1300亩。②通过统一化肥使用提高农业生产迂回化程度。2009年，合作社按照测土配方方案，统一提供钾肥21.5吨、尿素53.8吨、复合肥18.1吨、锌肥2吨，做到了适时、适量、精准施肥，每亩节约肥料费用20元。③通过延长产业链条提高农业生产迂回化程度。涪陵区文观大米专业合作社兴建了自己的大米加工工厂，为其成员农户提供农产品加工服务；并开办了自己的粮食批发店，解决了其成员农户的粮食销售困难。

(4)组织通过提高农业标准化程度促进农业专业化发展。①提高农产品品牌标准化程度。合作社生产的优质稻通过了无公害产品认证，申请了"文观"牌注册商标。②提高农业生产过程标准化程度。重庆市涪陵区文观大米专业合作社通过对农业生产各环节以及对农产品品质进行规范统一，提高农业生产过程以及农产品标准化程度。通过统一品种和育苗、统一机耕机收、统一配方施肥、统一病虫害防治、统一产品销售来提高农业生产过程标准化程度。③提高农业生产技术标准化程度。通过统一技术推广和培训提高农业技术标准化程度。合作社与农技部门建立了技术协作关系，邀请农技人员适时到田间地头做好指导服务工作。在合作社技术人员指导下，示范区内种植户严格按标准窝行距插秧，每亩保证栽插15000窝左右，做到增窝增苗。

8.4 重庆市南川区南平镇水丰畜禽养殖专业合作社案例分析

重庆市南川区南平镇水丰畜禽养殖专业合作社是以家禽养殖为主要经营内容的农民合作经济组织。家禽养殖的特点在于：不依赖于土壤，但固定资产投入较高、技术含量较高、环境比较重要、商品率相对较高、经济效益相对较高。而且，其资产专用性，尤其是人力资本专用性很高，地理专用性和商誉专用性对优质畜禽产品的生产影响很大。在这种背景下，家禽养殖更适合于进行专业化生产经营，因而对交易和合作的需求更强烈。本节主要基于重庆市南川区南平镇水丰畜禽养殖专业合作社的产生和发展状况，深入分析该农民合作经济组织促进家禽养殖的农业分工和农业专业化发展的作用机理。

8.4.1　组织产生和发展状况

1. 组织产生背景

　　重庆市南川区南平镇水丰畜禽养殖专业合作社成立于重庆市南川区南平镇水丰村。该地区地形以中山丘陵为主，地势呈东南向西北倾斜，东南部属喀斯山特地形地貌；该地区气候属于亚热带湿润季风气候，区内立体气候明显，全年雨量充沛，光热水资源充足，既无严寒，又无酷暑，无霜期长。多山地形和立体气候特点，适应多种动物生长。南川区南平镇水丰村历来有养鸡的传统，但基本上是家庭散养，规模较小。2007 年，由水丰村党委书记胡体练发起，成立了重庆市南川区南平镇水丰畜禽养殖专业合作社，主要从事鸡苗、雏鸡、中鸡销售和蛋鸡饲养等生产经营活动。

2. 组织发展情况

　　南川区南平镇水丰畜禽养殖专业合作社规范了组织制度、完善了组织内部治理结构、健全了组织职能机构。制定了组织章程，建立了健全的财务管理制度，并按照"入社自愿，退社自由，平等、互助、互利，民主管理，利益共享，风险共担"的原则，完善内部管理制度。设立了社员代表大会、理事会、监事会和党支部，由理事会对组织重大问题进行决策，并实行一人一票的制度。筹建了合作社办公室，聘请了会计和出纳人员，明确了各职能部门的责任义务和权利。为增强凝聚力和带动力，南川区南平镇水丰畜禽专业合作社还于 2008 年成立了党支部，现有党员 6 人，对促进合作社蛋鸡产业发展发挥了重要作用。由于该合作社党支部的工作业绩突出，张霜丽被评为 2009 年重庆市优秀党务工作者，受到市委的表彰奖励。

　　2008 年，南川区南平镇水丰畜禽养殖专业合作社社员由之前的 20 几户上升到 55 户，养殖规模上升到 14 万只，年利润达到 300 万元。2009 年，合作社实现产值 2250 万元，养殖户实现利润 230 万元，合作社实现利润 1 万元，蛋鸡产业已覆盖南平镇 12 个村及万盛区的丛林镇，带动 200 余人实现就业。2010 年合作社实现蛋鸡新入股社员 100 户，养殖规模达 50 万只，实现产值 6000 万元，利润 500 万元。截止调查组访问为止，南川区南平镇水丰畜禽养殖专业合作社有入社社员 1200 户，其中蛋鸡养殖大户 52 户，合作社注册资金 2040 万元，养殖规模 20 万只，年产值达到 2250 万元。

8.4.2　组织对农业分工的促进作用

　　从重庆市南川区南平镇水丰畜禽养殖专业合作社的案例中可以得出农民合作经济组织促进农业分工主要体现在以下几个方面。

　　(1)组织通过有效降低交易成本，提高交易效率，促进农业分工。重庆市南川区南平镇水丰畜禽养殖专业合作社通过与企业、超市签订购货、销售合同，降低农户搜寻交易对手、交易价格、交易信息等成本、提高农户谈判地位等，来降低农户交易成本，提高农户交易效率。

(2)组织能够降低单个农户的考核成本，提高分工净收益，促进农业分工。①通过降低农产品品质考核成本促进农业分工。农产品由于其特殊的生物性决定了其品质考核成本较高。重庆市南川区南平镇水丰畜禽养殖专业合作社通过创立"金佛山"土鸡品牌，以及通过无公害农产品认证，为其产品提供了品质信息和保证，降低了产品品质考核成本，从而提高了分工净收益，促进了农业分工。②通过降低农业生产过程考核成本促进农业分工。农业生产过程由于其自然生命属性决定了难以标准化和规范化，重庆市南川区南平镇水丰畜禽养殖专业合作社通过对土鸡养殖过程进行统一规范、统一指导、统一管理，降低了农业生产过程的考核成本，从而促进了农业生产环节分工。

(3)组织通过降低单个农户的协调成本提高分工净收益。组织通过健全制度、建立一致的利益目标、增强信息沟通、增加共同知识、形成信任机制等方式降低协调成本提高分工净收益。重庆市南川区南平镇水丰畜禽养殖专业合作社建立健全了组织规章制度；并以民办、民管、民受益为原则，实现了组织和农户利益一致的目标；并通过对农户进行持续、系统的培训增加成员农户的共同知识；并通过组织文化建设形成了有效的信任机制，从而降低了协调成本，促进农业分工演进。

(4)组织能够通过扩大单个农户生产的农产品的市场范围来促进农业分工。南川区南平镇水丰畜禽养殖专业合作社已在重庆地区建立独立的销售网络，每天销售近5吨鸡蛋。与重庆家乐福超市、南川风之彩超市签订了长期供销合同，年产鸡蛋3000吨，肉鸡600吨。帮助农户解决了农产品销售困难，并扩大了单个农户销售农产品时的市场范围，促进了农业分工。

8.4.3　组织促进农业专业化发展

从重庆市南川区南平镇水丰畜禽养殖专业合作社的案例中可以得出农民合作经济组织从以下几个方面促进农业专业化发展。

(1)组织通过降低单个农户面临的风险、提高农户的风险规避能力在一定程度上保障农户家庭安全，促进农业专业化发展。合作社通过统一购买鸡苗等生产资料降低了农户单个采购时所面临的市场风险和交易风险；通过统一为农户提供技术指导提高了农户的技术效率，通过对农户的培训提升农户人力资本提高农户的生产效率，并通过增加其成员农户的农业收入等方式提高了农户的风险规避能力，在一定程度上保障农户家庭安全，促进了农业专业化发展。

(2)组织通过技术培训，提高农户个人专业化水平。南川区南平镇水丰畜禽养殖专业合作社成立3年来，合作社开展各种技术培训20多场次，参训人数达2000多人次，发放各种技术宣传资料达5000多份。在南川区南平镇水丰畜禽养殖专业合作社的带领下，水丰村农户均能熟练掌握各种蛋鸡、肉鸡的养殖、防病治病技术。通过对其成员农户进行技术培训，提高其成员农户的养鸡相关技术能力和水平，提高农户的个人专业水平，促进农业专业化发展。

(3)组织通过提高农业生产迂回程度，促进农业专业化发展。南川区南平镇水丰畜禽养殖专业合作社延长产业链条，从事养鸡相关行业，如鸡粪回收建肥料厂等。单个农户的生产经营能力有限，技术能力也较低，鸡粪往往被废弃，从事养鸡活动无法进行产业链条的延伸，而农民合作经济组织可以帮助农户实现农业生产迂回程度的提高。

(4)组织通过提高农业标准化程度，促进农业专业化发展。①提高农业生产过程标准化程度。合作社通过统一饲料供应、统一雏鸡育苗、统一组织培训、统一防病防疫、统一提供养殖设施、统一品牌销售提高了土鸡和土鸡蛋生产过程的标准化程度。②提高农产品品牌标准化程度。合作社申请注册了"金佛山"商标，而且申请的"金佛山"品牌获重庆市著名商标称号，"南川鸡"获国家地理标志，从而提高了其农产品品牌标准化程度。③提高农产品品质标准化程度。南川区南平镇水丰畜禽养殖专业合作社以"健康鸡蛋、健康人生"为理念，生产的鲜鸡蛋于 2008 年被农业部授予"无公害农产品"质量认证。

8.5　本章小结

本章通过在重庆地区选取分别以水果生产、粮食生产、家禽养殖为主要经营内容的农民合作经济组织——璧山县腾飞葡萄种植农民专业合作社、涪陵区文观大米专业合作社、南川区南平镇水丰畜禽养殖专业合作社等作为典型案例进行分析，通过其产生和发展情况的介绍，深入分析了农民合作经济组织如何促进农业分工和专业化发展的作用机理，主要结论如下：

(1)农民合作经济组织都是在农民有合作需求的背景下，由种养大户牵头，农民自愿联合而形成的，而组织的成立也得到了政府的支持。组织都已实现管理规范、制度完善、利益分配合理的良好发展态势。组织都取得了很好的绩效，会员农户也获得了较高的农业收益，组织发展前景看好。

(2)农民合作经济组织能够帮助农户在分工和交易费用之间进行有效权衡，通过节约单个农户的交易费用提高交易效率、降低单个农户的考核成本、降低协调成本提高分工净收益、扩大农户生产的农产品的市场范围等方面来促进农产品种类分工和农业生产环节分工，从而促进农业分工的深化。①组织通过与企业、超市签订购货、销售合同，降低农户搜寻交易对手、交易价格、交易信息等成本、提高农户谈判地位等，来降低农户交易成本，提高农户交易效率，促进农业分工。②组织通过健全制度、建立一致的利益目标、增强信息沟通、增加共同知识、形成信任机制等方式降低协调成本提高分工净收益，促进农业分工。③组织通过建立农产品品牌、统一生产过程等方式降低农产品品质的考核成本、农业生产过程的考核成本，从而促进农业分工。④组织通过技术推广提升了农产品品质，并建立了销售网络帮助农户解决销售困难，从而扩大了农产品市场范围，促进农业分工。

（3）农民合作经济组织帮助农户在专业化和家庭安全之间进行有效权衡，通过降低农户面临的专业化风险以保障农户家庭安全、提高农户生产效率以增强农户抵抗风险的能力来克服家庭生产方式对农业专业化发展必要性的限制，通过提高农户个人专业化水平、提高农业生产迂回程度、提高农业生产标准化程度来克服家庭生产方式对农业专业化发展能力的限制，从而提高农户获得的专业化经济净收益，实现农业分工演进到农业专业化发展的飞跃。①组织通过为农户提供全面的市场信息降低农户面临的市场风险，并通过提高农户的农业收益增强农户规避风险的能力，在一定程度上保障了农户的家庭安全，促进了农业专业化发展。②组织通过技术培训，提高农户个人专业化水平，促进农业专业化发展。③组织通过提高农业生产迂回程度促进农业专业化发展。④组织通过对农业生产各环节以及对农产品品质进行规范统一提高农业生产过程以及农产品标准化程度，通过创建品牌提高农产品品牌标准化程度，通过统一技术推广和培训提高农业技术标准化程度。

第9章 研究结论和政策建议

本章根据前文的理论和实证研究，总结出本书的研究结论，并针对该研究结论提出有针对性的政策建议，并在此研究的基础上进行展望，指出可供进一步研究的思路和方向。

9.1 研究结论

根据前文的分析研究可知，本书的研究结论主要包括以下几个方面。

(1)家庭生产方式对农业分工与专业化发展的限制表现在：①家庭生产方式使分散的单个农户支付搜寻成本、检验成本、监督考核成本和协调成本的能力较弱，从而限制了农户家庭获取分工经济的能力和程度。②专业化生产大大提高了农户家庭承受风险的可能性，削弱了农户通过多样化生产规避家庭风险的有效性；而保障家庭安全的紧迫性和农业的生态多样性、生产季节性、劳动投入非连续性等限制了农户家庭专业化生产的意愿和能力。

(2)农业分工是农业专业化的必要非充分条件，从农业分工到农业专业化是一个渐进的过程，而从农业分工演进到农业专业化发展是质的飞跃。参与农业分工的主体一旦进行了农业分工选择，就决定了其从事农业专业化的方向，但这种选择并不意味着立即能够实现农业专业化，而是一个渐进的过程。与工业和服务业分工到专业化的渐进过程相比，家庭生产方式使农业分工到农业专业化的渐进过程更加漫长，不确定性也更大。

(3)家庭生产方式下单个农户难以通过市场、企业、订单等方式参与农业分工与专业化生产。家庭生产方式下单个农户仅通过市场方式参与农业分工会面临较大的市场不确定性和较高的交易成本，而农业生产的生命过程难以在企业内仅通过权威命令完成，订单方式虽然能在一定程度上降低交易成本，但更容易产生机会主义风险，严重影响订单的稳定性。因此，家庭生产方式下，市场、企业、订单这些分工组织方式都不适合单个农户参与农业分工与专业化的发展。

(4)分工和专业化视角下农民合作经济组织产生的条件是农民合作经济组织对农业分工的协调效率高于市场交易效率，并能使参与农业分工的农户获得更高的效用水平。交易效率的提高是农业分工演进的必要条件，只有当农民合作经济组织对农业分工的协调效率高于市场交易效率时，农民合作经济组织才是农户参与农业分工的必然选择；而当农户从事专业化生产所需的学习成本越低、专业化收益越大时，农户越容易通过农民合作经济组织参与农业分工；交易服务从农产品生产和销售中分离出来，以及交易服务的交易效率的提高能够增加参与农业分工的农户所能获得的效用水平。

（5）分工和专业化视角下农民合作经济组织产生的必要性在于农民合作经济组织既能够保证家庭生产方式对农业生产的长期激励，又能够降低单个农户的交易成本、提高单个农户的抗风险能力，使单个农户能够获得更多农业分工和专业化发展的好处。家庭生产方式有效调动了农民的农业生产积极性，是现阶段最有效的农业生产经营组织形式，但单个农户参与农业分工并从事专业化生产必将面临高额交易费用和巨大专业化风险，农民合作经济组织以保证家庭生产方式对农业生产的长期激励为前提，通过合作方式使单个农户有机联系起来，并保证单个农户具有剩余索取权，能够有效降低单个农户的交易成本、提高单个农户的抗风险能力，使农户能够获得最大化的农业分工和专业化经济净收益，从而促进农业分工和专业化发展。

（6）农民合作经济组织通过改善农户对分工与交易费用的权衡、专业化与家庭安全的权衡、农户家庭兼业化和农民职业化之间的权衡，提高农户获取分工经济和专业化经济的意愿和能力，促进农业分工和专业化的发展。①农民合作经济组织通过有效降低交易成本、协调成本、考核成本以及扩大市场范围改善农户对分工与交易费用的权衡效率，拓展农户分工经济的范围，提高农户参与分工的意愿和能力。②农民合作经济组织通过降低专业化风险、提高风险规避能力和专业化生产收益帮助农户更好地在专业化与家庭安全之间、农户家庭兼业化和农民职业化之间进行权衡，促进农业专业化发展，同时还通过提升农户的个人专业化水平、提高农业生产的迂回化程度和标准化程度增强农户的专业化生产能力和信心。

9.2 政策建议

通过以上研究，可以明确农民合作经济组织是促进农业分工演进和农业专业化发展的有效途径，因此可以从提升农民合作经济组织帮助农户规避风险、降低协调成本、降低交易成本、降低考核成本、提高农户专业化水平等方面的能力出发提出政策建议。

9.2.1 提高政府对农民合作经济组织的全方位支持力度

1. 启动组织风险基金，提升组织帮助农户规避风险的能力

农民合作经济组织能够促进农业分工和专业化发展的一个重要原因是能够帮助农户降低市场风险并提升农户的风险规避能力。因此，政府可以通过启动专门针对农民合作经济组织建立的风险基金来提升组织帮助农户规避风险的能力，从而使农民合作经济组织促进农业分工和专业化发展的作用能够更有效地发挥。

　　根据笔者的调查研究发现，一些农民合作经济组织发展的最大困难在于融资渠道单一、缺乏资金，而缺乏资金往往导致农民合作经济组织帮助其成员农户应对农产品价格风险、销售风险、信息风险等各种风险时化解风险的能力有限。这种专门针对农民合作经济组织建立的风险基金则可以很好地解决资金问题。风险基金可以由政府牵头成设立，并由政府财政拨款和企业风险投资等多种方式进行融资，并由农民合作经济组织进行申领，申领成功之后农民合作经济组织内部成员均可受益。而这种专门针对农民合作经济组织的建立的风险基金可以从两个方面对农民合作经济组织进行投入，一方面可以用于农民合作经济组织的直接的资金投入，另一方面可以用于农民合作经济组织的信贷投入。

　　作为农民合作经济组织的直接资金投入的部分资金可以作为农民合作经济组织成立的启动资金，也可以帮助农民合作经济组织增加农业公共物品和农业固定资产投入。作为农民合作经济组织成立的启动资金，可以解决农民合作经济组织成立初期的资金困难，让农民合作经济组织能够快速进入正常运转的轨道；帮助农民合作经济组织增加农业公共物品投入包括农村道路、大型水利设施等农村基础建设投入；帮助农民合作经济组织增加农业生产大型固定资产的投入包括购置大型农业机械设备、农产品运输工具、农产品加工生产设备等。

　　当然，政府利用风险基金作为对农民合作经济组织的直接资金投入也应该注意以下几个原则：加大资金支持总量，在集中资金保证重点的基础上，扩大支持的范围和对象，提高支持力度；提高资金使用效率，通过改革资金分配方法，使支持资金能够在农民合作经济组织的关键性环节上落实并取得效益，以提高资金使用效率；增强资金使用监管，使农民合作经济组织能够合理利用资金，促进农民合作经济组织健康发展，而不是成为个人不法收益。

　　作为农民合作经济组织的信贷投入的部分资金是解决农民合作经济组织资金困难的另一个重要辅助手段。可以通过信贷利率优惠、信用担保方便、资金使用时间灵活等方式为农民合作经济组织提供更优惠、更便捷的资金支持。如通过提供无息贷款、低息贷款、减息贷款、长期贷款等优惠贷款为农民合作经济组织提供金融信贷服务等。

　　因此，这种专门针对农民合作经济组织建立的风险基金能够有效解决农民合作经济组织的资金匮乏问题，提升农民合作经济组织帮助其成员农户规避风险的能力，从而促进农业分工和专业化发展。

2. 创新信息传播平台，提升组织帮助农户降低协调成本的能力

　　农民合作经济组织能够促进农业分工和专业化发展的另一个重要原因是能够帮助农户降低协调成本。因此，政府可以通过创新专门针对农民合作经济组织的农业信息传播平台来提升组织帮助农户降低协调成本的能力，从而使农民合作经济组织促进农业分工和专业化发展的作用能够更有效地发挥。

根据笔者的调查研究发现，从事不同农业生产环节的农户之间未能进行有效协调阻碍了农民参与农业生产环节分工[①]，因此提升组织降低协调成本的能力能够有效促进农业分工。和农业生产息息相关的技术、市场等信息具有纯公共产品或准公共产品的特性，政府应该发挥其主导作用，创新和农业生产息息相关的技术、市场等信息传播平台，为农民合作经济组织提供更先进、快捷的信息平台来为其成员农户提供及时、有效的相关信息，使从事不同农业生产环节的农户之间、从事不同农产品品种生产的农户之间能够及时、有效地进行协调，帮助农户降低协调成本。这种新型信息传播平台可以由政府牵头，由移动通信、电信、互联网等相关企业投资建立，并提供给农民合作经济组织使用。如通过短信、彩信、语音、视频等多种方式，为农户提供政策法规、新闻快讯、农业科技、市场供求、价格行情、农事气象、农业务工等信息，满足农户在农产品生产、加工、销售等方面的信息化需求。同一个合作经济组织内部可以设立组织内部专属网络，便于发布组织内部信息，方便组织内部成员联系、协调和交流；不同合作经济组织之间也可以设立组织合作专属网络，便于不同组织之间的协调和交流。目前中国移动创建的"农信通"信息传播平台就是一个不错的借鉴。

当然，政府在创建新型信息传播平台的同时，还应该注意以下几个方面的问题：①加强农业信息基础设施建设，加大对农业信息基础设施、农业信息发布、农业信息咨询服务等农村公共产品的支持力度，提供生产、科技、政策、农产品供求价格、农村劳动力转移等信息，降低农户收集和整理农业信息的成本，提高农户规避市场风险的能力。②不断完善农业信息标准的制定和实施，实现农业信息资源的共建共享。因为农业信息的标准直接影响到农业信息的利用价值。③对信息市场秩序进行有力监管，对随意发布虚假农业信息坑农害农的信息机构或个人给予严惩。保证农户获取真实有效的农业信息，不至于因为虚假农业信息而蒙受不必要的损失。④定期为农户提供大型农业科技培训和指导，使农户能够更加方便快捷地掌握先进的农业科学技术，提高农业生产效率，增加农业收益。

因此，以政府牵头、通信企业投资、农民合作经济组织申领使用的新型农业信息传播平台可有效传递农业生产经营相关的信息，提升农民合作经济组织帮助其成员农户降低协调成本的能力，从而促进农业分工和专业化发展。

3. 建立农产品批发市场，提升组织帮助农户降低交易成本的能力

农民合作经济组织能够促进农业分工和专业化发展的另一个重要原因是能够帮助农户降低交易成本。因此，政府可以通过建立农产品批发市场来提升组织帮助农户降低交易成本的能力，从而使农民合作经济组织促进农业分工和专业化发展的作用能够更有效地发挥。

---

① 根据农户问卷中没有请雇工帮助干部分农活的原因是无法聘请到合适的雇工可以得知。

根据笔者的调查研究发现，一些农民合作经济组织发展的最大困难在于农产品销售困难，因此，可以通过建立农产品批发市场，解决农产品销售困难，提升组织帮助农户降低交易成本的能力。可以通过政府牵头建立专业的农产品批发市场，免费让农民合作经济组织申报，农民合作经济组织申报成功后可以免费管理和使用该农产品批发市场的方式进行；也可以通过政府牵头建立专业的农产品批发市场，并吸纳农民合作经济组织作为股东进行投资、管理和使用的方式进行；也可以通过农民合作经济组织经营和管理农产品批发市场、政府补贴的方式进行。这样不仅可以提升农民合作经济组织帮助农户降低物流成本的能力，也可以提升农民合作经济组织帮助农户降低搜寻交易伙伴的搜寻成本、与交易伙伴讨价还价的谈判成本以及交易的执行和监督成本的能力。目前一些发达的国家和地区如日本、台湾等地都有农产品专业化批发市场的成功范例，值得借鉴和学习。

因此，以政府牵头建立农产品批发市场的方式能够提升农民合作经济组织帮助其成员农户降低交易成本的能力，从而促进农业分工和专业化发展。

4. 开发农业综合发展项目，提升组织帮助农户降低考核成本的能力

农民合作经济组织能够促进农业分工和专业化发展的另一个重要原因是能够帮助农户降低考核成本因此，政府可以通过开发专门针对农民合作经济组织的农业综合发展项目来提升组织帮助农户降低考核成本的能力，从而使农民合作经济组织促进农业分工和专业化发展的作用能够更有效地发挥。

根据笔者的调查研究发现，一些农民合作经济组织发展的最大困难在于缺乏政府的专项支持，因此，政府应该开展专门针对农民合作经济组织的农业综合发展项目，让农民合作经济组织进行申报，申报成功之后农民合作经济组织可以通过项目实现农民合作经济组织内部的绩效提升，如帮助农户降低考核成本、扩大农户的农产品市场范围、提升农户的个人专业化水平、提高农户的农业收入等。如农业部的测土配方施肥项目，通过建设生产农作物专用肥的配肥站、综合实验室，并进行技术推广和培训等，提高农作物亩产，实现农户的农业增收。单个农户无法获取这些专项项目的资金、技术、人力物力支持，需要依托一定的组织机构。目前这些项目主要是通过行政机构实施的，往往会造成激励不足的问题而产生一些机会主义行为。由于农民合作经济组织中的农户拥有一定的剩余索取权，通过农民合作经济组织申请专项农业综合发展项目，可以充分发挥农民的积极性，提升组织帮助农户降低考核成本的能力，促进农业分工。

因此，政府开发专门针对农民合作经济组织的农业综合发展项目能够提升农民合作经济组织帮助其成员农户降低考核成本的能力，从而促进农业分工和专业化发展。

9.2.2 加强政府对农民合作经济组织改善经营管理的指导

1. 提高组织内部技术推广的效率，提升组织提高农户专业化水平的能力

农业技术提高是农业发展的推动力，组织内部技术推广效率的提高能够使农民快速有效地掌握农业生产技术，提升自身竞争力，增加农业收益。农民合作经济组织可以采用各种方式加强组织内部技术推广的效率。一是组建自己的科技人才队伍，在组织内部进行试验、生产、推广新技术。二是和专业的科研机构合作，如科研院所、大学等，通过专业科研人员的培训、示范，对组织内部农民进行技术培训。三是通过聘请外国专家团队，积极引进国内外农产品生产经营新技术、新设备、新工艺，并对组织内部农民进行指导，提高组织内部技术推广效率。

2. 健全组织内部监督和激励机制，提升组织降低协调成本和考核成本的能力

农民合作经济组织可以帮助农户降低交易费用从而促进农业专业化发展，但是随之而来的是组织内部的搭便车、机会主义、委托——代理等问题带来的低效率，因此需要健全组织内部的监督和激励机制，使组织能够在促进农业专业化发展的基础上提高农户收益保护组织利益。

组织内部的监督机制可以通过建立健全组织的决策机构、执行机构和监督机构等权力分离、相互制衡的治理结构来实现。具体包括：建立中、小农户入选监事会和社员大会的制度，发挥监事会和社员大会的监督作用。实行组织内部事务公开和财务公开的制度，加强对组织的经营管理的监督。建立民主决策的制度，使参与组织的每个会员都参与到组织决策中来。制定组织内部的规章制度，明确规定成员职责、人事制度、财务制度、管理制度等。

而组织内部的激励机制也可以通过显性激励、隐性激励、选择性激励等多种方式实现。显性激励方式包括产权激励、薪酬激励等。私人财产可以给所有者带来剩余控制权和剩余索取权，而薪酬激励是较为常用而且农民更容易接受的激励方式，因而产权激励和薪酬激励机制是行之有效的重要激励方式。选择性激励方式是指选择性的有奖有罚的激励方式。即对持续遵守契约，建立长期稳定合作关系的农户追加一定比例的奖金，以肯定和鼓励农户合作行为的选择；而对于违约农户，如农产品质量不合格、生产工艺不符合要求等的农户进行相应的惩罚。而隐性激励方式主要是通过声誉、信任、道德约束等隐性方式对组织成员进行激励。

3. 推进农产品标准化和品牌战略，发挥组织提高农产品标准化的作用

农业专业化发展的一个重要方面使农产品的标准化和品牌化，因此农民合作经济组织应该努力推进农产品标准化、保证农产品安全，并实施品牌战略，这既是实现农业专业化发展的一个重要因素，也是现代农业发展的必然趋势。随着农产品市场竞争的加剧，消费者对农产品需求的多样化、多层次性、精致性的要求，农产品必须保证高品质、绿色、安全，并通过形成品牌和标准，形成更强的市场竞争力。因此农民合作经济组织应该强化农产品质量监管，注重品牌建设，加大优质农产品商标注册力度，着力打造组织品牌，不断增强农产品的市场竞争能力，从而不断增强农民合作经济组织的竞争能力，尤其是国际竞争能力。同时组织应该使成员充分认同组织的品牌的定位、品牌文化和品牌价值，减少农户在组织农产品标准化和品牌战略中的机会主义行为，真正提升农产品品质。

4. 完善组织服务成员的各项功能，提升组织提高农业迂回程度的能力

本书的研究分析发现，农民合作经济组织通过为其成员农户提供一系列的农业生产经营服务，能够有效降低农户参与农业分工过程中的交易成本和协调成本，并扩大市场范围，从而促进农业分工演进，并通过提高农业专业化发展的必然性和能力促进农业分工演进到农业专业化发展的飞跃。因此必须进一步完善农民合作经济组织对其成员农户的服务功能，使其促进农业专业化发展的作用能够更加有效地发挥。具体包括：①组织通过为会员农户提供公共物品来为农户提供服务。如进行农田水利和农村道路交通等农业基础设施建设、为农户提供大型农业机械设备和农业运输设备、为农户提供农业信息和农业生产技术等。②组织为农户的产前、产中、产后提供必要的生产经营服务，降低农户的生产成本。如产前的农业生产资料购买，产中的田间管理、技术指导等，产后的农产品保鲜、加工、运销等，帮助农户提高农业生产效率。

9.2.3　完善要素市场以促进农民合作经济组织发展

要素市场的完善是农民合作经济组织发展的重要保障，因此需要促进农村土地流转市场发育，并健全和完善农村劳动力市场。

1. 健全和完善农村劳动力市场，促进农业分工演进

农村劳动力是农业生产经营的又一关键要素，而目前我国特有的二元劳动力市场结构是农民合作经济组织发展的另一制约因素。因此还需要健全和完善农村劳动力市场，为农民合作经济组织发展提供完善的劳动力市场。具体可以通过以下方式实现：①对农村劳动力进行农业专业技术培训，以提高农村劳动力素质；②完善农村劳动力市场，打破城乡二元劳动力市场结构，使城乡劳动力能够自由流动。

2. 促进农村土地流转市场发育，促进农业专业化发展

农村土地是农业生产经营的最基本要素，而在我国现有的家庭生产经营方式下农地被均分导致了农地的零散化和细碎化，在一定程度上影响了农民合作经济组织的发展。因此，政府应该积极培育农村土地流转市场，推进以家庭承包经营方式为基础、适应社会主义市场经济发展的农地土地流转市场，实现土地有偿使用和有偿转让，克服农村土地零散化、细碎化对农民合作形成的不利影响。如完善农地市场的制度建设，加强农地地籍管理，建立农地流转价格评估制度，执行规范化的土地产权转让程序，建立包括法律法规约束、金融约束、税收约束等在内的约束机制。并运用相关地价理论，依据土地肥力、土地生产力、土地供求状况、土地位置、基础设施状况等主要指标选用综合方法对农村土地进行价格评估，逐步形成以土地所有权交易价格、土地使用权出让价格及转让价格为核心的农地流转价格体系，实现土地收益在经济当事人之间合理分配，保护各自的合法利益。

9.3 研究展望

由于本书篇幅的限制，还有一些有价值的研究内容在本书中并未做深入探讨，可以成为继续研究的方向。

(1)本书仅从农业生产环节分工和农产品种类分工的角度进行研究，还不够完善，后续的研究应进一步把农业产业分工、农业区域分工、农户分工、农户内部家庭成员分工等内容纳入到农业分工的框架中来进行系统完整的分析。而且本书仅从劳动分工出发研究了农业分工，后续的研究中还应考虑知识分工。

(2)本书并未深入探讨农民合作经济组织的不同形式对农业分工和专业化的促进作用有何异同，以及农民合作经济组织形式多样性产生的原因，也未分析农民合作经济组织内部治理结构特征的不同对农业分工和专业化发展的作用，后续的研究中可以进一步深入探讨。

(3)农业分工演进和农业专业化发展对农民合作经济组织也有一定的影响，而这些影响又会反馈到农民合作经济组织对农业分工和专业化发展的促进作用中去，进一步深入探讨农业分工和农业专业化与农民合作经济组织相互之间的动态互动关系也应该是今后研究的方向。

(4)本书采用新兴古典经济学的超边际理论模型解释了农民合作经济组织产生的条件，后续的研究中应该进一步运用超边际理论模型分析农民合作经济组织促进农业分工和农业专业化发展的作用原理。

(5)可以通过抽样调查获取样本量更大、质量更可靠的微观数据进行系统、深入的实证研究。具体可以从几个方面进行扩展：一是扩大调查范围，对不同区域进行比较；二是增加调查样本，用大样本数据来建立模型，增加模型的可信度；三是在问卷中增加更细致、更有针对性的问题，尤其是农户专业化风险方面的问题，使样本数据能够更全面地反映所要研究的内容。

参 考 文 献

蔡昉. 1989. 论我国农业合作经济组织的存在条件[J]. 江西社会科学, (4): 18-21.

蔡昉, 王德文, 王美艳. 2002. 渐进式改革进程中的地区专业化趋势[J]. 经济研究, (9): 24-31.

蔡荣. 2011. "合作社＋农户"模式交易费用节约与农户增收效应——基于山东省苹果种植农户问卷调查的实证分析[J]. 中国农村经济, (1): 58-65.

陈传波, 丁士军. 2005. 中国小农户的风险及风险管理研究[M]. 北京: 中国财政经济出版社, 250.

陈会广. 2010. 农民家庭内部分工及其专业化演进对农村土地制度变迁的影响研究[M]. 上海: 上海人民出版社.

陈锡文. 1999. 关于中国农业合作制的若干问题[J]. 农村合作经济经营管理, (2): 15.

程云. 2002-9-10. 建立农民自己的合作经济组织[N]. 农民日报, (8).

池泽新. 2004. 建立中介组织主导型市场农业体制研究[M]. 北京: 中国农业出版社, 67-71.

池泽新, 郭锦墉, 陈昭玖, 等. 2003. 制度经济学的逻辑与中国农业经济组织形式的选择[J]. 中国农村经济, (11): 63-64.

丁泽霁. 2002. 农业经济学基本理论探索[M]. 北京: 中国农业出版社.

冯海发. 1988. 亦论兼业化农业的历史命运——与陆一香同志商榷[J]. 中国农村经济, (11): 1-6.

傅晨. 2000. "公司＋农户"产业化经营的成功所在: 基于广东温氏集团的案例研究[J]. 中国农村经济, (2): 41-45.

高春凤, 朱启臻. 2007 浅析农业专业生产条件下的农民合作组织特征[J]. 农村经营管理, (12).

高帆. 2007. 分工差异与二元经济结构的形成[J]. 数量经济技术经济研究, (7): 3-14.

高帆. 2009. 分工演进与中国农业发展的路径选择[J]. 学习与探索, (1): 139-145.

郭红东. 2005. 农业龙头企业与农户订单安排及履约机制研究[M]. 北京: 中国农业出版社.

郭少新. 2006. 培育农业分工组织的依据和途径[J]. 山西师大学报(社会科学版), (11): 7-10.

国鲁来. 2003. 农业技术创新诱致的组织制度创新——农民专业协会在农业公共技术创新体系建设中的作用[J]. 中国农村观察, (9): 24-25.

韩俊. 1988. 我国农户兼业化问题探析[J]. 经济研究, 4: 38-42.

韩瑜. 2010. 制度变迁与农民专业合作经济组织产生的原因分析[J]. 山东农业大学学报(社会科学版), (1): 11-16.

贺雪峰. 2004. 乡村研究的国情意识[M]. 武汉: 湖北人民出版社.

贺振华. 2005. 农户兼业的一个分析框架[J]. 中国农村观察, (1): 2-9.

胡定寰. 2006. 试论"超市＋农产品加工企业＋农户"新模式[J]. 农业经济问题, (1): 36-39.

胡剑锋. 2006. 中国农业组织的产生、演变及协调互动机制研究[D]. 杭州: 浙江大学.

黄季焜, 邓衡山, 徐志刚. 2010. 中国农民专业合作经济组织的服务功能及其影响因素[J]. 管理世界，（5）：75-81.

黄胜忠. 2007. 转型时期农民专业合作社的组织行为研究[J]. 浙江大学学报，10：63-65.

黄宗智. 2010. 龙头企业还是合作组织[J]. 中国老区建设，（4）：25-26.

黄祖辉. 2000. 农民合作：必然性、变革态势与启示[J]. 中国农村经济，（8）：4-8.

黄祖辉. 2008. 中国农民合作组织发展的若干理论与实践问题[J]. 中国农村经济，（11）：4-7.

黄祖辉，王祖锁. 2002. 从不完全合约看农业产业化经营的组织方式[J]. 农业经济问题，（3）：28-31.

黄祖辉，徐旭初. 2003. 大力发展农民专业合作经济组织[J]. 农业经济问题，（5）：41-45.

黄祖辉，梁巧. 2009. 梨果供应链中不同组织的效率及其对农户的影响[J]. 西北农林大学学报（社会科学版），（1）：36-40.

贾根良. 1999. 劳动分工、制度变迁与经济发展[M]. 天津：南开大学出版社.

姜广东. 2009. 农业经济组织形式的选择和政府政策[J]. 财经问题研究，（9）：110.

李长健. 2005. 农民合作经济组织社会责任研究[J]. 法商研究，（10）：15.

李实. 1999. 中国农村劳动力流动与收入增长和分配[J]. 中国社会科学，（2）：16-32.

李旭旦. 1984. 人文地理学[M]. 北京：中国大百科全书出版社.

林坚，王宁. 2002. 公平与效率：合作社组织的思想宗旨及其制度安排[J]. 农业经济问题，9：46-49.

林坚，马彦丽. 2006. 农业合作社和投资者所有企业的边界——基于交易费用和组织成本角度的分析[J]. 农业经济问题，（3）：16-20.

林毅夫. 1994. 制度、技术与中国农业发展[M]. 上海：上海人民出版社，17.

刘明宇. 2004. 分工抑制与农民的制度性贫困[J]. 农业经济问题，（2）：53-57.

刘晓彬. 2009. 专业化分工与市场中介组织的形成及演进机理分析[J]. 软科学，（3）：140-144.

吕东辉，李涛，吕新业. 2010. 对我国农民销售合作组织的实验检验——以吉林省梨树县为例[J]. 农业经济问题，（12）：93-97.

罗必良. 2000. 经济组织的制度逻辑[M]. 太原：山西经济出版社，58.

罗必良. 2008. 论农业分工的有限性及其政策含义[J]. 贵州社会科学，（1）：80-87.

罗必良. 2009. 现代农业发展理论——逻辑线索与创新路径[M]. 北京：中国农业出版社，19-25.

罗必良. 2011. 农地产权模糊化：一个概念性框架及其解释[J]. 学术研究，（12）：52.

罗必良，李孔岳，王京安，等. 2002. 农业产业组织：演进、比较与创新——基于分工维度的制度经济学研究[M]. 北京：中国经济出版社.

罗元青，王家能. 2008. 对我国农业产业组织形式创新的思考——基于分工与专业化视角[J]. 农村经济，（6）：34-36.

马宇平，黄裕冲. 1989. 中国昨天与今天：1840－1987 年国情手册[M]. 北京：解放军出版社.

苗齐. 2003. 中国种植业区域分工研究[D]. 南京：南京农业大学.

牛若峰. 2000. 农业与发展：农业与发展[M]. 杭州：浙江人民出版社.

潘劲. 1996. 试论中国农村专业协会的产生与发展条件[J]. 农业经济问题，（11）：17.

潘劲. 1997. 合作社的产生及其对农村市场经济发展的贡献[J]. 经济研究参考, (B6): 14.

潘士远. 2005. 合作研究、协调成本与知识增长[J]. 北京大学学报（哲学社会科学版）, 42(4): 88-97.

庞春. 2010. 服务经济的微观分析——基于生产与交易的分工均衡[J]. 经济学（季刊）, (4): 961-984.

浦徐进, 蒋力, 刘焕明. 2011. 农户维护集体品牌的行为分析——个人声誉与组织声誉的互动[J]. 农业经济问题, (4): 99-104.

钱忠好. 2000. 节约交易费用：农业产业化经营成功的关键——对江苏如意集团的个案研究[J]. 中国农村经济, (8): 62-66.

钱忠好. 2008. 非农就业是否必然导致农地流转——基于家庭内部分工的理论分析及其对中国农户兼业化的解释[J]. 中国农村经济, (10): 13-21.

屈小博. 2008. 不同经营规模农户市场行为研究[D]. 杨凌：西北农林科技大学.

全国人大农业与农村委员会课题组. 2004. 农民合作经济组织法立法专题研究报告[R]. 内部报告.

任国元, 葛永元. 2008. 农村合作经济组织在农产品质量安全中的作用机制分析——以浙江省嘉兴市为例[J]. 农业经济问题, (9): 61-64.

盛洪. 1992. 分工与交易——一个一般理论及其对中国非专业化问题的应用分析[M]. 上海：上海三联书店, 33-38.

世界银行. 2006. 中国农民专业协会回顾与政策建议[M]. 北京：中国农业出版社, 10.

宋军继. 2009. 中国农民经济协会发展研究[M]. 北京：中国社会出版社, 2.

宋明顺, 王晓军, 方兴华. 2007. 标准化在农业合作经营中的作用分析——以浙江省为例[J]. 农业经济问题, (4): 38-40.

宋燕平. 2010. 我国新型农民合作组织技术吸收能力的历史演化、理论框架和评价[D]. 合肥：中国科学技术大学.

速水佑次郎, 弗农·拉坦. 2000. 农业发展的国际分析[M]. 郭熙保等译. 北京：中国社会科学出版社.

速水佑次郎, 神门善久. 2003. 农业经济论[M]. 沈金虎等译. 北京：中国农业出版社.

孙亚范. 2006. 新型农民作业合作经济组织发展研究[M]. 北京：社会科学文献出版社.

陶伟军. 2004. 农业资产专用性与农民合作组织的效率[J]. 南方经济, (1): 41.

王栋. 2007. 基于专业化水平分工的农业产业集聚机理研究[J]. 科学学研究, (S2): 297-298.

王继权, 姚寿福. 2005. 专业化、市场结构与农民收入[J]. 农业技术经济, (5): 13-21.

王建军. 2006. 分工和产业组织演进与优化的经济学分析[D]. 上海：复旦大学.

王京安, 罗必良. 2003. 解决"三农"问题的根本：基于分工理论的思考[J]. 南方经济, (2): 60-62.

王立群. 2008. 品牌经营　助推农民增收（三）——记沈阳李相果菜专业合作社[J]. 新农业, (9): 16.

王盛. 2005. 分工、协调和产业组织形式演化——基于技术和市场的组织适应性研究[D]. 上海：

复旦大学.

王曙光. 2010. 论新型农民合作组织与农村经济转型[J]. 北京大学学报：哲学社会科学版，(3)：112-117.

夏英. 2004. 农业企业经营机制转换和战略管理[M]. 北京：中国农业科技出版社.

夏英，牛若峰. 1999. 我国农村合作经济组织改革和发展的思路[J]. 中国农村经济，(12)：40-43.

向国成，韩绍凤. 2005. 农户兼业化：基于分工视角的分析[J]. 中国农村经济，(8)：4-9.

向国成，韩绍凤. 2007. 分工与农业组织化演进：基于间接定价理论模型的分析[J]. 经济学（季刊），(1)：513-538.

徐健，汪旭晖. 2009. 订单农业及其组织模式对农户收入影响的实证分析[J]. 中国农村经济，(4)：39-47.

徐金海. 2002. 新型农民合作经济组织：实现农业产业专业化分工的有效交易协调机制[J]. 经济问题探索，(11)：106-112.

徐锐钊. 2009. 比较优势、区位优势与我国油料作物区域专业化研究[D]. 南京：南京农业大学.

徐旭初. 2005. 农民专业合作经济组织的制度分析——以浙江省为例[D]. 杭州：浙江大学.

许行贯. 2002. 发展农业协会的探索与思考[A]. 论提高农产品国际竞争力学术研讨会论文集

薛向岭. 2006. 农业专业化对实现城乡经济均衡发展的有效性研究[D]. 重庆：重庆大学.

杨丹，刘自敏. 2011. 农民经济组织、农业专业化和农村经济增长——来自中国 2445 个村庄的证据[J]. 社会科学战线，(5)：64-70.

杨惠芳. 2005. 嘉兴市农村专业合作经济组织的实践与思考[J]. 农业经济问题，(3)：67-69.

杨明洪. 2002. 农业产业化经营组织形式演进：一种基于内生交易费用的理论解释[J]. 中国农村经济，(10)：14-15.

杨全顺. 2004. 农产品品牌战略探析[J]. 农村经济，(4)：52-53.

杨小东. 2009. 农地承包制下农业经营组织的演进与绩效分析——一个制度经济学的视角[J]. 农业经济问题，(8)：38-44.

杨小凯. 1998. 经济学原理[M]. 北京：中国社会科学出版社，231.

杨小凯. 2003a. 经济学——新兴古典与新古典框架[M]. 张定胜，张永生，李利明译. 北京：社会科学文献出版社.

杨小凯. 2003b. 发展经济学——超边际与边际分析[M]. 张定胜，张永生译. 北京：社会科学文献出版社.

杨小凯，张永生. 2003. 超边际分析与新兴古典经济学[M]. 北京：社会科学文献出版社.

姚寿福. 2004. 专业化与农业发展[D]. 成都：西南财经大学.

苑鹏. 2001. 中国农村市场化进程中的农民合作组织研究[J]. 中国社会科学. (6)：63-73.

苑鹏. 2008. 农民专业合作经济组织发展的未来展望[J]. 农村经营管理，(11)：10-12.

云鹤，刘涛，舒元. 2004. 协调改善、知识增进与经济持续增长[J]. 经济学（季刊），3(4)：889-904.

张五常. 1999. 关于新制度经济学(1990)[C] //拉斯·沃因. 汉斯·韦坎德. 契约经济学[M].

北京：经济科学出版社.

张晓山．2002．联结农户与市场：中国农民中介组织探究[M]．北京：中国社会科学出版社.

张晓山．2005．有关中国农民专业合作组织发展的几个问题[J]．农村经济，(1)：4-7.

张晓山．2007．调整结构、创新体制、发展现代农业[M]．北京：中国社会科学出版社.

张晓山，苑鹏，潘劲．1997．中国农村合作经济组织管理行为研究[J]．中国农村经济，10：4-10.

张哲．2002．西北地区农业结构战略性调整中的区域分工研究[D]．杭州：浙江大学.

赵昌文．1996．农业宏观调控论[M]．成都：西南财经大学出版社.

赵西亮，吴栋，左臣明．2005．农业产业化经营中商品契约稳定性研究[J]．经济问题，(3)：42-44.

赵卓．2009．农产品质量分级促进农业现代化的作用机理研究[D]．上海：上海交通大学.

周立群，曹利群．2001．农村经济组织形态的演变与创新[J]．经济研究，1：69-75.

周文．2009．分工、信任与企业成长[M]．北京：商务印书馆.

朱富强．2001．博弈、协调和社会发展[D]．上海：上海财经大学.

朱富强．2005．博弈、协调与社会发展——协调经济学导论[M]．广州：广东人民出版社.

朱广奇．1996．农户合作：农业组织化的主体性选择[J]．经济问题，(5)：57.

朱启臻，王念．2008．论农民专业合作社产生的基础和条件[J]．华南农业大学学报：社会科学版，7(3)：16-19.

埃弗里特·M.罗吉斯，拉伯尔·J.伯德格．1988．乡村社会变迁[M]．王晓毅，王地宁译．杭州：浙江人民出版社.

巴纳德．1995．经理人员的职能[M]．北京：中国社会科学出版社.

巴斯夏．1995．和谐经济论[M]．许明龙译．北京：中国社会科学出版社.

查尔斯·P.金德尔伯格，布鲁斯·赫里克．1986．经济发展[M]．张欣等译．上海：上海译文出版社，130.

F.A.哈耶克．1991．个人主义与经济秩序[M]．北京：北京经济学院出版社，74.

A.哈耶克．1991．个人主义与经济秩序[M]．贾湛等译．北京：北京经济学院出版社，48.

康芒斯．1987．制度经济学[M]．北京：商务印书馆.

柯武刚，史漫飞．2002．制度经济学[M]．韩朝华译．商务印书馆，154.

马歇尔．2005．经济学原理[M]．北京：华夏出版社，206.

麦特·里德雷．2004．美德的起源——人类本能与协作的进化[M]．刘珩译．北京：中央编译出版社，187.

尼·米·安德列耶娃．1979．美国农业专业化[M]．北京：农业出版社，1.

庞巴维克．1964．资本实证论[M]．陈瑞译．北京：商务印书馆，53-54.

斯密．1936．国富论(Wealth of Nations)[M]．北京：中华书局印行，4.

H.A.西蒙．1982．管理决策新科学[M]．北京：中国社会科学出版社.

约翰·穆勒．1991．政治经济学原理[M]．北京：商务印书馆，151-154.

约伦·巴泽尔．1982．考核费用与市场组织[M]．上海：上海人民出版社.

约伦·巴泽尔. 1996. 考核费用与市场组织[A] //企业制度与市场组织——交易费用经济学文选[C]. 上海：上海三联书店.

Akerlof G A. 1970. The market for "Lemons"：quality uncertainty and the market mechanism[J]. The Quarterly Journal of Economics，84(3)：488-500.

Alback S，Schultz C. 1998. On the relative advantage of cooperatives[J]. Economic Letters，(59)：397-401.

Albaum M. 1966. Cooperative agricultural settlement in Egypt and Israe[J]. Challenge，14(5)：221-225.

Alchian A A，Demsetz H. 1972. Production，information costs，and econimic organization[J]. American Economic Review，62(12)：777-795.

Alexander C，Wyeth J. 1994. Cointegration and market integration：an application to the indonesian rice market[J]. Journal of Development Studies，30(2)：303-328.

Arrow K J. 1969. The organization of economic activity：issues pertinent to the choice of market versus nonmarket allocation[A] //Joint Economic Committee，The Analysis and Evaluation of Public Expenditure：the PPB System，vol. 1[C]. US Washington DC：Government Printing Office：59-73.

Arrow K J. 1974. The Limits of Organization[M]. New York：North.

Babbage C. 1835. On the economy of machinery and manufactures[M]. London：Charles Knight.

Bachev H. 2004. Efficiency of agrarian organizations[A] //Farm Management and Rural Planning[C]. 5，Fukuoka，Kyushu University，135-150.

Bachev H. 2008. Post-communist transformation in Bulgaria-implications for development of agricultural specialization and farming structures[A]. Munich Personal RePEc Archive (MPRA) Paper No. 7771.

Baker D，Theilgaard S. 2004. Group Action by Farmers[R]. Abel Projects ApS，Draft Report for the World Bank.

Baker O E. 1921. The increasing importance of the physical conditions in determining the utilization of land for agricultural and forest production in the United States[C]. Annals of the Association of American Geographers，11.

Ballantyne D，Aitken R. 2007. Branding in B2B markets：insights from the service-dominant logic of marketing [J]. Journal of Business & Industrial Marketing，22 (6)：363-371.

Barnard C I. 1968. The functions of the executive[M]. Harvard University Press.

Bartolini F，Bazzani G M，Gallerani V，et al. 2007. The impact of water and agriculture policy scenarios on irrigated farming systems in Italy：an analysis based on farm level multi-attribute linear programming models[J]，Agricultural Systems，93(1-3)：90-114.

Bazzani G M. 2005. A decision support for an integrated multi-scale analysis of irrigation：DSIRR[J]. Journal of Environmental Management，77(4)：301-314.

Becker G S，Murphy K M. 1992. The division of labor，coordination costs，and knowledge[J]. Quarterly Journal of Economics，(107)：1137-60.

Beker V. 2000. Globalization and unemployment: The case of Argentina[J]. Universidad de Belgrano. Buenos Aires, Argentina. Mimeo.

Beverland M. 2007. Can cooperatives brand? Exploring the Interplay between cooperative structure and sustained brand marketing success[J]. Food Policy, (32): 480-495.

Bidwell P W, Falconer J I. 1925. History of Agriculture in the Northern United States, 1620—1860[J]. Carnegie Institution of Washington: Washington, DC, USA.

Bijman J, George H. 2003. Cooperatives in chains: institutional restructuring in the Dutch fruit and vegetable industry[J]. Chain and Net Work Science, 95-107.

Bijman J, Hendrikse G. 2003. Cooperatives in chains: institutional restructuring in the Dutch fruit and vegetables industry[J]. Journal on Chains and Network Science, 3(2): 95-107.

Bijman J. 2010. Agricultural cooperatives and market orientation: A challenging combination? [A] //Eds Lindgreen A, Higley M K, et al. Market orientation: transforming food and agribusiness around the customer, Aldershot U. K. Gower Publishing Company, 119-136.

Binswanger H P. 1980. Attitude toward risk: experimental measurement in rural India[J]. American Jornal of Agricultural Economics, (62): 395-407.

Binswanger H P, Sillers D A. 1983. Risk aversion and credit constraints in farmers' decision-making: A reinterpretation[J]. The Journal of Development Studies, 20(1): 5-21.

Binswanger H P, Rosenzweig M R. 1986. Behavioural and material determinants of production relations in agriculture[J]. The Journal of Development Studies, 22(3): 503-539.

Boger S. 2001. Quality and contractual choice: a transaction cost approach to the Polish hog market[J]. European Review of Agricultural Economics, 28(3): 241-262.

Bogue A G. 1963. From Prairie to Corn Belt: Farming on the Illinois and Iowa Prairies in the 19th Century[M]. University of Chicago Press.

Brazel, Y. 1989. "The Economic Analysis of Property Rights"[M]. New York: Cambridge University Press.

Brinkmann T. 1935. Die okonomik des landwirtschaftlichen betrebes, translated by elizabeth tucker benedict as theodor brinkmann's economics of the farm business[M]. Berkeley: University of California Press.

Bromley D W, Chavas J P. 1989. On risk, transactions, and economic development in the semi-arid tropics[J]. Economic Development and Cultural Change, 719-736.

Brown A. 1947. Organization of industry[M]. Prentice-Hall, Inc.

Carter C A, Lohmar B. 2002. Regional specialization of China's agricultural production[J]. American Journal of Agricultural Economics, 84(3): 749-753.

Chandler A D. 1977. The visible hand: The managerial revolution in American business[M]. Cambridge, MA: Harvard Belknap.

Chayanov A V. 1925. The theory of peasant economy: Edited by Daniel Thorner, Basile Kerblay and REF Smith[M]. Published for the American Economic Association, by RD Irwin.

Cheung N. 1990. On the new institutional economics[M]. Department of Economics, University of Hong Kong.

Cheung S N S. 1969. Transaction costs, risk aversion, and the choice of contractual arrangements [J]. Journal of Law and Economics, 12(1): 23-42.

Chinn D L. 1979. Team cohesion and collective-labor supply in Chinese agriculture[J]. Journal of Comparative Economics, (13): 375-394.

Chisholm M. 1979. Rural settlement and land use[M]. London: Hutchinson.

Chloupkova J, Svendsen G L H, Svendsen G T. 2003. Building and destroying social capital: The case of cooperative movements in Denmark and Poland[J]. Agriculture and Human Values, (20): 241-252.

Coase R H. 1937. The Nature of The Firm[J]. Economica, (392): 386-405.

Coase R H. 1960. The problem of social cost[J]. Journal of Law and Economics, (3): 1-44.

Coelli T, Fleming E. 2004. Diversification economies and specialisation efficiencies in a mixed food and coffee smallholder farming system in Papua New Guinea[J]. Agricultural Economics, 31(2-3): 229-239.

Commons J R. 1934. Institutional Economics[M]. University of Wisconsin Press.

Dadi L, Negassa A, Franzel S. 1992. Marketing maize and teff in western Ethiopia: implications for policies following market liberalization[J]. Food Policy, 17(3): 201-213.

Danhof C H. 1969. Change in Agriculture: The Northern United States, 1820—1870[M]. Harvard University Press.

De Janvry A, Fafchamps M, Sadoulet E. 1991. Peasant household behaviour with missing markets: some paradoxes explained[J]. The Economic Journal, 101(409): 1400-1417.

Deininger K, Olinto P. 2001. Rural nonfarm employment and income diversification in Colombia [J]. World Development, 29(3): 455-465.

Demsetz H. 1967. Towards a Theory of Property Rights[J]. The American Economic Review, 57 (2): 347-359.

Dessalegn G, Jayne T S, Shaffer J D. 1998. Market structure, conduct, and performance: constraints on performance of Ethiopian grain markets[A]. Working Paper No. 8. Grain Marketing Research Project, Addis Ababa, Ethiopia.

Di Falco S, Smale M, Perrings C. 2008. The role of agricultural cooperatives in sustaining the wheat diversity and productivity: the case of southern Italy[J]. Environmental and Resource Economics, 39(2): 161-174.

Dirven M. 1996. Agroindustry and small-scale agriculture: a comparative synthesis of different experiences[J]. Economic Commission for Latin America and the Caribbean, Santiago, Chile.

Dixit A K, Stiglitz J E. 1977. Monopolistic competition and optimum product diversity[J]. The American Economic Review, 297-308.

Douma S, Schreuder H. 2002. Economic approaches to organizations[M]. Pearson Education

Limited.

Dow J, Gorton G. 1994. Noise trading, delegated portfolio management, and economic welfare [R]. National Bureau of Economic Research.

Eilers C, Hanf C H. 1999. Contracts Between Farmers and Farmers' Processing Co-operatives: A Principal-Agent Approach for the Potato Starch Industry[M] //Vertical relationships and coordination in the food system. Physica-Verlag HD, 267-284.

Eillis F. 1988. Peasant Economics[M]. Cambridge University Press.

Ekonomiki V. 1968. The distribution of agricultural enterprises and increased specialization of agriculture[J]. Problems of Economics Transition, 11(12): 37-46.

Ellis F. 1988. Peasant economics: farm households and agrarian development[M]. Cambridge University Press.

Emelianoff I V. 1942. Economic theory of cooperation: Economic structure of cooperative organizations[M]. Edwards.

Emran M S, Shilpi F. 2008. The extent of the market and stages of agricultural specialization[A]. World Bank Policy Research Working Paper Series No. 4534.

Enke S. 1945. Consumer cooperatives and economic efficiency[J]. The American Economic Review,148-155.

Eswaran M, Kotwal A. 1986. Access to capital and agrarian production organisation[J]. The Economic Journal, 482-498.

Ethier W J. 1982. National and international returns to scale in the modern theory of international trade[J]. The American Economic Review, 389-405.

Evens F, Stokdyk E. 1937. The law of agricultural cooperative marketing[M]. Lawyers Cooperative Publishing Company.

Fafchamps M. 1993. Sequential labor decisions under uncertainty: An estimable household model of West-African farmers[J]. Econometrica: Journal of the Econometric Society, 1173-1197.

Fahlbeck E. 1996. Essays in transaction cost economics[J]. Dissertations-Swedish University of Agricultural Sciences, Department of Economics (SLU) (Sweden).

Fetrow W W, Elsworth R H. 1947. Agricultural cooperation in the United States[J]. Farm Credit Adimin, (54): 214.

Fisher F M, Temin P. 1970. Regional specialization and the supply of wheat in the United States, 1867-1914[J]. Review of Economics and Statistics, 52(2): 134-149.

Fishlow A. 1964. Antebellum interregional trade reconsidered[J]. American Economic Review, 59: 352-364.

Fogel R W. 1964. Reappraisals in American economic history-discussion[J]. American Economic Review, 59 : 377-389.

Francesconi G N, Heerink N. 2011. Ethiopian agricultural cooperatives in an era of global commodity exchange: does organisational form matter[J]. Journal of African Economies, 20(1): 153-

177.

Fuguitt G V. 1959. Part-time farming and the push-pull hypothesis[J]. American Journal of Sociology, 375-379.

Fuller A. 1990. From part-time farming to pluriactivity[J]. Journal of Rural Studies, 6(4): 361-373.

Fulton M. 1995. The future of canadian agricultural cooperatives: a property rights approach[J]. American Journal of Agricultural Economics, 77(5): 1144-1152.

Fulton M. 2005. Producer associations: international experience[A] // Sonntag B H, Huang J, Rozelle S. and Skerritt, J H. (Eds), China's agricultural and rural development in the early 21st century[M], Australian Government, Australian Centre for International Agricultural Research, 174-196.

Gates P W. 1960. 3: The farmer's age: Agriculture 1815—1860[J]. New York: Holt, Rinehart and Winston.

Gates P W. 1965. Agriculture and the Civil War[M]. New York: Knopf.

Gebremeskel D, Jayne T S, Shaffer J D. 1998. Market structure, conduct, and performance: Constraints on performance of Ethiopian grain markets[J]. Grain Market Research Project, Working Paper 8, Addis Ababa.

Giles J. 2006. Is life more risky in the open household risk-coping and the opening of China's labor markets[J]. Journal of Development Economics, 81(1): 25-60.

Goletti F. 1994. The changing public role in a rice economy approaching self-sufficiency: The case of Bangladesh[R]. IFPRI Research Report, No. 98. Washington, D. C.: International Food Policy Research Institute.

Gregson M E. 1993. Specialization in late-nineteenth-century midwestern agriculture: Missouri as a test case[J]. Agricultural History, 67(1): 16-35.

Gregson M E. 1996. Long-term trends in agricultural specialization in the United States: some preliminary results[J]. Agricultural History, 70(1): 90-101.

Grossman G M, Helpman E. 1989. Comparative advantage and long-run growth[J]. The Journal of Political Economy, 88(5): 941-957.

Haken H. 1977. Synergetics, An Introduction: Nonequilibrium Phase Trasitions and Self-organization in Physics, Chemistry, and Biology[M]. Berlin: Springer.

Hamal K B, Anderson J R. 1982. A note on decreasing absolute risk aversion among farmers in Nepal[J]. Australian Journal of Agricultural Economics, 26, (3): 220-225.

Hardaker J B, Huirne R B M, Anderson J R, et al. 2004. Coping with risk in agriculture[M]. CAB International. Oxfordshire: CBAI Publishing.

Hazell P B R, Norton R D. 1986. Mathematical programming for economic analysis in agriculture [M]. New York: Macmillan.

Heady E O, Skold M. 1965. Projections of the U. S. agricultural capacity and interregional adjustments in production and land use with spatial programming models[A]. Research Bulletin 539. Ames, towa: Iowa State University, Agricultural and Home Economics Experiment Station.

Hellin J, Lundy M, Meijer M. 2009. Farmer organization, collective action and market access in Meso-America[J]. Food Policy, 34(1): 16-22.

Helmberger P G. 1966. Future roles for agricultual cooperatives[J]. Journal of Farm Economics, (48): 1427-1435.

Helmberger P G, Hoos S. 1962. Cooperative enterprise and organization theory[J]. Journal of Farm Economics, (44): 275-290.

Hendrikse G W J, Veerman C P. 2001. Marketing cooperatives: an incomplete contracting perspective[J]. Journal of Agricultural Economics, 52(1): 53-64.

Hirshleifer J. 1992. The analytics of uncertainty and information[M]. Cambridge University Press.

Hoeffler H. 2006. Promoting the Kenyan Potato Value Chain: Can Contract Farming Help Build Trust and Reduce Transaction Risks[C] //99th Seminar, February 8-10, 2006, Bonn, Germany. European Association of Agricultural Economists, (7726): 517-527.

Huffman W E, Evenson R E. 2000. Structural and poductivity change in US agriculture, 1950-1982[J]. Agricultural Economics, 24(2): 127-147.

Hunter B T. 1994. Food grades don't always serve consumers[J]. Consumers' Research Magazine, 77(6): 28-32.

ICA. 1995. International Cooperative Alliance Statement of the co-operative identity. http://www.wisc.edu/uwcc/icic/issues/prin/21-cent/identity.html.

Ilbery B, Bowler I. 1993. The farm diversification grantscheme: adoption and non-adoptionin England and Wales[J]. Enviroment and Planning, 11.

Ilieva N. 1965. Planning and specialization in Bulgarian agriculture[J]. Eastern European Economics, 6: 27-38.

Jayne T S, Zulu B, Nijhoff J J. 2006. Stabilizing food markets in eastern and southern Africa[J]. Food Policy, 31(4): 328-341.

Jesness O B. 1933. The economic basis of market grades[J]. Journal of Farm Economics, 15(4): 708-717.

Jin S S, Zhou J H. 2011. Adoption of food safety and quality standards by China's agricultural cooperatives[J]. Food Control, 22(2): 204-208.

Johnstone N. 1995. Trade liberalization, economic specialization and the environment[J]. Ecological Economics, 14 (3): 165-173.

Joskow P L. 2002. Transaction cost economics, antitrust rules and remedies[J]. Journal of Law, Economics and Organization, 18(1): 95-166.

Kast F E, Rosenzweig J E. 1972. General systems theory: Applications for organization and management[J]. Academy of Management Journal, 15(4): 447-465.

Key N, Sadoulet E, De Janvry A. 2000. Transactions costs and agricultural household supply response[J]. American Journal of Agricultural economics, 82(2): 245-259.

Kilic T, Carletto C, Miluka J, et al. 2009. Rural nonfarm income and its impact on agriculture: evidence from Albania[J]. Agricultural Economics, 40(2): 139-160.

Kimball, M S. 1988. Farmers' cooperatives as behavior toward risk[J]. American Economic Review, (1): 224-229.

Kimhi A. 2009. Heterogeneity, Specializtion and Social Cohesion in Israeli Moshav Cooperatives [J]. Journal of Rural Cooperation, 37(1): 124-136.

Klein B. 2000. Fisher-general motors and the nature of the firm[J]. Journal of Law and Economics, 43 (1): 105.

Kohls R L, Uhl, J N. 1998. Marketing of agricultural products(8th)[M]. Prentice Hall, 294-311.

Kurosaki T. 2003. Specialization and diversification in agricultural transformation: the case of west punjab, 1903-92[J]. American Journal of Agricultural Economics, 85(2): 372-386.

Langlois R N. 1995. Transaction costs, production costs, and the passage of time[A] //Steven G. Medema, Coasean economics: law and economics and the new institutional economics[M]. Kluwer Academic Publishers, Norwell, Massachusetts, 1-20.

Leaman J H, Conkling E C. 1975. Transport change and agricultural specialization[C]. Annals of the Association of American Geographers, 65(3): 425-432.

Levay C. 1983. Agricultural coopertive theory: a reivew[J]. Journal of Agricultural Economics, (34): 1-44.

Limao N, Venables A J. 2001. Infrastructure, geographical disadvantage, transport costs, and trade[J]. The World Bank Economic Review, 15 (3): 451-479.

Lipton M. 1968. The Theory of Ihe Optimizing Peasant[J]. Journal of Development Studies, 4 (3).

Low A. 1986. Agricultural development in Southern Africa: farm household-economics and the food crisis[M]. London: James Currey, 118-152.

Lyons T P. 1988. Concentration and Specialization in Chinese Agriculture, 1979－1985[J]. The Journal of Developing Areas, 437-456.

Marshall A. 1890. Principles of Economy[M]. London: McMillan.

Masten S E. 1991. Transaction-cost economics and the organization of agricultural transactions [R]. Chicago, IL, presented at the NC-194 World Food Systems Project Symposium, 17-18.

McGuire R, Higgs R. 1977. Cotton, corn, and risk in the nineteenth century: Another view[J]. Explorations in Economic History, 14 (2): 167-182.

Mehren G L. 1961. The function of grades in an affluent, standardized-quality economy[J]. Journal of Farm Economics, 43(5): 1377-1383.

Mora R, San Juan C. 2004. Product concentration and farm specialization in Spain after implementation of the CAP and its reform[J]. New Roads for Farm Accounting and FADN, LEI, The Hague,

105-121.

North D C. 1990. Institutions, institutional change and economic performance[M]. Cambridge University Press.

North D, Thomas R. 1970. An economic theory of the growth of the west world[J]. The Economic Review, (23): 1-17.

Ollia P, Nilsson J. 1997. The position of agricultural cooperatives in the changing food industry of Europe[M] //Nilsson, J, Van Dijk G. Strategies and Structures in the Agro-food Industries[M]. Assen: Van Gorcum, 131-150.

Omamo S W. 1998. Farm-to-market transaction costs and specialization in small-scale agriculture [J]. The Journal of Development Studies, 35(2): 152-163.

Packle. 1970. The Organisation and operation of cooperatives[M]. American Law Institution, 2.

Parker W N, Klein J L V. 1966. Productivity growth in grain production in the United States, 1840-60 and 1900-10[M] //Output, employment, and productivity in the United States after 1800. NBER, 523-582.

Perkins D. 1994. Completing China's move to the market[J]. Journal of Economic Perspective, 8 (2): 23-46.

Phillips R. 1953. Economic nature of the cooperative association[J]. Journal of Farm Economics, 35 (1): 74-87.

Pierangeli F, Henke R, Coronas M G. 2008. Multifunctional agriculture: an analysis of country specialization and regional differentiation [R]. European Association of Agricultural Economists, (44244): 1-6.

Popkin S L. 1979. The rational peasant: The political economy of rural society in Vietnam[M]. Univ of California Press.

Porter P K, Scully G W. 1987. Economic efficiency in cooperatives[J]. Journal of Lawand Economics, 30(2): 489-512.

Putterman L. 1980. Voluntary collectivization: a model of producers' institution choice[J]. Journal of Comparative Economics, (4): 125-157.

Qin Y, Zhang X. 2011. Road to specialization in agricultural production: tales of 18 natural villages in China[A]. Selected Paper prepared for presentation at the Agricultural & Applied Economics Association's 2011 AAEA & NAREA Joint Annual Meeting, Pittsburgh, Pennsylvania, July , 24-26.

Rae A N, Zhang X. 2009. China's booming livestock industry: household income, specialization, and exit[J]. Agricultural Economics, 40(6): 603-616.

Renkow M. 2003. Employment growth, worker mobility, and rural economic development[J]. American Journal of Agricultural Economics, 85 (2): 503-513.

Rhodes V J. 1983. The large agricultural cooperative as a competitor[J]. American Journal of Agricultural Economics, (65): 1090-1095.

Ricardo D. 1891. Principles of political economy and taxation[M]. G. Bell and sons.

Richardson G B. 1960. Information and investment[M]. Oxford: Oxford University Press.

Richardson G B. 1972. The organisation of industry[J]. The Economic Journal, 883-896.

Robotka F. 1947. A theory of cooperation[J]. Journal of Farm Economics, 29(1): 94-114.

Rosenzweig M R, Wolpin K I. 1993. Credit market constraints, consumption smoothing, and the accumulation of durable production assets in low-income countries: Investments in bullocks in India[J]. Journal of Political Economy, 223-244.

Roumasset J A. 1976. Rice and risk: decision making among low-income farmers[M]. North Holland Public Company.

Royer J S. 1995. Potential for Cooperative Involvement in Vertical Coordination and Value-added Activities[J]. Agribusiness: An International Journal, 11(5): 473-481.

Sanderson K, Fulton M. 2003. Producer adaptation to the new agriculture: application of the cooperative model to changes in market specification, regulation and service access[R]. Report Prepared for the Canadian Cooperative Association and the Le Conseil Canadien de la Cooperation, February, University of Saskatchewan, Centre for the study of Cooperatives.

Sapiro A. 1920. Co-operative grain marketing[J].

Savage J K, Volkin D. 1965. Cooperative criteria. FCS service report 71[R]. Former Cooperative Service. U. S. Department. Agr.

Schejtman A. 1996. Agroindustry and small-scale agriculture: conceptual guidelines for a policy to encourage linkage between them[J]. Economic Commission for Lation America and the Caribbean, Santiago, Chile.

Schrader L F, Boehlje M, Royer J S, et al. 1998. The industrialization of agriculture: questions of coordination[J]. The Industrialization of Agriculture: Vertical Coordination in the US Food System, 3-26.

Schultz T W. 1964. Transforming traditional agriculture[M]. New Haven: Yale University Press.

Scott J C. 1976. The moral economy of the peasant: Subsistence and rebellion in Southeast Asia [M]. New Haven: Yale University Press.

Sexton R J, Iskow J. 1988. Factors critical to the success or failure of emerging agricultural cooperatives: giannini foundation information Series No. 88[R]. Davis: University of California-Davis.

Sexton R J. 1990. Imperfect competition in agricultural markets and the role of cooperatives: A spatial analysis[J]. American Journal of Agricultural Economics, 72(3): 709-720.

Sexton R. 1986. The formation of coopertive: a game-theoretic approach with implications for coopertive finance, decision making and stability[J]. American Journal of Agricultural Economics, (68): 423-433.

Shannon F A. 1945. The Farmer's Last Frontier[J]. Soil Science, 60(3): 263.

Shaw S T. 1961. A Merchandiser's view of the function of grades[J]. Journal of Farm Economics, 43(5): 1399-1404.

Shi H, Yang X. 1995. A new theory of industrialization[J]. Journal of Comparative Economics,

20: 171-189.

Simon H A, March J G. 1958. Organizations[M]. New York: John wiley.

Simon H A. 1957. Models of man: social and rational[M]. New York: John Wiley and Sons, Inc.

Sporleder T. 1992. Managerial economics of vertically coordinated agricultural firms[J]. American Journal of Agricultural Economics, 74(5): 1226-1231.

Staatz J M. 1984. Cooperatives: a theoretical perspective on the behavior of farmers[D]. East Lansing: Michigan State University.

Staatz J M. 1987. The structural characteristics of farmer cooperatives and their behavioral consequences[J]. Cooperative Theory: New Approaches, 33-60.

Stifel D, Minten B, Dorosh P. 2003. Transaction costs and agricultural productivity: implications of isolation for rural poverty in Madagascar[A]. Washington, D. C.: International Food Policy Research Institute, MSSD Discussion Paper No. 56.

Stigler G J. 1951. The division of labor is limited by the extent of the market[J]. The Journal of Political Economy, 59(3): 185-193.

Stigler G. 1975. The imperfection of capital market[J]. Journal of Political Economy, (3).

Tennbakk B. 1995. Marketing cooperatives in mixed duopolies[J]. Journal of Agricultural Economics, 46(1): 33-45.

Torgerson R E. 1977. Farmer cooperatives[J]. The Annals of the American Academy of Political and Social Science, 429(1): 91-102.

Van Huylenbroeck G, Campos E M U, Vanslembrouck I. 2001. A (recursive) multiple objective approach to analyse changes in the utility function of farmers due to policy reforms[J]. Applied Mathematics and Computation, 122(3): 283-299.

Van Huylenbroeck G, Vanslembrouck I. 2001. Organising demand for and supply of multifunctionality at farm level[J]. Tijdschrift Voor Sociaal Wetenschappelijk Onderzoek Van de Landbouw, 16 (2): 96-107.

Vitaliano P. 1983. Cooperative enterprise: an alternative conceptual basis for analyzing a complex institution[J]. American Journal of Agricultural Economics, 65(5): 1078-1083.

von Thünen J H. 1826. Der isolierte Staat in Beziehung auf National? konomie und Landwirtschaft [J]. Gustav Fisher, Jena, Germany.

Vroom V H, Grant L D, Cotton T S. 1969. The consequences of social interaction in group problem solving[J]. Organizational Behavior and Human Performance, 4(1): 77-95.

Waite W C. 1934. Consumer grades and standards[J]. Journal of Farm Economics, 16(2): 248-253.

Ward B. 1958. The firm in Illyria: market syndicalism[J]. American Economic Review, (48): 566-589.

Wilcox E C. 1956. Local data requirements in areas of high agricultural specialization[J]. Journal of Farm Economics, 38(5): 1455-1468.

Williamson O E. 1975. Markets and hierarchies: analysis and anti-trust implications: a study in the economics of internal organization[M]. New York: Free Press.

Williamson O E. 1979. Transaction-cost economics: the governance of contractual relations[J]. Journal of Law and Economics, 22(2): 233-261.

Williamson O E. 1985. The economic institutions of capitalism: firm, markets, relational contracting[M]. New York: Free Press, 78.

Winsberg M O. 1980. Concentration and specialization in United States agriculture, 1939－1978 [J]. Economic Geography, 56(3): 183-189.

Winters D. 1990. The economics of midwestern agriculture, 1865－1990, in lou ferleger, ed. agriculture and national development[M]. Ames: Iowa State University Press.

Wood D. 1996. Commentary: the benign effect of some agricultural specialization on the environment[J]. Ecological Economics, 19(2): 107-111.

World Bank. 2006. China farmers professional associations review and policy recommendations, East Asia and Pacific region[R]. The World Bank, Washington, DC.

World Bank. 2008. World development report 2008, agriculture for development[R]. World Bank, Washington, DC.

Wright G, Kunreuther H. 1975. Cotton, corn and risk in the nineteenth century[J]. The Journal of Economic History, 35(3): 526-551.

Youde J G, Helmberger P G. 1966. Marketing cooperatives in the US: membership policies, market power, and antitrust policy[J]. Journal of Farm Economics, 23-36.

Young A. 1928. Increasing returns and economic progress[J]. Economic Journal, (38): 524-542.

Zusman P. 1967. A theoretical basis for determination of grading and sorting schemes[J]. Journal of Farm Economics, 49(1): 89-106.

Zusman P. 1992. Constitutional selection of collective-choice rules in a cooperative enterprise[J]. Journal of Economic Behavior & Organization, 17(3): 353-362.